ライブラリ 経済学15講 APPLIED編 ❺

医療経済学15講

細谷　圭
増原　宏明 共著
林　行成

Fifteen Lectures on
Health Economics

新世社

編者のことば

　『ライブラリ 経済学15講』は，各巻は独立であるものの，全体として経済学の主要な分野をカバーする入門書の体系であり，通年2学期制をとる多くの大学の経済学部やそれに準じた学部の経済学専攻コースにおいて，いずれも半学期15回の講義数に合わせた内容のライブラリ（図書シリーズ）となっている。近年では通年4学期のクォーター制をとる大学も増えてきているが，その場合には，15講は講義数を強調するものではなく，講義範囲の目安となるものと理解されたい。

　私が大学生のころは，入学後の2年間は必修となる語学や一般教養科目が中心であり，専門科目としての経済学は，早目に設置・配当する大学においても，ようやく2年次の後半学期に選択必修としての基礎科目群が導入されるというカリキュラムだった。一般教養科目の制約が薄れた近年は，多くの大学では1年次から入門レベルの専門科目が開講されており，学年進行に合わせて，必修科目，選択必修科目，選択科目といった科目群の指定も行われるようになった。

　系統だったカリキュラムにおいて，本ライブラリは各巻とも入門レベルの内容を目指している。ミクロ経済学とマクロ経済学の基本科目，そして財政学や金融論などの主要科目は，通常は半学期15回で十分なわけではなく，その2倍，3倍の授業数が必要なものもあろう。そうした科目では，本ライブラリの内容は講義の骨格部分を形成するものであり，実際の講義の展開によって，さまざまに肉付けがなされるものと想定している。

　本ライブラリは大学での講義を意識したものであるのは当然であるが，それにとどまるものでもないと考えている。経済学を学んで社会に出られたビジネスパーソンの方々などが，大学での講義を思い出して再勉強する際には最良の復習書となるであろう。公務員試験や経済学検定試験（ERE）などの資格試験の受験の際にも，コンパクトで有効なよすがになると期待している。また，高校生や経済学の初心者の方々には，本ライブラリの各巻を読破することにより，それぞれの分野を俯瞰し，大まかに把握する手助けになると確信している。

　このほかの活用法も含めて，本ライブラリが数多くの読者にとって，真に待望の書とならんことを心より祈念するものである。

浅子　和美

はしがき

　本書は経済学部の専門課程における「医療経済学」のテキストとして，また「社会保障論」「公共経済学」等のサブ・テキストとして読まれることを想定して編まれていますが，技術的なハードルはそれほど高いものではないので，医療の経済学的分析や日本の医療問題に強い関心をもつ多くの方々にもぜひ読んでいただきたい内容となっています。

　医療は国民一人ひとりの負担によって支えられています。われわれ国民は，患者として医療に関わることはもちろんですが，医療のスポンサーでありオーナーでもあるのです。このため，医療の問題はすべての国民の生活に直接関わる身近な問題といえますし，国民は医療に関する知識をコモンセンスとして捉えていくべきでしょう。そして，望ましい医療を作るためには，国民一人ひとりが，医療を大きな地図として俯瞰的に眺め，医療に対する価値観をしっかりもつことが必要です。

　そのための羅針盤的存在となるのが経済学です。経済学は，主に効率性と公平性という物差しを用いて，望ましい社会状態の性質をあぶり出し，どのようにして理想的な状態を実現できるかを導き出す学問です。

　これからの日本は，人口の高齢化が一層進み，医療や介護へのニーズはますます高まっていくと考えられます。もちろん，こうしたニーズに対応していくためには，大きな財源が必要になります。しかし，現役世代の人口が大きく減少していくこれからの日本社会では，その財源確保は容易ではありません。仮に一時的に財源を確保できたとしても，その貴重な財源を無駄なく効果的に使用しなければ，制度は早晩破綻してしまうでしょう。

　医療経済学では，経済学という羅針盤を用いて，どのように財源を確保するか，どのように資金を配分し，効率的に医療を提供できるしくみをいかに作るのかを導き出します。どこかを目指すとき，そもそも適切な地図がなければ何もわかりません。そして，羅針盤がなければ，進むべき方向がわかり

ません。本書は，医療制度という地図を見せながら，経済学という羅針盤を随所で使用して，日本の医療の方向性を考えていきます。本書を手に取ってくださった皆さんにとって，本書が望ましい医療のあり方，またその課題を解決する方法について考えるきっかけとなれば，私たち筆者にとって望外の喜びです。

　冒頭で述べたように，本書は専門的な医療経済学を初めて学ぶ学部2年生以上をターゲットとしています。理想的には入門的なミクロ経済分析や統計分析を学んだあと，本書を読み進めていただくと，医療と経済学の結びつきや経済学的思考に基づいた分析の面白さを理解していただけると思います。また，経済学を学んだことのない方が本書を手に取ってくださることもあるかもしれません。いくつかの講では数式が出てきますが，ほとんどは文章と簡単な数値例で構成されています。仮に数式の出てくる箇所を適宜飛ばして読んでいただいても，大筋の内容理解が損なわれることはありません。ぜひ本書で，わが国の医療を取り巻く社会経済環境の実態と，将来にわたって取り組むべき課題を理解していただきたいと思います。

　数多くの優れたテキストがすでに存在しているなかで，執筆にあたって私たちは以下のような点に特に配慮しました。

　第一に，できるだけ欲張りな内容を目指したことです。医療経済学は，経済理論・データ分析（計量経済学）・医療制度論がベースとなっていますが，それぞれをわかりやすく説明した教科書は数多くあります。例えば，漆博雄編『医療経済学』（東京大学出版会，1998年）は経済理論に詳しく，河口洋行『医療の経済学［第3版］——経済学の視点で日本の医療政策を考える』（日本評論社，2015年）はデータ分析の話題が豊富で，椋野美智子・田中耕太郎『はじめての社会保障——福祉を学ぶ人へ［第15版］』（有斐閣，2018年）は医療制度だけでなく社会保障制度全般を詳細に解説しています。本書はこれらの内容を十分に検討した上で書かれています。これらの優れたところは積極的に取り入れつつ，よりわかりやすく，より包括的な内容をもつテキストを目指しました。所期の目的であった「バランスの取れた学部生向けの本格テキスト」となっているかどうかは，読者の判断をまたねばなりません。

　第二に，初学者にとって理解が少しでも進むよう，学問的な厳密性にはあ

る程度目をつぶり,「流れ」を重視したことです.学問ですから議論の細部は重要ですが,初めて学ぶ人にとっては理解を妨げるところが数多くあることも事実です.そこで,各講をわかりやすい一つのストーリーとしてまとめることに注力しました.私たちの能力の不足に起因して,この試みがどの程度成功しているか不安ではありますが,それでも本書を通じて多少なりとも医療経済学という学問に興味をもっていただけましたらうれしい限りです.本書の読了後には,文献紹介にある発展的なテキストや専門書,例えば,橋本英樹・泉田信行編『医療経済学講義［補訂版］』（東京大学出版会，2016年）などをぜひとも手に取ってみてください（医療経済学のフロンティアを包括的に解説した日本語で読めるおそらく唯一のテキストです）.また,ストーリーに水を差さないためにも,医療分野の専門用語は,できるだけわかりやすく説明するよう心がけました.3名とも長年にわたって医療経済学関連の講義を担当してきましたが,聞きなれない専門用語で思考停止に陥り,その後の理解が進まなくなる学生を数多く目にしてきたゆえの工夫です.

　私たち3名は一橋大学大学院において故鴇田忠彦先生の下でともに学んだ仲間です.各人はそれぞれ異なる専門分野を研究していましたが,鴇田先生の日本の医療改革にかける執念と熱意に強い影響を受けて,医療経済学の理論研究や実証研究の道に誘われていったのです.そうした意味では本書はテキストではありますが,私たち3名の医療経済学の研究・教育における中間決算報告書といってもよいかもしれません.直接先生にご覧いただくことが叶わないのは甚だ残念ではありますが,本書を御霊前に捧げ,御指導に心から感謝申し上げます.

　本書の執筆を薦めてくださったのは本ライブラリ編者の浅子和美先生（立正大学教授,一橋大学名誉教授）です.浅子先生にも大学院時代より折々に御指導を賜ってきました.浅子ゼミナールはマクロ経済学研究を中心としているのですが,他分野の研究にも非常に寛容で,自由でアカデミックな雰囲気に満ち溢れていました.医療経済学に関係する論文を報告した際にも,先生は異なる観点から多彩な変化球のような質問・コメントを投じられ,大変勉強になったことを記憶しています.先生からの御指導に改めて感謝申し上げます.

最後に，本書の企画段階からともに歩み，出版に至るまで温かい励ましを頂戴した新世社編集部の御園生晴彦さん，谷口雅彦さん，彦田孝輔さんに深い感謝の意を表します．

　2018年晩秋

著者一同

目 次

序論　医療経済学とは　1

- 0.1　医療サービスのもつ特徴 ── 1
- 0.2　医療と制度 ── 5
- 文献紹介 ── 10

第1講　医療経済学と日本の医療　11

- 1.1　医療保険の特徴 ── 11
- 1.2　国民医療費・介護費用の動向 ── 16
- Active Learning ── 25
  - 理解度チェック／調べてみよう／Discussion
- 文献紹介 ── 26

第2講　日本の医療保険制度　27

- 2.1　3つの公的医療保険 ── 27
- 2.2　自己負担と保険で受けられるサービス ── 34
- Active Learning ── 43
  - 理解度チェック／調べてみよう／Discussion
- 文献紹介 ── 43

第3講　高齢者の生活保障：医療と介護　44

- 3.1　後期高齢者医療制度 ── 44
- 3.2　高齢者と介護保険 ── 50
- 3.3　地域包括ケアと将来の高齢者医療・介護 ── 59
- Active Learning ── 61
  - 理解度チェック／調べてみよう／Discussion
- 文献案内 ── 62

第 4 講　医療経済学の分析道具箱：ミクロ経済学の基礎　63

- 4.1　はじめに —— 63
- 4.2　消費者（患者）の効用最大化 —— 64
- 4.3　効用最大化から需要曲線へ —— 70
- 4.4　余剰分析の基礎 —— 72
- 4.5　需要の弾力性の考え方と医療サービスの特徴 —— 76

Active Learning —— 77

　理解度チェック／調べてみよう／Discussion

文献紹介 —— 78

第 5 講　医療サービスの需要：不確実性，保険，情報の非対称性　79

- 5.1　需要の不確実性と医療保険の必要性 —— 79
- 5.2　情報の非対称性の問題
　：逆選択問題とモラル・ハザード問題 —— 84
- 5.3　医療保険と逆選択の問題 —— 88
- 5.4　国民皆保険のメリットとデメリット —— 89
- 5.5　医療保険とモラル・ハザードの問題 —— 91
- 5.6　医療保険におけるモラル・ハザードへの対応 —— 94

Active Learning —— 97

　理解度チェック／調べてみよう／Discussion

文献紹介 —— 98

第 6 講　供給者誘発需要と情報の非対称性　99

- 6.1　供給者誘発需要の背景 —— 99
- 6.2　誘発需要の基本モデル —— 102
- 6.3　実証研究 —— 106
- 補論　誘発需要の代表的なモデル —— 110

Active Learning —— 114

　理解度チェック／調べてみよう／Discussion

文献紹介 —— 115

第7講 医療提供体制：医療サービスの供給のしくみ　117

- 7.1 医療の機能分化 —— 117
- 7.2 医療の機能分化の実際 —— 119
- 7.3 病院の分類 —— 123
- 7.4 病床の区分 —— 125
- 7.5 開設主体別にみた病院の分類 —— 127
- 7.6 公と私による医療提供体制 —— 129

Active Learning —— 134

　理解度チェック／調べてみよう／Discussion

文献紹介 —— 135

第8講 医療における競争と規制　136

- 8.1 医療制度の必要性 —— 136
- 8.2 診療報酬制度 —— 140
- 8.3 日本の包括支払い方式の診療報酬制度：DPC/PDPS —— 142
- 8.4 医療提供の制度 —— 146
- 8.5 混合診療の禁止 —— 149
- 8.6 非営利原則 —— 151

Active Learning —— 153

　理解度チェック／調べてみよう／Discussion

文献紹介 —— 153

第9講 薬価基準制度と医薬品産業　154

- 9.1 医薬品の流通 —— 154
- 9.2 薬価基準制度のしくみ —— 156
- 9.3 薬価基準制度と医薬品関連産業 —— 164
- 9.4 ジェネリック医薬品の普及拡大 —— 168

Active Learning —— 172

　理解度チェック／調べてみよう／Discussion

文献紹介 —— 172

第 10 講　経済格差と健康・医療の経済分析　173

- 10.1　はじめに：健康と所得の因果関係について —— 173
- 10.2　健康格差と経済（所得）格差問題の基礎理論 —— 174
- 10.3　実証研究のアプローチ法 —— 180
- 10.4　実証分析の具体例 —— 182
- Active Learning —— 187
  - 理解度チェック／調べてみよう／Discussion
- 文献紹介 —— 188

第 11 講　健康投資，健康支出，マクロ経済パフォーマンス　189

- 11.1　はじめに —— 189
- 11.2　健康資本投資研究の展開 —— 190
- 11.3　グロスマン・モデルのスケッチ —— 192
- 11.4　健康・医療支出や健康資本の考慮 —— 199
- 11.5　実証分析の具体例 —— 202
- Active Learning —— 204
  - 理解度チェック／調べてみよう／Discussion
- 文献紹介 —— 204

第 12 講　医師の労働市場と医師不足の問題　207

- 12.1　労働市場における医師不足問題 —— 207
- 12.2　統計からみる医師不足の現状 —— 209
- 12.3　臨床研修医制度と医師の地域偏在 —— 214
- 12.4　医師不足問題のさらなる経済学的検討 —— 222
- Active Learning —— 224
  - 理解度チェック／調べてみよう／Discussion
- 文献紹介 —— 225

第13講 医療データの特徴とその分析　　226

- 13.1 厚生労働省が公表する統計 —— 226
- 13.2 医療におけるミクロ（個票）データ —— 231
- 13.3 ミクロデータの分析方法 —— 235

Active Learning —— 246

　理解度チェック／調べてみよう／Discussion

文献紹介 —— 247

第14講 主要国の医療環境とTPP　　248

- 14.1 世界の医療保障制度の類型 —— 248
- 14.2 社会保険方式：ドイツ・フランス —— 251
- 14.3 国民保健サービス方式：英国 —— 254
- 14.4 私的（民間）保険方式：米国 —— 255
- 14.5 自由貿易協定と医療 —— 261

Active Learning —— 265

　理解度チェック／調べてみよう／Discussion

文献紹介 —— 266

第15講 不確実な将来と向き合う：医療制度をどう改革するか　　267

- 15.1 はじめに —— 267
- 15.2 新旧の医療制度改革の論点：鴇田（2001）と小塩ほか（2014） —— 268
- 15.3 国保と高齢者をどうするか —— 273
- 15.4 人口動態の確認 —— 278
- 15.5 賦課方式一辺倒を脱却した医療制度の姿 —— 280

Active Learning —— 282

　理解度チェック／調べてみよう／Discussion

文献紹介 —— 283

索　引　285

序論　医療経済学とは

　医療経済学では，医療に関わるさまざまなテーマや問題を，経済学の手法を使って分析していきます。序論では，準備として，医療サービスのもつ特徴と，公的な医療保険制度のしくみについて，簡単に説明します。

0.1　医療サービスのもつ特徴

■医療サービスは公共財か

　はじめに，医療サービスについて，経済学上の分類という点から整理しておきたいと思います。

　経済学においては財・サービスは，消費の競合性と排除性という2つの性質を軸に，大きく私的財，公共財，準公共財に分類されます。

　ここで消費の競合性とは，消費者の間で競争が存在することを意味します。誰かが消費してしまうと売り切れが起きるような場合には，競合性があるといいます。一方，排除性は，対価を支払わない個人を消費から排除することができることを意味します。通常であれば，代金を支払わない人を簡単に排除できますので，ほとんどの商品は排除性をもちます。この競合性と排除性という2つの軸によって，財・サービスは表0-1のように分類できます。

　公共財については第8講で詳しく取り扱いますが，ここでも少しふれておきましょう。公共財の例としては，国防，警察，消防などが挙げられます。国防サービスは，国内に居住するすべての個人が防衛されているという意味で同時に利益を受けていますので，競合性がありません。また，対価を支払わない人でも，日本国内にいれば防衛サービスを受けられますので，排除性もありません。こうした公共財は市場取引が機能しない（市場が失敗する）

表 0-1　財の分類

		競合性	
		あり	なし
排除性	あり	私的財	準公共財
	なし	準公共財	公共財

ため，政府による介入や公的供給が必要であると考えられます。

　準公共財の例としては，ケーブル・テレビ（排除性はあるが，競合性はなし），道路や公園（競合性はあるが，排除性はなし）などを挙げられます。特に排除性のないものについては，公共財と同じように，政府による介入や公的供給が必要となります。

　対して私的財は，完全競争市場の下，競争原理が十分に機能すると考えられますので，民間企業による私的供給が基本となります。

　では医療サービスはどの財に分類されるでしょうか？ 意外かもしれませんが，基本的に私的財に分類されます。ただし，医療サービスのなかには公共財に近い性質をもつ領域もあり，一概に医療サービスのすべてが私的財であるとは言い切れません。こうした医療サービスの性質については，**第8講**で詳しく学びます。

■ 外部性の存在・価値財

　医療サービスは私的財であるといっても，一般の私的財とは異なっていると考えられます。そこには外部性の存在が大きく関わってきます。外部性とは簡単にいえば，ある取引が当事者以外にも与える影響のことを指します。医療の充実は，人々に対して健康的な生活をもたらします。その結果，健康的に労働に従事でき，生産性を高める効果も生み出すといえるでしょう。これは，医療の充実が社会に大きな利益を与えること意味します。このことから，医療サービスが外部性をもつことが理解できるでしょう。

また，外部性の有無とは別に，社会的に提供することに価値があると考えられる財もあります。これを価値財（メリット財）と呼びます。価値財とは，いわば政府が父親のような役割を担い，社会にとって供給することが望ましいと判断し提供するような財です。こうした強い立場にある者が弱い立場の者の利益のために市場に介入することをパターナリズム（父権主義）といいます。

詳しくは第2講や第5講で説明しますが，日本の医療保険は国民皆保険制度，つまり強制加入のしくみになっています。また健康診断などは，政府が介入し義務化させることで，人々の健康維持を支えていると考えられます。

■医療サービスと教育サービス

医療サービスによく似たものに，教育サービスがあります。教育サービスも，競合性と排除性を満たすので私的財といえます。しかし，教育水準が高まれば新しい技術が生まれやすくなり，社会経済の発展に大きく寄与すると考えられ，大きな外部性をもっていますし，義務教育である初等教育は，社会的に価値があると判断された価値財として提供されてもいます。

また，医療も教育も高度に専門的なサービスであるという共通点もあります。こうした専門性の高い財・サービスのことを，専門財と呼びます。

では，医療サービスと教育サービスでは何が異なるでしょうか？

■需要と供給における3つの特性

医療サービスが，その他の財・サービスと異なる点は，「侵襲性」，「不確実性」，「情報の非対称性」という3つの特性をもつことです。

1. 侵襲性

侵襲性とは，身体に有害になるかもしれない介入のこと，つまり医師による手術・注射・投薬のことです。それらの医療行為にはリスクがあるため，専門家である医師に依頼しますが，本来そうしたリスクは望ましくありません。私たちの目的は医療サービスを受けることではなく，市場では取引されない「健康」を手に入れることなのです。ここでは医療サービス自体は，目的ではないことに注意をしましょう（第11講で詳しく議論します）。

2. 不確実性

不確実性は，需要面と供給面に分かれます。需要面での不確実性とは，「いつ病気になって医療サービスが必要になるのか」がわからないことです。誰しも高齢になると大きな病気になるかもしれませんが，いつどのくらいの費用がかかるかを正確に予測するのは困難でしょう。これに対して供給面の不確実性は，「治療の効果」に関するものです。ある患者に有効であった治療や薬が他の患者にも有効であるとは限らず，ある程度の幅をもった確率的な事象となります。いま述べた2つの不確実性に対応するしくみが，実は保険という商品となります。この議論については，**第5講**で説明します。

3. 情報の非対称性

情報の非対称性とは以下のようなことです。

医学は，新しい検査方法や治療法が常に出てきており，日進月歩の世界です。そのため，専門家である医師しか正確な診断・治療はできず，医師と患者の間には，専門知識に関して大きな情報格差，つまり情報の非対称性が存在します。このとき，医療サービスを依頼（取引）する「事前」に，「逆選択」という問題が起きます。これは患者側が医師の技能やサービスの質を識別できないため，優れた医師や医療機関，あるいは有効な医薬品や医療技術が十分に提供されなくなるという問題です。

また医療サービスを取引した「事後」にも「モラル・ハザード」と呼ばれる問題が起こります。私たち患者は依頼人（プリンシパル）として，医師という請負人（エージェント）に治療を依頼します。その際に医師が不必要かもしれない治療を行っても，私たちは気づくことができません。これが典型的な事後のモラル・ハザードです。

情報の非対称性は医療経済学を学ぶ上で重要な特性となりますが，その詳細については**第5講**で解説します。

医療は生命や健康に直結するサービスであり，侵襲性や不確実性が大きく伴います。また，消費者である患者にとって教育以上にその良し悪しを判断するのが難しく，情報の非対称性がより強い分野といえるでしょう。このため，教育制度に比べると医療制度は大変複雑なしくみとなってくるのです。

0.2 医療と制度

■ 医療サービスの特徴と医療制度

　ここまで述べてきた医療サービスの特徴は，さまざまな問題をはらみ，需給を市場に任せておいては解決できない部分が大きくあります。そこで医療においては，需要側と供給側双方に「制度」を設けて，解決を図っています。したがって，通常の財・サービス市場とちがった制約がある市場といえます。

　需要側の医療制度として，医療の不確実性に対応するために，日本では強制加入の「**国民皆保険制度**」があります。病気になる前と後のモラル・ハザードに備えて，大病院で受診を紹介制にしたり，メタボ健診などにより予防活動を促したりするしくみがあります。さらに75歳以上の医療制度を独立させることで，高齢者をみんなで支えています（**後期高齢者医療制度**）。所得格差によって医療格差が起きないように，高額な医療費を補填するしくみもあります（**第2講**と**第3講**）。

　供給側にはさらに多くの制度が課されています。医療の侵襲性と不確実性，さらに情報の非対称性に適切に対処するために，医療職のほぼすべてを**免許制**にして，医療サービスの質を担保しています。**第5講**，**第8講**，**第9講**で説明しますが，情報の非対称性によって発生する逆選択を防ぐために，日本は政府が医療の価格を決めるという**診療報酬制度**や**薬価基準制度**を導入し，認可された医療サービスや医薬品のみが提供されるしくみを採用しています。また病院が一定の基準を満たしているかを評価するしくみ（病院機能評価）を作ることで，逆選択を防いでいます。モラル・ハザードについては，医学部入学定員を厳格にコントロールしたり，ある地域内のベッド（病床）数を規制したりすることで防いでいます。**第6講**，**第8講**で詳しく説明します。

　医療サービスの特殊性によって生じる非効率性に対処するしくみとしては，病院に役割分担をしてもらうことです。日本の医療制度では，患者は受診する医療機関を自由に選べます（**フリー・アクセス**）。しかし，それでは評判のいい医療機関に患者が殺到するなど現場は混乱しますので，医療法によって，病床が20以上の「病院」と20未満の「診療所」に分けるなど，医療機関へ

のアクセスをスムーズに行えるようなさまざまな制度を設けています。

　入院医療がメインとなる病院には，診療所よりも医師や看護師を多くすることを義務づけています（人員配置基準）。さらに入院といっても，患者の状態によって幅があり，急性期（病状が安定しておらず重篤な状態）では必要な医師や看護師も多くなります。厚生労働省は，高度急性期・急性期・回復期・慢性期（病状が安定している状態）に入院医療を区分し，医療機関ごとに特定の医療に力を入れ（機能分化といいます），得意でない部分は地域の他の医療機関と連携するよう誘導しています。例えば医療法では，特定機能病院や地域医療支援病院という病院を規定しています（第7講）。さらに急性期医療に看護師を手厚く配置したり，できるだけ入院期間を短くしたりして連携を進めている病院は，売上が増加するような診療報酬制度にしています。

　以上のような，需要側・供給側双方への規制の必要から，現在のような医療制度が作られ，運用されているのです。

■ 日本の医療保険制度

　本書には柱となるいくつかの重要なトピックが存在しますが，その一つが医療保険です。ここで「保険」と名前がついていますから，生命保険や自動車保険，火災保険などと同じロジック（論理）が存在します。

　本書では，保険のしくみ（保険原理）は第5講で，それに先立って日本の医療保険制度の詳細は第2講と第3講で詳しく学びますが，そこではふれられていないことについて，ここで言及しておきましょう。

　現行の日本は医療保険制度がかなりしっかりしていますので，私たちは日常的に保険のありがたみを意識する機会は少ないかもしれません。リスクを殊更に気にすることなく生活の糧を得るための労働に専心できるのは，社会的なセーフティー・ネット（安全網）の一つとして公的医療保険がきちんと機能していることの証だといえます。したがって，単に病気やケガのリスクに備えるためだけに医療保険があるのではなく，それは高い労働生産性の達成にも潜在的には大きく寄与していると考えられます。

　経済発展を遂げている多くの先進国において，社会保障制度の中核として医療保険が重視される背景は，このような観点からも捉えることができるで

しょう。経済成長の所産として医療保険制度の整備が進むことも事実でしょうが，充実した医療保険がさらなる経済成長を可能にする側面も無視できません。このあたりに関する議論は**第 11 講**でも取り扱うことになります。

■ 公的医療制度のしくみ

それでは日本の医療保険制度はどのようなしくみになっているのでしょうか。そもそもの保険原理の観点から眺めると，通常このような言い方はしませんが，現行の制度は「半保険」の状態であるといえます。果たしてどういうことでしょうか。

民間の保険会社が提供しているさまざまな保険では，当然のことながら保険金の支払額は，保険加入者（保険購入者）の掛け金（保険料負担）で賄われています。医療の場合，消費者側（患者側）の負担という観点では，月々の掛け金以外に，実際に病院にかかった場合に発生する自己負担（窓口一部自己負担）もあります。公的医療保険が保険の体をなしているとしたら，医療費は，これらによって基本的に賄われているはずです。

しかし実態としては，日本の医療保険には，患者側が直接負担している以外に，「公費」というお金が投入されています。公費とは税金によって担われるお金を指します。図 0-1 は，医療費全体に占める保険料拠出分と公費拠出分の割合の推移を示したものです。

2 点ほど指摘しておきましょう。一つは，医療保険において，実際に保険料で賄われている部分は 50%ほどだということです。もう一つは，公費が相当の額投入されており，その割合が近年は顕著な増加傾向を示していることです。多くの国でも医療を支えるために公費が投入されていますし，とりわけ日本の場合には少子高齢化によって台所事情が苦しさを増しているという状況もあります。しかしだからといって，「保険」を謳う公的な制度において，税がこれだけの存在感を示している現状は看過できない大きな問題だと考えられます。

詳しくは後ほど解説しますが（主に**第 2 講**，**第 3 講**，**第 15 講**），医療保険の財政上のしくみは，実質的には賦課方式（保険料負担の多くを現役世代に依存するしくみ）となっており，加えて税の多くを担っているのが働き盛りの

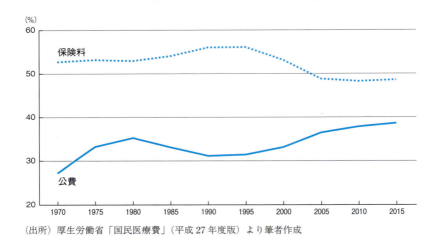

図 0-1　医療費負担における保険料と公費の割合（1970〜2015年）

世代です[1]。つまり、費用を主に負担するのは働いている世代、給付（医療費を使う）を主に受けるのは高齢世代という構図で、医療を通じていわば世代間での助け合いが行われています。保険原理上、世代間での助け合いが生じるのはやむを得ないことかもしれませんが、問題はその「程度」でしょう。負担と給付のあまりにもアンバランスな状態が続いてしまうと、日本の公的医療保険制度の行く末が大いに危ぶまれます。冷静にみた場合、この制度は持続可能ではないといえます。

　こうした見方に対しては、「まさかそんなはずは」「いたずらに危機を煽るな」といった批判もあるでしょう。しかしながら、公的医療制度の持続可能性に関する極めて厳しい見方は、経済学者の間では国際的にも共通の認識になってきています。マクロ経済学の泰斗であるスタンフォード大学のチャールズ・ジョーンズ教授は、日本をはじめ先進諸国において、増え続ける医療への支出をいかに賄うべきかという問題は、克服すべき21世紀の主要な財政問題であると警鐘を鳴らしています（ジョーンズ、2011、第10章）。

1　賦課方式に対して、将来の自分の医療費を自ら蓄えておくしくみを積立方式と呼びます。

■ 効率性と公平性

　最後に，上記に関連して，経済学での望ましさの基準についてふれておきましょう。経済学での望ましさの基準の代表は「効率性」です。効率性を簡単にいえば，無駄がない状態を望ましいとする考え方です。しかし，現実の経済をみると，効率性を高め大きく発展してきた反面，世界の富の多くが少数の人によって所有されている現状があります[2]。このような過度な所得格差があるような社会を，多くの人々は望ましいとは感じられないでしょう。

　そこで，経済学ではもう一つの望ましさの基準として「公平性」を考えています。公平性では，大雑把にいえば，誰もが納得できる状態を望ましいと考えます。しかし，効率性と公平性は対立しやすい概念でもあります。これを効率性と公平性のトレード・オフといいます。このことを所得税の例で考えてみましょう。効率的な所得税であるためには，人々の労働意欲を損なわない税金であることが必要です。所得が上がるたびに税率も上がるようであれば，人々の勤労意欲は減退してしまうでしょう。一方，公平な所得税であるためには，低所得者には負担を軽減し，高所得者が多くの税負担をすべきであると考えられます。このため，所得上昇に応じて税率を高める累進所得税が，公平性の観点からみて望ましいと考えられます。望ましい所得税を考える上で，効率性と公平性という2つの観点からの望ましさが対立することが理解できるでしょう。

　医療の問題を考える際にも，多くの場面で効率性と公平性のトレード・オフ問題に直面します。医療は，すべての人々にとって必要不可欠なものですから，公平性が強く求められるべきサービスといえます。一方，医療費の財源は税金と社会保険料という国民の負担によって成り立っている以上，効率的な医療提供がなされなければなりません。本書を通じて学ぶさまざま医療制度でも，効率性と公平性をどう両立できるのかという視点が重要になってくるのです。第8講で，この効率性と公平性の視点から，医療制度を学んで

2　Forbes Japan の記事では，「米国で最も裕福な3名（ビル・ゲイツ，ウォーレン・バフェット，ジェフ・ベゾス）の合計の資産額が，下位50％の米国人（約1億6,000万人）の合計資産額を超えている」という米国での驚くべき資産格差の実態が示されています（Forbes Japan「米国で進む富の集中，上位3名の資産が国民50％の合計以上に（2017年11月10日）」(https://forbesjapan.com/articles/detail/18439) より引用）。

いきます。

文献紹介

本講で引用・言及した書籍や論文をまとめておきます。
- チャールズ・I・ジョーンズ（著），宮川努・荒井信幸・大久保正勝・釣雅雄・徳井丞次・細谷圭（訳）『ジョーンズ マクロ経済学Ⅱ（短期変動編）』，東洋経済新報社，2011 年

第1講 医療経済学と日本の医療

■本講では医療経済学を考える上で重要な医療保険について説明します。保険にはすばらしいメリットとともに、残酷な側面があることも明らかとなります。さらに、データを用いて日本の医療費の実態を探ります。少子高齢化は医療の脅威になるのかなどを念頭に置きながら読み進めてください。

1.1 医療保険の特徴

■ 保険とは？

　私たちは病気になったりケガをしたときに、病院や診療所に保険証を持参することで、安価に治療を受けることができます。例えば1万円分の治療であっても、その3割の負担である3,000円を支払えばよいのです。このように、万が一病気やケガをしたときに、治療費が高くならないように保険というしくみを使って運営しているのが、日本の医療の特徴です。

　皆さんは日々の生活で自動車保険、火災保険、生命保険などの言葉を目にしたことがあるかもしれません。それでは保険というものに対してどのようなイメージをもっているでしょうか？ 辞書を引くと正確な定義がわかりますが、ここではもう少しくだけた形で考えてみましょう。保険とは万が一のときの備えとイメージをもっているかもしれませんが、それを別の言葉で言いかえるとアンラッキー版の宝くじになります。通常の宝くじは、事前に購入した集団のなかの幸運な人が、みんなから集めたお金をもらうことができます。保険は、宝くじの幸運を不運に置き換えたものと考えるとわかりやすいでしょう。つまり、将来の不運に備えて事前にお金（掛け金とか、保険料

といいます）を出し合い，お金を出し合った集団のなかから運悪く事故にあった人に，集めたお金やそれに相当するサービス（少しわかりにくいですが，保険金とか給付といいます）が支払われるものです。

　第5講で保険についてはまた詳しく説明しますが，医療保険や介護保険は大きく捉えると自動車保険などと同じしくみで成り立っていること，保険のしくみ（保険原理といいます）を医療や介護に当てはめると，高齢者や病弱な方などは事前に払うお金（保険料）が高くなってしまったり，ときには保険に入れなくなってしまうという残酷な側面があることが明らかとなります。第4講でミクロ経済学の復習をしたあとに，第5講で保険に関しての経済学の問題を議論しますので，ここでは保険＝アンラッキー版の宝くじという点をまず押さえておいてください。

■ 日本の公的医療保険

　それでは，日本の公的医療保険制度はどのようになっているのでしょうか？　これを示したのが，図1-1です。第2講でまた詳しく説明しますが，日本の医療保険では，日本に住んでいる人は全員，給料の5％ぐらい（正確な議論は2.1節で）を掛け金（保険料）として支払い，強制的に保険に加入させられます。子どもや主婦の方などには，別のしくみがあるのですが，働いている人は全員，保険に加入（被保険者）するのです。では，掛け金を支払う先（保険者）はどこでしょうか？　それは自分の勤め先が基本で，自営業の方の場合は市町村になります。このようにして強制的に掛け金を支払うと，保険証（正確には被保険者証といいます）をもらえます。風邪をひいたときなどに（これが先ほど述べたアンラッキーな状態です），保険証を持参して，医療機関（病院，診療所など）で受診すると，その支払いの負担額が割り引かれるというものです。

　図1-1をみると，医療機関は1万円分の治療をしているのに，患者からは3,000円分しか回収できていないので，7,000円分赤字になってしまいます。これはどのように回収するのでしょうか？　ここで保険というシステムが登場します。保険に加入した人は，アンラッキーな状態に備えて掛け金を支払っているわけですから，保険者にはお金があります。このお金はアンラッ

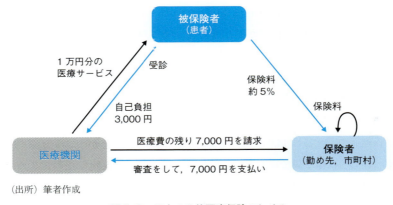

図 1-1　日本の公的医療保険のしくみ

キーな状態になった人への保障にあてるべきものです。そこで医療機関は，治療をしてまだ回収できていない 7,000 円を保険者に請求するのです。保険者は，医療機関からの請求を，不正がないか念のためチェック（審査）し，問題がなければ 7,000 円を医療機関に支払います。このような三者の関係のなかで，医療機関も独自の行動を取ることがありますが，その経済学的な問題については，**第 6 講**と**第 7 講**で議論しますので，ここでは単に請求だけをする存在と考えてください。

いま述べたことが，医療保険の大雑把な概念です。説明が不足していたり，説明を単純化するためにあえて不正確にした部分もありますが，それは後ほど詳しく説明します。ここで皆さんに知っておいてもらいたいのは，医療保険というものが，保険に加入する人（被保険者），掛け金を集めるところ（保険者），医療機関の 3 つの関係によって成り立っているということです（実は，これに加えて審査支払機関という 4 つ目の組織がありますが，詳細については**第 2 講**で説明します）。

■ 保険が成立するには

図 1-1 では，保険に入る人がたった 1 名で，同時に患者でもありました。

1.1　医療保険の特徴　　13

この人の給料が14万円で，毎月その5％を掛け金として支払っているとしましょう。この場合，掛け金は14万円×5％＝7,000円となり，これを保険者に支払います。医療機関が請求する金額も7,000円ですので，つり合いが取れます。ここで医療費が1万円ではなく，40万円の場合にはどのようになるでしょうか？　自己負担は40万円×3割＝12万円で，残りの28万円を医療機関は保険者に請求します。ところが保険者は手元に7,000円しか持っていないので払えません（労使折半といって厳密には勤め先も7,000円支払うので，保険者の手元には14,000円ありますが，ここでは簡単化のため7,000円とします。詳しくは**第2講**で説明します）し，この患者も給料が14万円しかありませんので，保険の使用をあきらめて，全額自分で立て替えることもできません。つまり保険が成立しないのです。

　それでは保険として成立するにはどのようにすればよいでしょうか？　それは，掛け金を支払う（全員，給料は14万円で，保険料は7,000円とします）健康な人（ラッキーな人）があと39名必要となります。この場合，患者からの掛け金7,000円と，健康な人からの掛け金7,000円×39名＝273,000円，合計28万円となり，ちょうど医療機関が保険者に対して請求する28万円とつり合います。非常に単純に説明しましたが，これが保険のしくみで，ラッキーな人が多数で，アンラッキーな人が少数でないと，保険が成立しないことがわかるでしょう。さらに患者1名で健康な人が3名の場合には，掛け金は7万円になります。ラッキーな人が少数の場合には，保険の掛け金が高くなることもわかります（仮に1人で成立するためには保険の加入期間が40ヶ月以上である必要があります。当然，医療費が高額になるほど，必要な加入期間は長くなりますので，いつ起きるかわからない不運に備えるという点で現実的ではありません）。

■ 保険を医療に適用すると……

　このような説明をきくと，もしかして病気になりやすい高齢者や病弱な人は掛け金が高くなってしまったり，保険に入れなくなってしまうのではないかと思うかもしれません。また，勤め先ごとに保険に入ることから，勤め先によっては医療のお世話になる人が多くなることもあり，掛け金が違ってく

るのではないかという心配があるかもしれません。実はその推測は正解です。純粋に「保険」を医療に適用すると，その掛け金の額はアンラッキーな状態になる確率（リスクといいます）によって決まります。例えば，自動車保険を思い浮かべてみましょう。20代の若者が運転免許をとって自動車保険に入ろうとしても，その掛け金は高いものとなります。これは「統計的」には，20代の若者は他の年齢に比べると自動車事故を起こす確率が高いため，その掛け金も高く設定されているためです。またビジネスで日常的に車を用いるなど，年間の走行距離が多い場合も，統計的には事故の確率が高くなるため，掛け金が高くなります。

しかしこのような原理を医療に適用するとどうなるでしょうか？例えば高齢者のみで保険を成立させようとすると，掛け金が際限なく上がってしまい，誰も保険に入れなくなってしまいます。これでは医療を必要とする方に，保障が行きわたりません。そこで，働いている世代が高齢者を助けるようなしくみ，つまり仕送りするしくみを作ったり（第3講で高齢者医療を説明します），それでも足りない場合には国民全員が支払った税金を投入して，お金が足りるようにしています（実は日本の医療費のうち，掛け金で賄われているのは50％程度で，残りの10％が自己負担，40％は税金です）。ここで，医療保険の強制性が有効に機能してきます。つまり，高齢者などに代表される病気になりやすい人（アンラッキーな状態になりやすい人）を社会全体で支えられるように，日本国内に住んでいるどんな人（元気な人＝病気にはならなかったラッキーな人）でも医療保険に加入するように義務づけているのです。

このような世代間の支えあい，お金に余裕のある人が余裕のない人を支えるしくみは社会全体で考えるとすばらしいことです。しかし，このしくみ自体が実は大きな矛盾や問題を引き起こします。一見すばらしいしくみでも，少し視点を変えると問題が山積みになることがあります。本書を通して読者の皆さんにはわが国の医療保険のすばらしさを理解してもらうとともに，その限界もしっかり理解してもらいたいと考えています。

1.2 国民医療費・介護費用の動向

■ 少子高齢化の進展

　前節では，医療保険の概要について学習しました。このあと**第2講**以降さらに詳しくわが国の医療保険制度について説明していきますが，まずは日本の医療費や介護費がいったいどの程度なのかを確認しましょう（医療と介護のデータの統計的な分析については，**第13講**で説明します）。

　これから医療費と介護費のデータを具体的に眺めていきますが，その前に少子高齢化について確認するために，図1-2 で人口推移のデータからみてみましょう。日本の総人口は，2015年10月現在で約1億2,710万人です。少子高齢化として問題となっているのは，65歳以上が3,387万人と，1/4以上を占めていることです（総人口に占める65歳以上人口の割合を高齢化率といいます）。とりわけ今後問題となるのが，1947〜1949年生まれの第1次ベビーブーマー（団塊の世代といいます）です。ベビーブーマーは年間出生数が約250万人で，近年の新成人（約100万人）のおよそ2倍強の人口があります。団塊の世代が一斉に65歳になる2015年問題を過ぎ，さらに75歳（後期高齢者）になる2025年問題が目前に迫っています。高齢者になると医療や介護のお世話になる機会が増えるのが一般的ですが，そうした人が一斉に増えることが予測され，それにあわせての改革が待ったなしの状態にあります。

■ 国民医療費

　次に医療費を計る代表的な統計指標である国民医療費の概念を説明しましょう。これは「わが国に居住する人が1年間に受けた保険医療サービスの金額合計」，つまりわが国に住んでいる人の医療支出の金額合計，もう少しくだけた形では保険証を使って受けた医療サービス（薬や歯の治療も含む）の合計金額になります。医療サービスを受ける場所は，病院，診療所，歯科診療所，調剤薬局などであり，ここで使った費用というイメージです。この統計数値を調べることで，保険医療に支払ったお金の合計，医療機関が

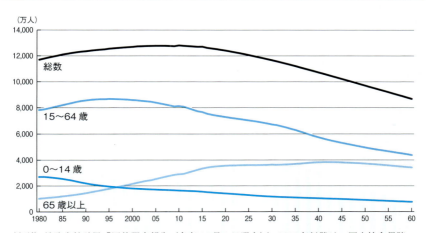

(出所) 総務省統計局「国勢調査報告（各年10月1日現在）」。2016年以降は，国立社会保障・人口問題研究所「日本の将来推計人口（平成24年1月推計）」の中位推計

図1-2　総人口の推移

受け取るお金の合計，医師や看護師などの給与支払い，医療機関が購入するさまざまなものへの支払い（例：病院の建設費用，医療機器，医薬品等）などを調べることができます。ただし保険医療サービスとなっていますので，保険が適用されない（保険適用外）医療サービスは計算に含まれません。詳しくは**第3講**で説明しますが，具体的には差額ベッド代，正常な出産分娩の費用，ドラッグストアで購入した薬代などがそれにあたります。

図1-3はわが国の国民医療費の推移を示しています。1980年には12.0兆円であった国民医療費は，2014年には40.8兆円になりました。1人あたりに直すと，1980年の10.2万円から2014年には32.1万円に増えています。

■ 高齢化は医療費増の原因？

図1-2のデータをもとに計算すると，高齢化率は1980年の9.1％から2014年には26.0％となりますので，この国民医療費の伸びは，もしかしたら高齢化が原因ではないかと思うかもしれません。確かにその影響を完全に否定することは不可能ですが，実はもう一つ大きな原因があります。それは，

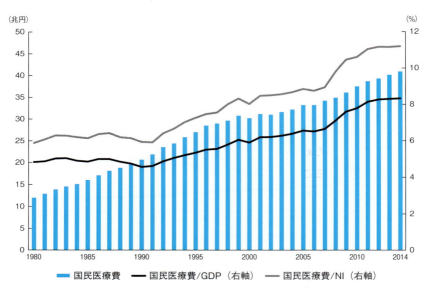

(出所) 厚生労働省「国民医療費」。国内総生産 (GDP), 国民所得 (NI) は内閣府「国民経済計算」

図 1-3　国民医療費の推移

医療技術の進歩という人類の叡智の結果なのです（この議論はレッドヘリング (red herring) 仮説と呼ばれています）。医療ドラマなどで CT や MRI という医療機器の名称を聞いたことがあるかもしれません。CT はコンピュータ断層撮影 (Computed Tomography) の略で商品化されたのは 1973 年, MRI は核磁気共鳴画像法 (Magnetic Resonance Imaging) の略で商品化されたのは 1983 年です。つまり医療の現場で頻繁に使われだしたのは, ここ最近のことです。

　CT や MRI などの大掛かりな医療機器の購入には何億円もかかりますし, そのメンテナンス代, さらに専門の技術者の育成・雇用などに膨大なお金がかかります。しかし, このような医療機器を使うことで, 今までの技術では発見できなかった疾病をみつけられるようになり, 患者の命を救うことができるようになったのです。他にも, 腹部を切開して手術しなくても済むような内視鏡が開発されたり, それを使って医師が新たな手術方法を生み出した

りしました．さらに抗がん剤の世界では，分子標的薬といって特定のがん細胞のみに作用し，副作用が比較的小さい薬が新たに開発されたりと，医師やコメディカル（薬剤師，看護師など医師以外の医療スタッフ）といった人的資源の充実によって患者の命を救うだけではなく，より患者の負担が少なく，より早く社会復帰できるような医療技術がどんどん開発されているのです．

これらの新しい技術は，当然のことながら開発費もかかりますし，作業が複雑化して必要な医師やコメディカルの人数や治療に割く時間が増えることもあります．そのため，こうした新技術を利用した医療が，それまでの治療法よりも安価になることは困難です．このように，私たちの命が救われ，生活の質（quality of life，QOL といいます）が高まった一方で，医療費が高くなっていったのです．

■ 医療費はどこまで増やせるか？

それではこのような命を救うために有効な医療費の上昇を支えるしくみは，果たしていつまで持続できるのでしょうか？　その点については**第14講**で世界の医療制度を説明し，**第15講**であるべき医療制度について議論することである程度明らかとなりますが，ここでは簡単な枠組みで分析してみましょう．

図1-3 の折れ線で示されている，国民医療費/GDP，国民医療費/NI をみてください．ここで GDP（国内総生産）とは1年間に日本国内で生み出された付加価値の合計で，大雑把にいってしまえば私たちの給料と企業の利益を足し合わせたものです．そして NI（国民所得）は，GDP から固定資本減耗（会計学的には減価償却費といって，機械や建物の1年間の使用料のような概念です）と間接（消費）税を引いて，さらに補助金を足したものとなり，大雑把にいえば「本当の意味での」私たちの給料と企業の利益の合計となります．

2014年の GDP は約490兆円，NI は360兆円，1人あたりに直すとそれぞれ約385万円と約290万円になります．これが日本の平均的な年収と考えてよいでしょう．医療費の伸びよりも私たちの年収の伸びが速いのならば，医療費の上昇によって実質的に負担が増すことはありません．ところが，1980

年には 4.86％（6.01％）だった国民医療費/GDP（国民医療費/NI）は，2014 年には 8.33%（11.2%）となりました。1980 年に比べてほぼ倍となりましたが，実は OECD（経済協力開発機構，ヨーロッパを中心に日本，米国など 2018 年 8 月現在 36 ヶ国の先進国が加盟する国際機関）の医療費/GDP の平均 9.1%（2014 年）よりも若干低い水準です。この数字をみる限りは，世界的にはそれほど問題がないようにみえます。

　ここで，国民医療費は医療保険で使った医療費の合計金額であるということを思い出しましょう。日本には医療保険のほかに介護保険もありますが，これは医療費として算定されていないのでしょうか？ 実はここに統計的なマジックがあります。今までわが国では国民医療費のなかに，介護費の一部は含まれておらず，そのような国民医療費と GDP の比率で議論がなされていました。ところが OECD の統計では，総保健医療支出/GDP であり，このなかには長期療養や介護の一部が含まれており，日本でも 2014 年の統計からこちらに基準が変わりました。そのため，2016 年に出された 2014 年版の統計では，日本の総保健医療支出は約 55 兆円，総保健医療支出/GDP は 11.2%となり，OECD の平均 9.1％を上回り，米国・スイスに次いで 3 位となりました。それでも，日本の医療費は 1 人あたりでみると約 44 万円と，OECD のなかでは 15 位であり，安価に抑えながら，何とか耐えているといえるでしょう。

■ 医療費と介護費

　それでは，介護保険のお金はどの程度の規模なのでしょうか？ これを示したのが図 1-4 です。この図は，65 歳未満の医療費と 65 歳以上の医療費，そして介護保険の費用を年別に示したものです。詳しくは第 3 講で説明しますが，介護保険制度は 2000 年から始まりました。当初は，その規模は 3.6 兆円程度でしたが，制度の普及とともに順調に伸び，2014 年には約 10 兆円となりました。さらに 2014 年の国民医療費は 65 歳未満が 16.9 兆円，65 歳以上が 23.9 兆円ですので，医療費と介護費をあわせると約 51 兆円，GDP に換算すると 10％強となり，先ほど述べた OECD の統計と似た結果になります（厳密には違いますが，ここでは説明は省略します）。図をみてわかるよう

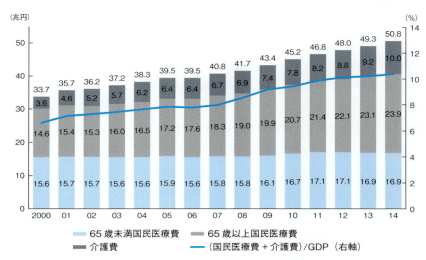

図1-4　医療費と介護費の推移

に，65歳未満の医療費は横ばいなのですが，65歳以上の医療費は2000年に比べて約1.6倍，介護費は2.8倍となりました。2000年から2014年にかけて65歳以上人口は1.5倍に増加していますので，費用の増加は人口増加にほぼ対応しており，医療費に限っていうと，その間に技術進歩があったにもかかわらずそのための費用は大きな伸びを示しているわけではないといえるかもしれません。

また，介護費に関しては人口増加に比べて高い伸び率を示していますが，これは技術進歩による影響もあるかもしれませんが，2000年の開始以降，制度が広く利用されるようになった可能性も考えられます。

いずれにせよ高齢者人口のボリュームが大きくなれば，それだけ医療費や介護費も大きくなりますので，技術進歩だけではなく，高齢化の影響は国という単位でみれば大きいでしょう。

■1人あたりの医療費と介護費

　今までは1国という単位で医療費を考えてきましたが，1人あたりではどのくらいになるのでしょうか。介護費については65歳未満と65歳以上での給付額のデータがないので，正確な数字を出すことは難しいのですが，2016年11月の厚生労働省による「介護給付費等実態調査」では，総受給者数522万人のうち，65歳以上が509万人（約98％），65歳未満が13万人（約2％）となっています。介護費をこの割合で配分して，人口で割ると1人あたりの値が出ます。それを計算すると，2014年の65歳以上の1人あたり国民医療費は約72万円，1人あたり介護費は約30万円，合計で約102万円となります。65歳未満の1人あたり国民医療費は約18万円，介護費は約0.3万円で，合計で約18万円となります。65歳以上は65歳未満に比べて，5.7倍の医療費と介護費がかかる計算となります。この数字から，高齢者にかかる医療費と介護費は膨大だとか，65歳から85歳まで20年間で2,000万円もかかるなどという議論が起こるかもしれませんが，適切ではありません。高齢者になれば誰でも身体が弱ってきますので，医療や介護のお世話になることは当たり前で，この程度の差は何も不思議なことではありません。議論のポイントは，この差が現行の医療・介護の制度の下でも安定して維持できるものなのかという点です。第2講以降，制度や理論を学びながら徐々に理解を深めていくことで，皆さんにはさまざまな考えを身につけながら，自分自身でも解決方法を提案できるようになってもらいたいと思います。

　また，65歳から85歳までに2,000万円もの医療・介護費がかかるといった議論についても，実は統計学的なトリックがあります。先ほど，医療費や介護費の合計を人口で割って平均の値を計算したのですが，この平均の値が多くの人々の医療費や介護費と一致するのは，この平均よりも高い人と低い人がほぼ同じくらいいる場合です（統計学的には分布が左右対称なケースです）。若い人であれば，風邪と歯医者ぐらいでしか病院に行かず，年間の医療費も大きな額ではないでしょう。運悪く病気やケガをして医療費が高くかかったりすることもありますが，そうした人は少数でしょう。したがって，65歳未満の医療費・介護費に関しては，ごく少数の人が平均を上げており，多く

の人はこの平均よりも小さい値となることが予想されます。

それでは65歳以上の場合はどうでしょうか．本当にほとんどの人が年間100万円ぐらいの医療費がかかるのでしょうか？ 実はこのなかには，不幸にも亡くなられた方の医療費・介護費が含まれています。一般的に亡くなる1年間前ぐらいから医療費・介護費が急激に上昇する傾向にあります。これは少し考えれば当たり前の結果で，大切な人が苦しんでいたら，可能な限りの治療をしてあげたいと思うのが自然でしょう。しかし重病の治療や延命のための手厚い医療・介護（当然，費用は高くなります）であっても，すべての人の命を救うことはできませんので，不幸にも亡くなってしまうこともあります。

65歳以上ともなれば，亡くなる方も当然出てきますので，この医療費・介護費のなかにはいま述べたような終末期の医療費と介護費が多く含まれています。そのような医療費・介護費によって，平均が引き上げられているのです。もちろん65歳以上の方が医療や介護のお世話になる頻度は，65歳未満に比べれば高くなりますが，長生きされている方の全員が毎年100万円の医療費・介護費を発生させているわけではなく，実際にはもう少し低い額になります。

コラム　医療費の地域差

各都道府県で1人あたりの医療費は異なるでしょうか？ 結論からいえば高齢化の進み具合に差があるので当然異なるのですが，75歳以上の後期高齢者医療制度の医療費を調べてみても，都道府県によって異なることが知られています（都道府県によっては100歳以上の高齢者が多いなどの影響があるかもしれませんが）。全国平均は約95万円なのですが，最小値は神奈川県の約88万円，最大値は福岡県の約120万円となり，都道府県の間でもかなりバラツキがあります。しかも，75歳以上の後期高齢者の1人あたりの医療費は，北海道を除いた東日本が低く，西日本が高いという西高東低の関係にあることも知られています。さらに，経験的に知られていることとしては，医療費と，人口10万人あたりの病床数は相関をもつということです。病床数が多いと医療費も高いという因果関係とはいえないのですが，果たして病床数が原因で医療費が結果なのか，そして病床が多いことが悪なのか，本書で学びながらどこまでが真実なのかぜひとも考えてみてください。

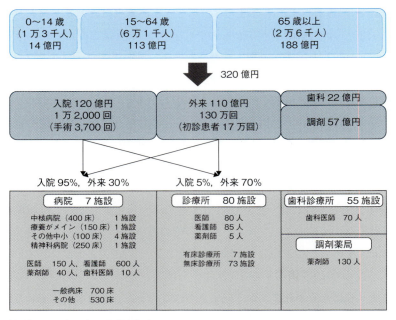

図 1-5 人口 10 万人あたりの医療サービスの需要と供給

■ わが国の平均的な医療費

最後に，わが国の平均的な医療サービス市場を人口 10 万人あたりの値（1 年間あたり）に直して確認しましょう。これが図 1-5 です。まず人口 10 万人あたりでは医療費は 320 億円必要で，内訳としては 1 万 3 千人の 0 〜 14 歳が 14 億円，6 万 1 千人の 15 〜 64 歳が 113 億円，2 万 6 千人の 65 歳以上が 188 億円使います（値はすべて 2014 年度のものです）。医療費 320 億円のうち，入院に 120 億円（1 万 2,000 回でそのうち手術は 3,700 回），外来に 110 億円（130 万回で初診患者は 17 万回），歯科に 22 億円，調剤に 57 億円となります。これが医療サービスを需要側からみた値となります。

次に供給側をみてみましょう。人口 10 万人あたりでは病院はおおよそ 7 施設で，そのうち 400 床の中核病院が 1 施設，150 床の療養がメインの病院

が1施設，100床ぐらいのその他中小病院が4施設，250床の精神科病院が1施設となります。これらの施設に，医師が150人，看護師が600人，薬剤師が40人，歯科医師が10人働いています。さらに，これらの病院にはCTが7台，MRIが4台あり，手術を年間3,650件実施しており，人工透析の機械も50台あります。さらに1万2,000回の入院の95％，130万回の外来の30％を病院が担当します。診療所は80施設あり，入院の5％（手術件数は年間50件），外来の70％を担当します。医師が80人，看護師は85人，薬剤師が5人働いており，CTを4台，MRIを2台，人工透析の機械を50台もっています。歯科診療所は55施設あり，そこで歯科医師が70人働いています。調剤薬局で働いている薬剤師は130名となります。以上が人口10万人あたりでみた医療サービスの大雑把な姿です。診療所は80もありますが，中小病院も複数ありますので，それらは互いに競争することとなります。

■これから医療経済学を学ぶ皆さんへ

本書で医療経済学を学ぶ読者に対して，筆者らは以下のようなことを望んでいます。すなわち，制度の本質をつかむ能力を養い，統計のトリックに惑わされずに数値によって客観的に実態を把握できるようになり，筋道立てて医療を経済学的に分析しながら，よりよい医療・介護のために活躍できる人が増えることです。以下，**第2講**からの議論をしっかりと学んで，そのような能力を身につけてください。

■ Active Learning

《理解度チェック》

- □1 保険者，被保険者の関係について，宝くじを例にあげて整理してください。このとき事故（宝くじの当たり）確率が2倍に上昇したら，保険料や給付をどのように設定しなければならないでしょうか？
- □2 65歳以上の1人あたり医療費と1人あたり介護費，65歳未満の1人あたり医療費と1人あたり介護費の違いについて，データの特性もふまえながら説明してください。

《調べてみよう》
[1] あなたの健康保険証をみてください。そこに書いてある「保険者」を探して、どのような保険者なのか、インターネットで調べてみましょう。
[2] 厚生労働省の「後期高齢者医療毎月事業状況報告」と「医療施設調査（平成 27 年度）」を使って、都道府県ごとの後期高齢者の 1 人あたり医療費と 10 万人あたり病床数の「相関」に関する図を作ってみましょう。

《Discussion》
日本の将来推計人口が、「中位推計（出生中位・死亡中位）」ではなく「出生低位・死亡高位」推計となったら、人口構造はどのように変化するでしょうか？ 国立社会保障・人口問題研究所「日本の将来推計人口（平成 24 年 1 月推計）」を使って、図 1-2 と同様の図を作ってみましょう。

文献紹介

● 河口洋行『医療の経済学［第 3 版］——経済学の視点で日本の医療政策を考える』，日本評論社，2015 年

第2講
日本の医療保険制度

■この講ではわが国の医療保険制度をより詳しく説明します．職業ごとに加入する保険や保険料が異なること，その理由などを明らかにします．公的医療保険によって医師が診療に必要とする費用の多くがカバーされていますが，なかには保険が適用されないものもあり，その場合のルールについても説明します．また，保険の加入者は医療費の3割を自己負担で支払いますが，医療費が高額になりすぎた場合の救済制度についても説明します．

2.1　3つの公的医療保険

■ 被用者保険

　私たちは病気になったら保険証を持参して，病院や診療所に行き，治療をしてもらいます．そのときにそれほどお金の心配をしなくて済むのは，**第1講**で学んだ保険のおかげ，つまり病気というアンラッキーな状態になっても，病気になっていない人から保険料を集め，それを財源とした給付で賄ってもらえるからです．ただし民間の保険会社の提供する私的医療保険のみでは，高齢者などのリスクの高い人は保険に入ることができませんので，わが国では公的な医療保険への強制加入を義務づけ（**国民皆保険**）て，社会全体での支えあいをモットーに，保険を運営しています．

　第1講では，大雑把な保険のしくみしか紹介できませんでしたので，この講ではもう少し詳しく，わが国の医療保険制度を学びましょう．まず押さえてほしいのは，わが国の公的医療保険では職業（勤め先）ごとに異なる区分の保険に強制的に加入させられるということです．これを表したのが，図

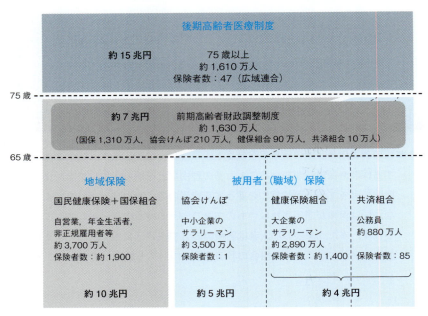

(出所) 厚生労働省資料より筆者作成

図 2-1　日本の医療保険制度

2-1 です。この図からまずわが国の医療保険は，大きく地域保険，被用者（職域）保険，そして 75 歳以上の後期高齢者医療制度に分かれていることがわかります。また図に医療費も記載されていますが，総医療費 41 兆円（＝ 10 兆＋ 5 兆＋ 4 兆＋ 7 兆＋ 15 兆）のなかで 37% にあたる 15 兆円を後期高齢者が必要としていることがみてとれます。後期高齢者医療制度（と前期高齢者財政調整制度）については，**第 3 講**に譲るとして，ここでは被用者（職域）保険と地域保険がどのような制度なのか学習しましょう。

　まず被用者保険について説明しましょう。これは，会社・学校・官庁などに勤める人（パートやアルバイトは週 20 時間以上の労働と他のいくつかの条件を満たさないと加入できません）が強制的に加入させられる保険となります。図 2-1 より，被用者保険はさらに健康保険組合（約 2,890 万人），共済組合（約

880万人），協会けんぽ（約3,500万人）に分かれます（厳密には他に船員保険もありますが，人数は少ないのでここでは省いています）。健康保険組合は，主に大企業の従業員とその家族が加入し，その大企業が自分たちで保険を運営しています。保険者数が約1,400となっているのは，日本にある大企業の約1,400社が独自で保険を運営しているイメージです。共済組合は公務員とその家族が加入する保険です。国家公務員は省庁ごとの保険に，地方公務員は都道府県ごとの保険に加入しますので，保険者数はそれほど多くはありません。それでは，中小企業に勤めている人はどのようになるでしょうか？ 社員数が100人ぐらいですと，誰か1人が大病にかかると保険料がぐんと上がってしまいますので，企業ごとに保険を運営することは困難です。そこで中小企業に勤める人とその家族は，全国健康保険協会（ほぼ国が管理していると思ってよいでしょう）が運営する協会けんぽに加入します。

■ 保険料の支払い方法

それではどのように保険料を支払うのでしょうか？ 勤め人であれば毎月給料をもらっていますので，企業が払うときに税は税務署に，強制加入の社会保険料はその時点で差し引くことで徴収されます。それでは保険料はどのくらい払っているのでしょうか？ 給料（専門用語で標準報酬月額といいます）が多いと保険料も多くなります。支払う割合は，協会けんぽの場合で約10%です（2016年度）。しかしこれを全額個人が払うわけではなく，労使折半といって勤め人（被保険者）と企業でほぼ半々に分け合って負担します。つまり給料が20万円だったら，医療保険の保険料は20万円×5%＝1万円を勤め人が負担し，もう1万円は勤め先の企業が負担します（したがって実質的な給料は21万円となります）。ただし，保険料率は各被用者保険によって異なり，医療費が少ない（高齢者が少ない）健康保険組合は相対的に低い保険料率となります。2014年度の資料では，健康保険組合の平均保険料率は8.86%で，最低は4.8%，最高は12.1%となります。協会けんぽの保険料が10%ですので，これよりも保険料率が高い健康保険組合をもっている企業は，組合を解散して，協会けんぽに移った方が，企業の支払う保険料を節約できます。第3講でも説明しますが，高齢者医療向けの拠出金の負担が増えてい

るため，健康保険組合を解散するところが増え，後期高齢者医療制度が始まる直前の 2007 年度には 1,497 の健康保険組合がありましたが，2014 年度には 1,410 へと 87 減少しました（もちろん倒産や合併などで健康保険組合を解散する場合もあり，その数字も含んでいます）。

この保険料を払うことと引き換えに，保険証（被保険者証）を受け取ることができ，万が一の病気のときに医療機関で受診をしても，かかった医療費の 30％（義務教育就学前は 20％）の負担で済むのです。また加入者の扶養家族（配偶者，子・孫，弟・妹，父母・祖父母。他に同居していれば 3 親等以内の親族も）は，保険料を支払わなくてもよく，一家の大黒柱の保険証を使って（現在は 1 人 1 枚カード式の保険証に切り替わっていますが，かつては家族で 1 枚の保険証でした），医療機関を受診することができます。

■ 地域保険

いま述べたことで，勤め人とその家族についての医療保険は理解できましたが，これで日本に住んでいる全員をカバーできたでしょうか？ 世の中で働いている人全員が雇われているわけではありません[1]。個人で事業をやっている人（自営業。農業・漁業に従事している人も自営業）も大勢いますが，この人はどの保険に入ればよいのでしょうか？ さらに何らかの事情で，仕事を離れている人や，定年退職をして年金暮らしをしている 75 歳未満の人は，どの保険に入ればよいのでしょうか？ このような人は，市町村が保険者となっている地域保険（国民健康保険といい，国保と略されます。約 3,700 万人）への加入が義務づけられています。保険者は，全国の市町村 1,718（2016 年現在。あとで説明するように，2018 年 4 月から都道府県も市町村と共同で運営す

---

[1] パートやアルバイトが被用者保険に加入できる条件は，実は以下のようになります。週の労働時間が 20 時間以上，1 ヶ月あたりの賃金が 88,000 円以上，雇用期間が 1 年以上，学生でないこと，従業員数 501 人以上の会社で働いているか 500 人以下の会社でも労使で合意ができていることです。これに該当しなれば，一家の大黒柱が加入している保険に扶養家族として入ります。しかし，パートやアルバイトで所得がある場合には，年収 130 万円以内でないと扶養になることができません。したがって，上記の条件と年収 130 万円以上の条件を満たすと，パートやアルバイトでも国民健康保険に加入することになります。ちなみに，所得税の場合は扶養の条件が変わります。配偶者（専業主婦・主夫など）の場合は年収 150 万円以内で，扶養家族（子供など）の場合は年収 103 万円以内となります。

る保険者となります）と，専門職（建設業や，主に個人開業の医師・歯科医師・薬剤師など）が加入する国保組合となります。

　それでは勤め人でない人たちはどのように保険料を支払うのでしょうか？保険料の支払額は基本的には所得に応じて決められるのですが，自営業の場合は所得を捕捉しにくい側面がありますので，収入（所得割），固定資産税（資産割），世帯ごと（平等割），そして世帯の被保険者数（均等割），これら 4 つを組み合わせて，税のような形（国民健康保険税といいます）で市町村から請求されます（都市部では保険料として請求されます）。ただし，世帯ごとの上限（介護保険料含む）は年間 89 万円（2016 年度）となります。国民健康保険は個人ごとに加入する形となりますので，扶養家族も形式的には保険料を支払い，個人ごとに保険証をもちます。保険料を払うことで保険証を受け取ることができ，受診した場合には被用者保険と同様に医療費の 30％（義務教育就学前は 20％）を負担します。

> **コラム　勤め先と医療保険**
>
> 　本講では繰り返し職業（勤め先）ごとに保険に加入すると述べましたが，ここで具体的に考えてみましょう。例えば大学を卒業して，大企業の A 社に就職したら，A 社が運営している医療保険（健康保険組合）に強制加入させられます。数年働いたあとに，公務員になりたいと決意し，公務員採用試験を受験し無事に合格して公務員になることができたら，A 社の健康保険組合を脱退し，今度は共済組合の医療保険となります。さらに公務員を続けるうちに，ベンチャー企業で地域貢献をしたいと思い，従業員 50 名の企業に転職したら，共済組合を脱退して，協会けんぽの医療保険に入りなおします。つまり転職するごとに，医療保険が変わるのです。
>
> 　さらにベンチャー企業が倒産し，無職になったとしましょう。この場合は，市町村ごとの国民健康保険に加入します。必死に職探しをしましたが希望している職がなく，隣の市に引っ越して住民票を移し，今までの経験を生かし自営業で食っていこうと考えたら，今度は隣の市の国民健康保険に入らなければいけません。国民健康保険は，住んでいる市町村ごとに加入するのです。

> **コラム　クロヨン問題**
>
> 　国民健康保険の保険料は，所得が捕捉しにくいので，4 つの方法を組み合わ

せると書きましたが，これはどのような背景があるのでしょうか？ 所得税とは，売上（収入のことで，勤め人であれば税引き前の給与）から費用（勤め人の場合には，一定額を「控除」という形で差し引きます）を引いた，所得（利益と考えても OK です）に課税されます。この所得を計算するときに，自営業であれば事業にかかったさまざまな費用を経費として計上することで，勤め人よりも所得を少なくできることもあります。税金を取る立場の政府は，勤め人の所得は 9 割は把握できるが，自営業では 6 割，農業では 4 割しか把握できないと考えており，これを**クロヨン問題**と呼んでいます（10 割・5 割・3 割で，**トーゴーサン**と呼ばれる場合もあります）。そのためできるだけ正確な額を捕捉できるよう 4 つの方法を組み合わせて，保険料を徴収しているのです。

ここで，国民健康保険は市町村単位で行うと書きましたが，これだと過疎地域で高齢化が進んでいる市町村では，医療費がどうしても高くなるため運営が困難になります。厚生労働省の「平成 27 年度　市町村国民健康保険における保険料の地域差分析」によれば，標準化保険料算定額の最大値は北海道天塩町の 187,569 円，最小は東京都三宅村の 50,922 円で 3.7 倍も開きがあります（全国平均は 111,273 円）。同一県内の市町村でも，例えば沖縄県では 2.9 倍も開きがあり，最小の滋賀県でも 1.3 倍もあります。つまり，たまたま住んでいる市町村によって，保険料が大きく異なるのです。

そこで 2018 年度より，国民健康保険は都道府県と市町村が共同で運営することになりました（県に完全に移管されるわけではありません）。都道府県が医療費を推計し，市町村ごとに年齢や所得などから集めるべき標準的な保険料と保険料率を定めて，財政安定化のための責任を担います。市町村は，保険料の徴収を行い，都道府県に納付します。これだけでは市町村に医療費を節約するインセンティブはありませんので，医療費を下げることができれば，ボーナス（補助金）をもらえるようなしくみも作っています。

■ 被用者保険と国民健康保険の沿革

以上のように，わが国の医療保険は職業ごと（被用者保険）が前提で，雇われている人でなければ国民健康保険に加入するというスタイルとなっています。なぜ日本に住んでいる人が全員同じ保険に加入する「日本医療保険」と

か，ある都道府県に住んでいる人全員が加入する「A県医療保険」のようなわかりやすい形にしなかったのでしょうか？ 実は，わが国の医療保険がこのような形態になったのは，医療保険制度が創設された経緯に由来しています。

1905年に当時の最先端企業であった鐘紡と八幡製鉄所で，自主的な共済組織（互助組織）として設立されたのが，日本における医療保険の始まりです。当時は業務上の傷病に対しては事業主が扶助することと法律で定められていましたが，業務外の保障は何もありませんでした。そこで2つの企業で，医療保険を自主的に作ったのです。その後，大正期の労働運動の高まりのなかで労働者を保護するために，1927年に健康保険法が施行され，企業ごとの健康保険組合で医療サービスを受ける費用と労働できない期間の生活に対する手当金を支払うように定められました。この健康保険法は正規労働者（当時の労働者3,000万人のうち200万人）しかカバーされていなかったので，適用範囲を拡大させ，企業ごとに健康保険組合が徐々に設立されました。

農業・漁業従事者には何も保険がなかったのですが，1938年に国民健康保険法が制定され，農村漁村不況対策の一環として，市町村・職業を単位とする任意設立の保険組合ができました。しかし，そもそも保険を作るかどうかも市町村に任せられていましたし，加入に関しても原則自由でした。その後，戦時体制に備え，1942年に国民医療法が制定され，家族に対する給付も制度化されました。つまり，わが国の医療保険は第2次世界大戦前に，すでに「職業ごと」，「地域ごと」の形がおぼろげながらも作られていたのです。

終戦後しばらく国内で混乱が続きましたが，徐々に落ち着いた頃に共済組合を整備しました。先進国の仲間入りをすべく，社会保障を整えるために，1961年に国民健康保険法を改正しました。この改正ですべての市町村に医療保険の実施義務が課され，また強制加入も義務づけられ，ようやく国民皆保険が実現したのです。いま述べたように，わが国の医療保険制度は，戦前からの流れを改良しながら運用されています。そのため，全面的に変更するのは（従来のしがらみもあり）なかなか難しくなってしまったので，「職業ごと」，「地域ごと」の保険が並存する形になったのです。両者が並存することによって，制度的な欠陥が引き起こされているのですが，それについては**第3講**で議論しましょう。

2.2　自己負担と保険で受けられるサービス

■ 自己負担

　さて，保険料を支払うことで保険証をもらえ，これで病気になったとしても安心なのですが，では医療保険では実際にはどのような形で給付を受けることができるのでしょうか？　病院で受診した際に一度全額医療費を立て替えて，後日，保険者に書類を提出し，医療費を返してもらう（**療養費払い**とか**償還払い**といいます）といった手続きをしたことのある人がいるかもしれません。自動車保険などはほぼこのようなしくみとなっていますが，医療保険では異なります。それは**現物給付**というしくみがあるからです。

　わが国では，**厚生労働大臣から保険診療をやってもよいと指定された医療機関**（**保険医療機関**といいます）に保険証（正確にいうと被保険者証）を提示すれば，政府が決めた価格（**診療報酬**とか**薬価**といいます[2]）で診察や治療をしてもらえ，全額立て替えなどをせずに医療費の一部を負担（**窓口負担**とか**自己負担**と呼ばれます）すればよいことになっています（**表 2-1**）。後で保険者から現金を返してもらうのではなく，診察・治療や薬という「サービス」をもらうということになりますので，保険に入ることでモノ（ではありませんが）が支給されるという意味で**現物支給**と呼ばれています。患者からすると**表 2-1**のように，かかった医療費の3割（1割や2割の人もいます）を払えばよいので，一時的な出費を気にすることなく，安心して医療を受けられるしくみであるといえるかもしれません。

　表 2-1からわかるように，保険医療機関は窓口でかかった医療費のうち3割（義務教育就学後から69歳以下）しか払ってもらえません（さらに現在，子

---

[2]　診療報酬は，中央社会保険医療協議会（中医協と略され，厚生労働大臣の諮問機関です。支払い側の代表7人，診療側の代表7人，公益代表6人から構成されます）で議論をして，まず大枠（診療報酬全体の平均改定率）を決めます。公的医療保険に公費（税）が投入されているために，国の予算案を作成するときに，まず大枠が決められるのです。その後，大枠を達成できるように，個々の診療報酬の価格である「点数」（10倍すると円に直ります）を中医協が答申し，厚生労働大臣が決定します。薬価（と調剤を行った際の調剤報酬）についても，中医協の答申を受けて厚生労働大臣が決定します（薬価については**第 9 講**参照）。診療報酬は隔年（偶数年度）で，薬価については（2021年度から）毎年改定されます。

表 2-1　医療費の自己負担

年齢階級	自己負担割合（率）
75 歳以上 (後期高齢者医療制度)	1 割負担（現役並み所得者は 3 割負担）
70 〜 74 歳	2 割負担（現役並み所得者は 3 割負担）
義務教育就学後から 69 歳	3 割負担
義務教育就学前	2 割負担

育て支援のために義務教育終了まで医療費が無料となっている自治体もありますが，これはあくまでも都道府県や市町村の補助です）。残りの 7 割を受けとるため，保険医療機関は実施した医療の詳細を診療報酬明細書（レセプト）に記載し，審査支払機関に送ります[3]。審査支払機関はそれを審査して，適正であれば保険者に送ります。保険者はその金額を審査支払機関に払い，このお金を審査支払機関が保険医療機関に支払います。少し複雑なしくみとなりますが，このようにすることで私たちは保険証があれば全国の医療機関で受診でき，また医療機関にもきちんとお金が支払われるのです。審査支払機関は報酬明細書の審査と報酬の支払いをしますが，このとき医師にも審査をお願いします。こうすることで保険者の審査労力が軽減されるだけでなく，医療の専門家の審査が入ることで不正請求も防止できます。また数千の保険者とのやりとりを集約化することで，医療機関の手間が軽減されます。

■ 保険で受けられるサービス

現物給付のしくみはこのようなものです。そして政府が決めた診療報酬と

---

[3] 審査支払機関は大きく 2 つに分かれます。国民健康保険と後期高齢者医療制度を担当する国民健康保険団体連合会（都道府県ごとに設置）と，被用者保険を担当する社会保険診療報酬支払基金（都道府県ごとに支部）です。公的医療保険の分類・沿革は，実はこの審査支払機関も関係しています。医療機関は月ごとに患者のレセプトを作成し，翌月の 10 日までにどちらかの審査支払機関に提出します。それぞれの機関での審査（診療翌月の 10 日から 25 日までに実施）をパスしたら，審査支払機関が保険者にレセプトの送付と金額を請求し（診療翌々月の 10 日まで），保険者は診療翌々月の 20 日までに金額を審査支払機関に支払います。医療機関は，診療翌々月の 21 日に，審査支払機関から請求した金額を受け取ることができます。

薬価に基づいて医療費が確定することがイメージできたのではないでしょうか。それでは，どのような医療に対して，保険が適用されるのでしょうか。かつては高価な抗生物質などは保険対象外でしたが，現在は一般的な医療水準に照らして，医師が治療上必要と考えるものは，ほぼ保険適用になっていますし，そうあるべきでしょう。例えば，胃がんで胃の 2/3 を切除しなくてはならなくなったとき，2 週間の入院で医療費が 100 万円以上かかりますが，きちんと保険が適用されます。2018 年現在で最も高価な薬は，リンパ球ががん細胞を攻撃しやすくする「ニボルマブ」（商品名オプジーボ）です。100mg で約 28 万円，仮に 1 年間使用すると約 1,342 万円かかるといわれています。後述するようにこのような高価な薬だとしても使うことができるような制度の工夫がなされています。

医療保険には他にも現物給付のものがあります。例えば，医師が行うものではありませんが，訪問看護ステーション，助産所，鍼灸院などで行う医療周辺のもの（もちろん，保険で認められるものだけ）などです。他には入院をしたときの食事代の負担に上限（260 円以下，2018 年度より 460 円以下）を設ける入院時食事療養費，療養病床（長期にわたる病気のためのベッド）での生活費と食費に対して上限を設ける入院時生活療養費などです。詳細については，入院したときに事務の方に確認するか，保険者に問い合わせてください。

細かい話ですが，入院時食事療養費，入院時生活療養費，本人でなく「家族」の外来や入院医療，訪問看護療養費，保険外併用療養費（後で説明します）は，法律的には一度全額立て替えて，後でお金を返してもらう療養費（償還）払いとなっていますが，運用としては現物給付として行われます。本人の場合は「療養の給付」（お金の代わりに診断・治療をしてもらえるという意味），家族の場合は「家族療養費」（費＝お金が後で受け取れるという意味）という言葉が残っている健康保険組合もあります。もちろん前者であれば現物給付，後者であれば正確には療養費（償還）払いという扱いになりますが，現実的にはそのような運用をしていないということです。非常に専門的な話ですので，これらは全部現物給付として覚えておいてよいでしょう。むしろ療養費が意味通りに使われるのは，就職したばかりで保険証がないときに，いったん全額支払って後で 7 割のお金を返してもらったとか，海外旅行の

際に病気にかかって全額支払った後に返してもらう場合などです．こちらの使い方を覚えておくとよいでしょう．

■ 保険が適用されないもの
　医療保険が適用されず，全額を患者が負担するものも存在します．そのルールは，生命や健康に重大な影響を及ぼさないもの（眼鏡，補聴器，歯列矯正など），審美的・軽微・他に価格の安い代替治療などがあるもの（美容整形，ドラッグストアで購入する風邪薬など），病気でないもの（妊娠，健康診断，マッサージなど），評価の定まっていないもの（研究段階の先端医療）です．ただしこのルールはわが国と海外では異なり，健康診断や眼鏡に保険が適用される国もあります．

■ 金銭給付
　医療保険の基本は現物給付といいましたが，診療・治療できないものもなかにはありますので，その場合にお金が支払われるものもあり，これを金銭給付と呼んでいます．傷病手当金（病気やケガで会社を休み，給料の支払いを受けられない場合に給料の日額 2/3 が支給される．被用者保険のみ），出産手当金（出産予定日 6 週間前から産後 8 週間までの間，給料の日額 2/3 が支給される．被用者保険のみ），出産育児一時金（女性の勤め人の場合原則 42 万円），埋葬料（1 〜 5 万円程度）などです．

　それではなぜ出産手当金や出産育児一時金があるのでしょうか？　これには妊娠が病気ではなく，保険が適用されないという事情が密接に絡んでいます．妊娠に保険がきかないとなると，出産時の入院費用は美容整形と同じようにすべて 10 割負担となります．自由診療ですので，富裕層が出産する場合には数百万円かかることもあるようですが，一般的には出産費用は 60 万円程のようです．この費用をすべて妊婦に負担させるのは，経済的に酷なことですので，サポートする体制が必要になります．そこで金銭給付を使って，それほど過大な負担にならないよう配慮しているのだと考えられます．

■ 混合診療の禁止

　それでは海外では認められているが、日本では認められていない抗がん剤を使って治療をしようとした場合には、どのようになるのでしょうか？ 実はわが国では混合診療の禁止といって、治療時に、1つでも保険外のものが入ると、10割負担になるルールがあります。つまり、研究段階にある先端医療などを用いて治療を行おうとすると、この治療方法だけでなく、抗がん剤の費用以外の入院基本料、CTやMRIなどでの検査費用にも保険適用されないというのが原則的なルールです。これはどのように解釈すればよいのでしょうか？ 医療費の財源は保険料と税ですので（第3講でもう少し詳しく説明します）、当然のことながら公としての側面があり、ぜいたく品には使えません。現物給付とは、医療という必要不可欠なものを、お金ではなくサービスとして「1セット」で与えるということですから、これを超えるものはぜいたく品となるでしょう。1セットとして給付することに意味があるので、超える部分が少しでもあるならば、全部返してほしいという趣旨でしょう。

　しかしあまりにこれを厳密にやりすぎると、少し不具合が生じます。例えば、まだ治療法の確立していない難病に対して、研究段階にある最新薬を使おうとすると、10割負担になってしまうのです。そこで先ほどの例でいえば、医療機関に支払う費用のうち、保険で認められない部分だけ患者が病院に支払い、認められる部分は保険から直接医療機関に支払ってもらうようなしくみ（専門的には療養費払いの現物給付化といいます）を作れば、単に差額だけを支払えばよく、差額負担や保険外負担という支払方法が制度化できます。つまり、必要不可欠な治療については1セットでプレゼントするけれども、1セットに対してぜいたく部分を上乗せするならば、その差額については全額を負担してもらうというイメージです。

　この差額負担を際限なく拡大し、例えば美容整形（手術以外の入院と検査に保険がきくようにする）に広げたりすると、公平性の観点からは納得できないかもしれません。ただ、まだ医療保険が適用されない最新の抗がん剤による治療（抗がん剤だけ10割負担で、入院と検査は保険）など、生命に関わるようなものであれば、納得できる人も多いでしょう。

■ 政府が管理する混合診療：保険外併用療養費

そこでわが国では混合診療に関しては，**国が認めたもののみ差額負担を認めるという形式をとっており**，これを**保険外併用療養費**といいます。さらにこの制度では，**評価療養**といって保険診療導入のための評価を行うもの（先進医療や医薬品の治験など）と，**選定療養**といって保険導入を前提にしないが**厚生労働省が認めたもの**（国が認めたぜいたく部分だと考えればよいでしょう）。差額ベッド，歯科の金合金等，予約診療，時間外診療，大病院の初診（2018年度より5千〜1万円が義務づけ），180日を超える入院，制限回数を超える医療行為など），**患者からの申出を国が先進医療よりも短期間**（先進医療は3〜6ヶ月のところを2〜6週間）**で審議し特定の医療機関のみに許可する患者申出療養**（2016年度より）といった3種類に限っては，差額負担（つまり混合診療ですが）を認めています。

ちなみに，差額ベッドとは，次のようなしくみです。通常入院は4人部屋や6人部屋のみが保険として認められ，個室に入りたい場合は，混合診療禁止のルールを適用すると，手術・入院費用・検査代すべてが10割負担となるのですが，厚生労働省が選定療養として認めているので，保険で認められているベッド代と個室代の差額（病院によって異なりますが1泊1万円以上，なかには1泊5万円以上のところもあります）を支払えば，差額負担として認めるというイメージです。患者申出療養は上で説明した通りですが，これはわが国が諸外国よりも，新薬の承認が遅い（**ドラッグ・ラグ**といいます。**9.3節**参照）という指摘を受けて，外国では認められている薬にいち早く対応するために導入されたものです。

ちょっと話がわかりにくいですが，厚生労働省の認めた先進医療は差額負担が使える，差額ベッドも差額負担が使える，それ以外の例えば美容整形などについては1つでも保険外のものがあると10割負担となってしまうと理解しておくと，わかりやすいでしょう。

■ 高額療養費制度

さて**表2-1**で，医療費の自己負担は義務教育就学後から69歳までは3割負担と記載されていました。このように**定まった割合の自己負担**を**定率負担**

と呼んでいます。これに対して，医療費によらず，一定額を支払うものを定額負担と呼んでおり，昔の高齢者の医療制度（老人保健制度といい，第3講で説明します）では，外来で1ヶ月1,020円，つまり医療費が1万円だろうと10万円だろうと，1,020円しか支払わないで済んでいたことがありました。

　定額負担が採用されなくなったのは，制度の維持が財政的に厳しくなったからなのですが，それに代わって採用されている定率負担には重大な短所があります。それは（当たり前なのですが），医療費が高額であると支払えないことです。先ほどの高額な抗がん剤「ニボルマブ」を思い出しましょう。薬の値段は100mg約28万円で，仮に1年間使用すると約1,342万円かかる（2016年度には約3,500万円もかかり，あまりにも高額との批判から薬価が引き下げられました）ので，3割負担であれば自己負担は年間約403万円となります。この金額を安いと思う人は少ないでしょう。むしろ，多くの家庭ではこれほどの金額をすぐに用意できず，家族のためにこの薬を使うことを勧められても，躊躇するのではないでしょうか？　そのような悲劇的なことが起こらないように，実はわが国の医療制度には患者負担が一定額以上の場合には，その超えた額すべてを医療保険から償還する制度があり，これを高額療養費制度と呼んでいます。

　表2-2が高額療養費制度の概要となりますが，これではわかりにくいので，例を用いて考えましょう。胃がんの手術をして入院し，1ヶ月に120万円の医療費がかかった場合は，どのように計算されるでしょうか？　高額療養費制度がなければ，120万円×3割＝36万円が自己負担となります。しかし高額療養費制度がありますので，70歳未満の「一般（年収約370〜約770万円）」では，80,100円＋（120万円−267,000円）×1％＝89,430円，これが1ヶ月分として払わなくてはならない自己負担となります。もちろん89,430円は大金ですが，36万円に比べれば安く，家計の負担も軽くなるでしょう。このように1ヶ月の自己負担がおおよそ9万円前後に収まるような制度が，高額療養費制度です。

■ 高額療養費制度と限度額適用認定証

　ただし，高額療養費制度にも弱点はあります。1つ目は，償還払いの形式

表2-2　高額療養費制度の概要（2018年8月以降）

(a) 70歳未満

所得区分	1ヶ月の負担の上限額	多数回該当の場合
年収約1,160万円〜	252,600円＋(医療費−842,000円)×1%	140,100円
年収約770〜約1,160万円	167,400円＋(医療費−558,000円)×1%	93,000円
年収約370〜約770万円	80,100円＋(医療費−267,000円)×1%	44,400円
〜年収約370万円	57,600円	44,400円
住民税非課税	35,400円	24,600円

（注）多数回該当とは，直近の12ヶ月間に，既に3回以上高額療養費の支給を受けている場合のこと

(b) 70歳以上

所得区分		1ヶ月の負担の上限額	
		外来（個人ごと）	（世帯ごと）
現役並み	年収約1,160万円〜	252,600円＋(医療費−842,000円)×1%	
	年収約770万円〜約1,160万円	167,400円＋(医療費−558,000円)×1%	
	年収約370万円〜約770万円	80,100円＋(医療費−267,000円)×1%	
一般	年収156万〜約370万円	18,000円（年間上限14万4千円）	57,600円
住民税非課税の方	Ⅱ　住民税非課税世帯（Ⅰ以外の方）	8,000円	24,600円
	Ⅰ　住民税非課税世帯（年金収入80万円以下など）	8,000円	15,000円

をとっていることです．つまり一度窓口で36万円支払い，高額療養費の支給申請を行い，最短でも3ヶ月後にならないと，36万円−89,430円＝270,570円が戻ってこないのです．一時的に大金が必要になるので，家計にとっては大きな負担です．2つ目は，月をまたいで使用することができないことです．これは，診療報酬明細書（1ヶ月ごとに医療機関が保険者に提

出）でしか医療費を把握する方法がないためです。1つ目については、限度額適用認定証を用いることで克服しようとしています。これは交付を退院前に申請をしておき、退院時に窓口でこの認定証を提示すると、89,430円の支払いで済み、一時的な負担を軽減できるものです。このように、不完全ではありますが、わが国の医療保険は、家計に過大な負担とならないように配慮がされているのです（無利息の高額医療費貸付制度を利用できる場合もあります。さらに権利の消滅時効は、診療を受けた月の翌月の初日から2年間です）。

また、この限度額適用認定証は外来と入院別々に適用されます。現実的な例ではありませんが、胃がんの手術をして入院し1ヶ月に120万円の医療費、それとは別の病気で外来30万円の医療費がかかったとしましょう。この場合は、入院と外来の医療費を合算して、高額療養費の申請を行うことができます。つまりこの場合は、80,100円＋（120万円＋30万円－267,000円）×1％＝92,430円となります。さらにこの高額療養費制度は、家族内で合算できますし（ただしあくまでも被扶養者のみで、共働きで別々の医療保険の場合は適用できません。さらに後期高齢者も保険が異なるので合算できません）、**第3講**で説明する介護保険の自己負担と合算できる高額医療・高額介護合算療養費制度もあります。75歳以上の後期高齢者の方であれば、この高額医療・高額介護合算療養費制度を使うことで、1年間（8月から翌年の7月まで）の自己負担は年収1,160万円以上の人は年間212万円（月々18万円弱）、一般の人（年収156〜370万円）で56万円（月々5万円弱）、住民税が非課税の場合には31万円（月々3万円弱）、年金収入が80万円以下の場合は19万円（月々1万円強）となります。

　高額療養費制度は入院したときに、病院の事務職員の方から説明があるかと思いますが、実は知っておくと非常に役立つ制度です。この制度のおかげで、預貯金が1,000万円や5,000万円ないと生きていけないのではないかと、心配にならなくて済むのです（とはいえまったく貯蓄がないのも問題ですが）。高額療養費制度は一般の方には意外と知られていない制度ですので、心当たりのある方にぜひとも教えてあげてください。

■ **Active Learning**

《理解度チェック》・・・
□ 1　日本の医療保険は被用者保険と地域（国民健康）保険に分かれています。その違いについて説明してください。
□ 2　さらに被用者保険の違いについても説明してください。
□ 3　混合診療の禁止ルールとは何でしょうか？　具体例を挙げながら説明してください。また保険外併用療養費制度とはどのようなものでしょうか？　あわせて説明してください。

《調べてみよう》・・・
[1]　被用者保険において保険料は給料のおよそ何%でしょうか？　また企業によって違いはあるのか調べてみましょう。
[2]　高額療養費制度を利用するためには具体的にどのような手続きをすればよいでしょうか？　国民健康保険の場合は市町村のウェブサイトに記載されていることが多いですので，住んでいる市町村のウェブサイトをみて，具体的にどのような手続きが必要か調べてみましょう。

《Discussion》・・・
[1]　被用者保険と地域保険で，加入者の平均年齢，所得，健康状態はどのような違いがあるでしょうか？　自分なりの予想を述べてください。
[2]　日本において，被用者保険と地域保険を統合して，「都道府県ごとの医療保険」を新たに作ったとしましょう。このとき，現在の制度に比べて，どのような点が改善されて，どのような点が改善されないでしょうか。自分なりの考えを記述してください。
[3]　高額療養費制度は「月ごと」に適用されるものです。このことを念頭において，どのような条件で入院をすると，高額療養費制度の恩恵が少なくなるでしょうか？　説明してください。

　文　献　紹　介

　医療保険だけでなく，社会保障制度全般を学びたい場合には，以下の文献がお勧めできます。
● 椋野美智子・田中耕太郎『はじめての社会保障――福祉を学ぶ人へ［第 15 版］』，有斐閣，2018 年（毎年新版が刊行されています。）

第3講 高齢者の生活保障：医療と介護

■わが国では，75歳以上の高齢者の医療制度はほかの年代の制度とは独立しています。高齢者の医療制度の歴史を振り返りながら，なぜ現在のような形になったのかを説明します。また高齢者は医療だけでなく介護サービスも利用します。介護保険のしくみを理解して，あわせて地域包括ケアが目指す方向性についても議論します。

3.1 後期高齢者医療制度

■ 高齢者と医療保険

これまでの説明で，わが国の医療保険制度では，75歳未満は大きく被用者（職域）保険（健康保険組合，共済組合，協会けんぽのこと。以下，被用者保険）と地域保険（以下，国民健康保険）の2つに分かれて，職業ごとに保険に加入させられるイメージでした（図2-1をもう一度復習してください）。75歳以上は後期高齢者医療制度の保険に加入しますが，なぜこのような制度となっているのでしょうか？

高齢者について考えてみましょう。人は加齢とともに病気がちになり，しかも慢性疾患を抱えることになります。当然，医療費も高いものとなるでしょう。事実，後期高齢者の1人あたり年間医療費は90万円を超え，75歳未満の4倍です。就労が困難ですので所得は年金のみで，若年層と比べると相対的に低所得です。つまり，支出（医療費）は多いですが，収入（年金）は少なく，保険的には条件が悪いのが高齢者です。高齢者本人が加入している保険の枠内で若者が高齢者を支えられれば問題ないのですが，実際に

は被用者保険と国民健康保険では加入者の年齢階層にバラツキがあり，つまり特定の保険に高齢者が偏在しているため，簡単には解決できません。その理由を詳しく分析しましょう。

ここで，高齢者を被用者保険もしくは国民健康保険の枠内で面倒をみる状況を想定しましょう。実際には現在の制度では高齢者の加入する医療制度はそれらとは独立して運営されているので，あくまでも仮の話ですが，このような思考実験をすることで，議論がクリアになります。

第2講で説明したように，被用者保険は職業ごとの保険で，雇用関係が前提となります。定年退職がありますので，枠内には退職した高齢者はいません（厳密には少しいます）。加入者の平均年齢は低く，医療をそれほど必要とすることもないでしょう。また高齢者よりは所得が高く，集めた保険料で保険を運営できます。一方，国民健康保険はどうでしょうか。国民健康保険は国民皆保険を実現するために，被用者以外を集めたものですので，自営業・農業・漁業に携わる方が加入しています。では，無職者はどうなるでしょうか？　日本に住んでいる人はいずれかの保険に加入しなければいけませんので，国民健康保険が面倒をみます。それでは高齢者はどの保険に入るのでしょうか？　高齢者は退職すると無職者になります。つまり現在の制度の下では，定年退職した高齢者は被用者保険から国民健康保険に移るのです。そのため，国民健康保険は平均年齢が高くなり，医療の必要性が高まるため平均医療費も高いものとなります。

さらに，年金暮らしの高齢者が集まるため，被用者保険に比べると加入者の平均所得は低くなるでしょう。全員から集めた保険料で医療費を賄えず，公費（税）を投入することも起こり得ます。わが国の医療保険は，何もしないと国民健康保険に高齢者が集中します（そのため，退職者医療制度があり，被用者保険に高齢者の面倒をみてもらうしくみを作り，分散化を図っています）。

このことを実際のデータ（2014年度）[1]で確認しましょう。国民健康保険，協会けんぽ，組合健保，共済組合の加入者の平均年齢は，それぞれ51.5歳，36.7歳，34.4歳，33.2歳となります。同様に，加入者1人あたりの医療費は，

1　厚生労働省ウェブサイト「我が国の医療保険について」（2018年7月閲覧）

33.3万円，16.7万円，14.9万円，15.2万円で，加入者1人（1世帯）あたりの平均所得は86（144）万円，142（246）万円，207（384）万円，230（451）万円となります。さらに加入者1人（1世帯もしくは被保険者1人）あたりの平均保険料（事業主負担除く）は，8.5（14.3）万円，10.7（18.7）万円，11.8（22.0）万円，13.9（27.2）万円となります。後期高齢者医療制度がある状況でも，先ほどの事実が確認できるでしょう。

■ 老人医療費無料化政策と老人保健制度

わが国では高度経済成長期の1961年に国民皆保険が実現されましたが，この時期に労働力として若者（「金の卵」と呼ばれました）が農村から都市へと移動したため，地方で同居世帯が減少し，高齢化が社会的問題になりました。しかし高度経済成長により地方自治体の財政は潤っていましたので，1960年代の終わり頃から，疾病が慢性化しやすい高齢者の医療保険の自己負担を公費で負担する地方自治体が出現しました（老人医療費の軽減，無料化）。これを後追いする形で国は1973年に老人福祉法を改正し，老人医療費無料化に踏み切りました。つまり，70歳以上の高齢者は現在の保険に加入したまま，自己負担を公費で負担（無料化）したのです。高齢者を福祉的に救済しようと考えたのでしょう。もちろん高齢者にとっては大きな喜びであったでしょうが，無料化したことで高齢者の医療費は急騰しました。例えば，病院の待合室で常連の高齢者の患者が「Aさん，最近見なくなったね」，「Aさんは体調が悪くて病院に来られないんだよ」と会話したり（いわゆる病院のサロン化），寝たきりの高齢者については手続きが面倒な特別養護老人ホームに入所させるよりも，手続きが簡易で，さらに無料で入院できる老人病院に入院（社会的入院）させるようなことも起こりました。

ここで先ほどの議論に戻りましょう。わが国の医療保険制度には国民健康保険に高齢者が集中するしくみがありました。実際，高度経済成長期に農漁業従事者の高齢化が進み，また退職者（無職者）が被用者保険から国民健康保険に移るようになると，70歳以上の被保険者が増加したこと，さらに老人医療費無料化政策によりその医療費を負担しなくてはならない国民健康保険で，財政の悪化が目立つようになりました。このままでは，財政調整に

よって国民健康保険に公費（税）を投入するか，高齢者医療を切り離すかしないと制度の維持が困難となることが議論されました。高齢者医療の切り離しについては日本医師会を中心に「姥捨て山」との反発があり，財政調整では被用者保険の健康保険組合から反発がありましたが，当時の政府は結果的に財政調整を選び新たな制度を作りました。それが 1982 年から実施された老人保健制度です。

　老人保健制度を大雑把にいってしまうと，高齢者は従来の保険（主に国民健康保険）に加入したまま，高齢者の医療費を国民健康保険と被用者保険で分けあい財政調整するしくみです。国民健康保険に高齢者が多く加入していますので，その医療費の一部を被用者保険にも負担してもらったというイメージです。その代わりに，老人医療費無料化政策は廃止し，一部自己負担を復活させました。患者側からすると，70 歳になると現在の保険に加入したまま新たに老人保健手帳をもらい，窓口で保険証と手帳を出すことで，自己負担が（無料ではないですが）安価になるというオプション的な役割を果たすことになります。

　別の言い方をすれば，老人保健制度は，70 歳以上の高齢者が集中した市町村が運営する国民健康保険に対して，公費（税）と被用者保険からの拠出金でサポートしたものです。しかし，この制度ではサポート分の割合がかなり高く，国民健康保険の運営主体であるはずの地方自治体にとっては高齢者の医療費を節約する意識を弱めるものとなります。厚生労働省は，この制度では国民健康保険財政の悪化がますます進むと判断し，また被用者保険で老人保健拠出金不払い運動なども起きたため，議論を重ねた上で，高齢者を独立させた医療制度を設立しました。それが 2008 年から始まった後期高齢者医療制度です。

■ 後期高齢者医療制度

　それでは後期高齢者医療制度は，どのような制度なのでしょうか？ 患者の観点からは，75 歳の誕生日を迎えると今までの保険から後期高齢者医療制度に強制的に加入させられ，その結果保険証も変わることになりますが，受けられる医療が制限されることはありません。主な特徴は，保険の財政面

にあります。高齢者の多くは国民健康保険に加入していますが、その運営主体（保険者）は市町村となります。小さい自治体だと、医療費の高い高齢者が多いと、保険原理の一つである大数の法則（加入者が多くなると、病気になる確率が真の値に近づくこと）がうまく働きません。そこで後期高齢者医療制度では、保険者を都道府県単位の広域連合としました（都道府県が運営しているのではなく、市町村の集まりの広域連合が運営します）。県単位に広げたことで、集団でのリスク管理がしやすくなります。75歳以上の高齢者1人あたりの年間医療費は約100万円ですので、これを保険として機能させるには、100万から自己負担の1割を引いた90万円を1ヶ月あたりになおした7万5,000円の保険料が必要となります。この額は年金収入がメインの高齢者にとっては負担が大きすぎますので、公費（税）による補助と、75歳未満の保険料から支援します。しかし、高齢者側に負担ルールがないと、老人保健制度と同じになりますので、厳格なルールを定めました。それは、後期高齢者の医療給付費（＝医療費－1割の自己負担）のなかで、どんなことがあっても10％は後期高齢者の保険料から徴収し、40％を75歳未満が加入する被用者保険と国民健康保険が75歳未満の加入者数に応じて負担（支援金）し、残りの50％を国、都道府県、市町村が、33.3％、8.3％、8.3％の割合で負担するというものです。

■ 具体例

それでは実際に負担がどれくらいなのか具体的な数字でみてみましょう。後期高齢者医療制度の下での医療費は2015年予算ベースで16兆円、そこから自己負担1.2兆円（本来は1割の1.6兆円ですが、補助などでそれよりも低くなります）を引くと、医療給付費は14.8兆円です。この14.8兆円を保険料、支援金、公費（税）で負担します。ルールから、10％の1.48兆円が後期高齢者の負担すべき保険料（の合計額）、40％の約6兆円が支援金、33％の約5兆円を国、8.3％の約1.2兆円ずつを都道府県と市町村が負担します。75歳以上の後期高齢者は約1,610万人いますので、1人あたりの月額保険料は大雑把に、1.48兆円÷1,610万人÷12ヶ月＝約7,660円となります（実際には軽減措置がなされて、後期高齢者の負担は10％→7％で、保険料の合計額は1.48

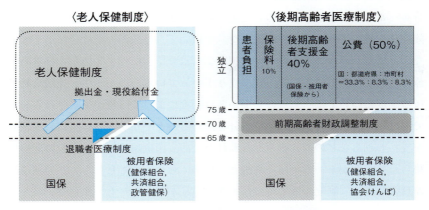

図 3-1 老人保健制度と後期高齢者医療制度

兆円 → 1.1 兆円となり，保険料は約 5,670 円となります)。実際の保険料は，国民健康保険と同じように所得に応じて決定され（裕福な人は高く，そうでない人は低く），年金から天引きされる形で支払います。話を戻しますと，後期高齢者医療制度の保険者は都道府県単位の広域連合ですので，仮にある都道府県の後期高齢者の医療費が高かった場合には，必ず保険料に反映されることになります。例えば，A 県は後期高齢者の人口が 161 万人で医療費が 1.61 兆円，B 県は 80.5 万人で 1.61 兆円であったとしましょう。先ほどの計算から，A 県の保険料は約 7,660 円となります。他方で，B 県は半分の人口で同じ医療費ですので，保険料は倍の約 15,320 円になります。つまり，自らが使った医療費（便益）は必ず保険料として負担するしくみ，高齢者の受益者負担原則が強いルールとなっているのです。

図 3-1 には左側に老人保健制度，右側には後期高齢者医療制度のイメージが描かれています。右側の図から，後期高齢者医療制度は 75 歳以上で保険が完全に分離されており，負担も厳格にルール化されていますが，左の老人保健制度はこれらが曖昧になっていることがわかります（他に，右図には前期高齢者（65〜74 歳）財政調整制度もあり，保険制度間での不均衡を財政調整し，若者が多い保険が高齢者の多い保険を補助するしくみを作っています）。

以上のように後期高齢者医療制度は，財政的な問題を解決するために，配分ルールを厳密に定めたものと捉えるのがわかりやすいでしょう。また，保険原理も働くように改められました。とはいえ，世代間の助け合いが不可欠なことに変わりはなく，老人保健制度よりはマシになりましたが，日本の医療保険制度は実質的な賦課方式に成り下がっているといえます。後期高齢者医療制度については，患者の立場からは制度によって医療が制限されるわけでもはなく，また終末期の診療方針を決めることでかかりつけ医に診療報酬が支払われるなどの取り組みも行われたため，医療現場からも一定の理解を得られましたが，一方では，高齢者が見捨てられるかもしれないとの感情的な反発もあり，制度の導入時には大きな混乱が起きたりもしました。

3.2　高齢者と介護保険

■ 介護保険財政のしくみ

　親や祖父母が認知症になって1人暮らしが難しくなったり，寝たきりになったときには，どのように支えればよいでしょうか？　もちろん医療機関に入院するなどサポートを受ければよいのですが，常に治療する必要がなくなり退院できたとしても，すぐに元気に生活できるわけではないでしょう。自立した生活は難しく，誰かの支えがないと難しい状況は続くでしょう。そのようなときに役にたつのが，2000年に創設された介護保険制度です。

　まず，なぜこのような制度ができたのかについて説明しましょう。介護保険ができる前までは，寝たきりや認知症になった親を，家族で介護していました。ここでいう介護とは，介助と看護という意味で，生活を支えると考えればよいでしょう（若干医療的な側面も入ります）。とはいえ，四六時中付きっ切りで介護をするのは大変で，主に専業主婦がその役割を担っていましたが，それも限界があります。また介護の負担感はかなり重いもので，ストレスにより親を虐待したり，時には殺人なども発生しました。もし家族の手に負えなくなった場合，福祉制度を利用して，特別養護老人ホームへ入所させることもできます。しかし，高齢者は家族が面倒みるべきで，福祉を利用

するのは世間体が悪いと思う人もいて、**スティグマ（恥辱感）**でこれを利用できない人も大勢いました。また福祉制度とは、弱者救済のための**措置**ですので、財政的な制約から希望者全員が利用できるわけではありません。

実はこのような状況で利用されたのが、医療保険でした。家族では介護できなくなった親を病人として病院に入院させることで、病気という大義名分が立ちますので、スティグマを払拭でき、また福祉制度を利用するよりも安価に入院させることもできました。そのため高齢者を専門に入院させる**老人病院**が全国のあちこちにできました。そこでの入院は通常の社会復帰のための入院とは区別して、**社会的入院**と呼ばれました。制度の隙間を利用した苦肉の策ですが、バランスを欠いたものであることは明らかでしょう。そこで権利性をもたせて、このスティグマが小さくなるようにして創設されたのが、**介護保険**となります。

介護保険は医療保険と似ている部分もあるのですが、かなり独特な制度です。まず比較的似ている部分である、保険の財政的なしくみをみてみましょう。とはいえ、説明の都合上、はじめに医療保険とは明確に異なる部分にふれておきます。医療保険は0歳から亡くなるまで、日本に居住している人（生活保護受給者は除きます）が強制的に加入させられます。これに対して**介護保険は、40歳以上の人のみが強制的に加入させられ、0歳から39歳の人は加入することができません。さらに65歳以上を第1号被保険者、40～64歳までを第2号被保険者**と区別しています。40歳以上を被保険者としたのは、「高齢になると介護のリスクは極めて高く、65歳以上だけで保険として成り立たせることが困難なので、後期高齢者医療制度の支援金と同じように制度の財政的な支え手として必要とされた」というわけではなく「現役世代でも脳梗塞や初期認知症などで介護の必要になる可能性があること、親の介護が必要になるためである」と説明されています。

65歳以上の第1号被保険者の保険料は、後期高齢者医療制度と同じように、所得段階別保険料で、主に年金収入によって決められます。月額平均5,514円で、年金から天引きされる形で市町村に支払います。生活保護受給者は医療保険には加入しませんが、65歳以上であれば介護保険には加入させられ、介護保険料が上乗せされた生活保護が支給されます。また自己負担

は生活保護費の介助扶助によって賄われ，形式上介護保険に加入することになります。40〜64歳の第2号被保険者は，医療保険（被用者保険，国民健康保険）の保険料に含める形で徴収され，勤め先も医療保険と同じように半額負担します（40〜64歳の生活保護受給者は介護保険の被保険者にはなりませんが，生活保護法の介護扶助を使います）。月額平均で約5,200円負担します。

次に保険料の決め方と財政について説明しましょう。前提として介護保険の保険者は，市町村が担います。これは介護が生活に密着したものであるため，県単位よりも，身近な市町村にすべきとの理由からなのですが，小さい市町村だと運営が難しくなることもあるので，市町村が集まった広域連合が保険者となる場合もあります。保険料は後期高齢者医療制度と似たようなやり方で決定されます（正確には，後期高齢者医療制度が介護保険を参考にしています）。つまり，誰かに負担が集中しないようにルールを決め，財政の安定化を図ったのです。

■ 具 体 例

よりわかりやすく，数字を挙げながら説明しましょう。2014年度の介護費用は，約10兆円です。そこから自己負担の1割の1兆円を除くと，介護給付費は9兆円になります。この9兆円を，第1号被保険者，第2号被保険者，国・都道府県・市町村で負担するのです。介護保険では，給付費の50％を国（25％）・都道府県（12.5％）・市町村（12.5％）で分け合い（後ほど説明する施設サービスは国が20％，都道府県は17.5％の負担割合です），それぞれ2.25兆円，1.125兆円，1.125兆円となります。残りの50％を第1号被保険者と第2号被保険者で分け合うのですが，その配分方法が後期高齢者医療制度とはちょっと違います。それは，50％を第1号被保険者（65歳以上）と第2号被保険者（40〜64歳）の人口比で負担するのです。65歳以上の人口は，2014年10月時点で約3,300万人，40〜64歳の人口は約4,300万人です。比率をとるとおおよそ44：56＝22：28となり，これを使って65歳以上の保険料の合計は9兆円×22％＝1.98兆円，これを1人あたり月額平均保険料に直すと約5,000円となります。同じように40〜64歳の保険料の合計は，9兆円×28％＝2.52兆円で，これを1人あたり月額平均保険料に直すと

約 4,900 円となります。概算ですので誤差がありますが，ほぼ実際の値と同じになることが確認できます。これはあくまでも平均ですが，これを基準に各個人の保険料が収入に応じて決定され（高収入な人は高く，そうでない人は低く），年金から天引きされる形で支払います。

　それではなぜ人口比を使って負担するルールとしたのでしょうか？　それは高齢化の影響を少なくするためです。高齢化が進むと 40 〜 64 歳の人口比率が減少しますが，このルールであれば第 2 号被保険者（40 〜 64 歳）の負担割合は減って，支え手の負担だけが大きくなることはありません。さらにこの比率は 3 年ごとに見直され，制度が持続可能となるように工夫がされています。また後期高齢者医療制度と同様に，このルールは第 1 号被保険者の受益者負担原則が強いものとなります。介護保険は市町村ごとですので，ある市町村の介護費用が高かった場合には，後で必ず保険料に反映されます。

■ 介護保険の利用方法

　介護保険と医療保険との一番の違いは，もしかしたらその利用方法にあるかもしれません。医療は保険証を医療機関に持参すれば，医師が適切だと思う治療をしてくれ，その治療に応じて自己負担を支払います。もちろん高価な抗がん剤を果てしなく使いたいなどの無茶な要望は聞き入れてくれませんし，そのような治療に対しては保険がきかないこともあります。しかし，医師が必要だと考える治療については保険が使えますし，無理なく必要な医療を受けられるべきであるとするのが医療保険の理念です。つまり体調が悪くなっても，保険証を持参して医療機関に行けば，医師が適切な治療を安価でしてくれるのです。

　ところが介護は違います。実は介護保険は要介護認定を受けないと，つまり専門家からあなたは介護保険を使ってもよいといわれないと，使うことができません。健康保険証とは別に，65 歳になると市町村から「介護保険被保険者証」が交付されるのですが，なぜ医療と違って，保険証だけでは利用することができないのでしょうか？　介護は，日常生活の支援と介助が中心です。例えば，食事・入浴・移動の手助け，排泄の介助などです。もちろん介護保険サービスには，看護やリハビリなどもありますが，いわゆる手術を

するとか，薬を処方されるなどは対象ではありません。日常生活に近いものですので，誰でも使うことができてしまうと，まだ一人暮らしができるのに，公共の老人ホームである特別養護老人ホームに入ったりする人が出てくるかもしれません。そうなると本当に手助けが必要な人にサービスが行きわたらなくなる事態が発生するので，要介護認定という制度を設けたのです。さらに，1ヶ月の使用額には上限があります。

それではどのようにして要介護認定を受けるのでしょうか？　まず，市町村の窓口に行き，基本チェックリストというアンケートを受けます。これは「バスや電車で1人で外出しますか」などの簡単な質問（25項目）に「はい」と「いいえ」で答えるというものです。この結果で生活に問題がないと判断されれば要介護認定を受けられず，介護保険は使えません。生活が困難であると判断されれば，要介護認定を申請することができます。申請するとケースワーカーや保健師が心身の状況調査にきて，調査結果に主治医の意見書を添えて，医師・保健師・社会福祉士などから構成される介護認定審査会に提出します。審査基準が全国一律となるようコンピュータ判定を導入しつつ，介護認定審査会で，専門家が要介護の状態と維持または改善される可能性を審査し，要介護度（自立，要支援1・2，要介護1～5までの8段階）のいずれかに該当するかを判断します。自立は介護保険が使えませんが，状態が軽い要支援1は1ヶ月約5万円まで，状態が重い要介護5は約36万円まで，介護保険で面倒をみてくれます。ちなみに自己負担は費用の1割（一定以上所得者は2割）となります。実はいま述べたのは65歳以上の第1号被保険者の場合で，第2号被保険者については保険の対象が，加齢によって生じる16の疾病のみに限定されます。また交通事故などによる要介護状態では，介護保険は適用されず，この場合には社会福祉制度による介護サービスを受けることになります。

それでは，どの程度の方が介護保険を使っているのでしょうか？　厚生労働省の「平成27年度　介護保険事業状況報告（年報）」によれば，第1号被保険者の人数は3,382万人（65歳以上75歳未満1,745万人，75歳以上1,637万人）います（2015年末）。要介護認定者数は，620万人（うち第1号被保険者数は607万人）で，65歳以上の高齢者のうち約18％が要介護に認定されてい

ます。620万人のうち，要支援1と2は14.3％と13.8％，要介護1～5までの構成割合は19.7％，17.4％，13.1％，12.0％，9.7％で要介護1が一番多くなっています。これらの要介護者は介護保険を全員使っているかといえば，実はそうではありません。厚生労働省音の「平成28年度　介護給付費等実態調査の概況（平成28年5月審査分～平成29年4月審査分）」によれば，2017年4月において認定者647万人のうち受給者（実際に使った人）数は516万人で，これは約80％となります。すなわち20％の方は認定されたにもかかわらず，介護保険を使っていないのです。

■ 介護保険サービス

　介護保険サービスは，主に居宅サービス，施設サービス，地域密着型サービスの3つに分かれます。専門的には要介護の人向けのサービスを介護給付，要支援1と2のサービスのことを予防給付といいますが，サービスの名称の前に「介護予防」という単語があるかどうかの違いだけで，サービス自体には変わりありませんので，以下では両者を区別しません。ただし，要支援1と2の人は，施設サービスと居宅サービス・地域密着型サービスの一部を使うことができません。サービスの概要が表3-1にまとめられていますが，ここではいくつかについてその特徴を説明していきましょう。

■ 施設サービス

　まず施設サービスから説明します。施設サービスとは，寝たきりなど状態が重くなり，自宅では世話ができなくなったときに利用できるサービスで，状態が軽い要支援1と2は利用できません。どのような施設があるかといえば，公共の老人ホームである特別養護老人ホーム（介護老人福祉施設，特養とも略されます），リハビリのできる介護老人保健施設（老健施設とも略されます），回復期にある寝たきり患者に医療・看護・介護を提供する介護療養型医療施設（介護療養とも略され，2024年に完全廃止予定），2018年度から新設された介護医療院の4つがあります。

　ここでなぜ施設で介護してもらうのに，4つも区分があるのかと疑問に思った人がいるかもしれません。先ほど述べたように，現在の介護保険制度

表 3-1　介護保険サービス

サービスの分類	介護のサービス	介護＋医療のサービス
居宅サービス （訪問，通所， 短期入所）	・訪問介護 ・（介護予防）訪問入浴介護 ・通所介護 ・（介護予防）短期入所生活介護	・（介護予防）訪問看護 ・（介護予防）訪問リハビリテーション ・（介護予防）居宅療養管理指導 ・（介護予防）通所リハビリテーション ・（介護予防）短期入所療養介護
居宅サービス （その他）	・居宅介護支援（介護予防支援） ・（介護予防）特定施設入居者生活介護 ・（介護予防）福祉用具貸与 ・特定福祉用具販売 ・（介護予防）住宅改修	
施設サービス	・介護老人福祉施設	・介護老人保健施設 ・介護療養型医療施設 ・介護医療院
地域密着型 サービス	・（介護予防）認知症対応型共同生活介護 ・（介護予防）認知症対応型通所介護 ・（介護予防）小規模通所介護 ・小規模多機能型居宅介護 ・地域密着型特定施設入居者生活介護 ・地域密着型介護老人福祉施設入所者生活介護	・定期巡回・随時対応型訪問介護看護 ・夜間対応型訪問介護 ・複合型サービス

他，2018年4月より，介護保険と障害者福祉の両制度に「共生型サービス」を位置づけ

は2000年に創設されましたが，それ以前は福祉か医療で高齢者の面倒をみていました。福祉であれば特養ですが，そこでは医療は提供しません。医療であれば介護療養（老人病院のことです）か老健施設ですが，ここでは介護は提供しません。そこで介護保険では，施設サービスを医療の必要度を低い順に特養＜老健施設＜介護療養と役割分担させることで整理しました。その上で，介護保険に福祉と医療の2つの制度にあったものが引き継がれたのです。これらの施設サービスは，家族で介護をする人にとっては最後の砦ですが，ニーズが高いために空きがなく，とりわけ終身制の特養では，入所待ちが40万人もいるといわれています。そのため，現在，在宅での看取りや，地域包括ケアの推進のために，居宅サービスの充実が目指されています。

■ 居宅サービス

それでは次に居宅サービスについて説明しましょう。ここで「居宅」という言葉に惑わされないようにしてください。この居宅とは「主に居住している場所が施設以外（自宅もしくは高齢者向けの専用住宅）」という意味です。施設で1日，もしくは数日間過ごすサービスも居宅サービスに含まれますので，居宅＝自宅に来てもらう，と変換しないようにしてください。なぜこのようになったかといえば，当然理由が存在します。かつては施設への入所が最後の砦でしたが，希望者があまりにも多く，とりわけ終身制（つまり亡くなるまで面倒をみてくれる）の特養は，定員約40万に対して，ほぼ同じぐらいの数が入所を希望しており，待機者が常に存在します。これを満たそうと思うと保険料を引き上げるほかなく，また今後も高齢化が進むことから，施設中心で介護保険をやっていくことは財政的に困難になりました（さらに特養を要介護3以上のみに限定しました）。そこで，メインでの生活の場が自宅であれば居宅として，施設を通いで積極的に利用，さらに単に通うのではなく，自立のためのリハビリを重視すると方向転換されたのです。つまり，地域・自宅で長く自立して暮らすことを目標に，介護予防の重視，認知症対策の推進がされたのです。

居宅サービスは大きく，訪問系サービス，通所系サービス，短期入所系サービス，その他に分かれます。訪問系サービスとはその名の通り，自宅（もしくは高齢者向けの専用住宅）に来てもらうサービスです。その中身としては，介護福祉士などが自宅を訪問し介護や生活支援を行う「訪問介護」，看護師が自宅を訪問し医療的なケアを行う「訪問看護」，理学療法士（Physical Therapist, PT）・作業療法士（Occupational Therapist, OT）などが自宅を訪れリハビリを行う「訪問リハビリテーション」，通院が難しい利用者の自宅を訪問し管理・指導を行う「居宅療養管理指導」，自宅に簡易浴槽をもち込んで入浴の介助を行う訪問入浴介護などがあります。

通所系サービスとは利用者が施設のいずれかに通って，日常生活の支援を受けたりするものです。リハビリをそれほど行わず，主に特養に通うものが「通所介護（デイサービス）」，リハビリを行い，主に老健施設に通うものが「通所リハビリテーション（デイケア）」となります。短期入所系サービスは，

その名の通り施設に短期間（30日を限度）入所するものです。家族のなかの介護者（介護をする人）が病気，冠婚葬祭などで，一時的に介護ができなくなったときに利用することが多いですが，特に明確な理由がなく休息のために使用してもよいことになっています。介護は休むこともできず，また認知症では目を離すこともできないこともあり，非常にストレスのかかるものです。そのため，介護疲れによる肉体的・精神的な虐待を防止するため，悲劇的な介護殺人を防ぐために，短期入所系サービスが制度化されています。その他に分類されるものは，在宅介護に必要な用具を1割（2割）の自己負担で借りることができる「福祉用具貸与」や，購入に補助が受けられる「特定福祉用具販売」などがあります。

■ ケアプラン

まだまだたくさんのサービスがあるのですが，全部を説明することはできないので，興味のある人は市町村のウェブサイトなどで確認してください。ところでいま挙げたサービスはどのようにして利用すればよいのでしょうか。たくさん種類があるために，何を利用すればよいかわかりませんし，また利用にあたっては居宅サービス計画書（ケアプラン）を作成しなければなりません。専門的な知識がないとケアプランを作成することは困難で，通常は専門家であるケアマネージャー（正式には介護支援専門員といい，医師，看護師，介護福祉士などに受験資格があります）に依頼します。このケアプランの作成依頼をすることを，居宅介護支援（ケアマネジメント）といい，介護保険サービスのなかに組み込まれています。要介護者・要支援者から作成依頼があると，ケアマネージャーが本人と家族の意向を聞き，計画書を作成し，さらにサービスの提供業者に連絡をとり契約をし，計画にしたがって介護サービスが提供されるように調整します。

■ 地域密着型サービス

ここまで，施設サービスと居宅サービスを説明しましたが，地域密着型サービスについては説明していませんでした。これはいったいどのようなサービスなのでしょうか？ 施設サービスと居宅サービスの基準，別の言い

方をすればサービスの質は全国一律のもので，料金（介護報酬）も全国同じです。つまり施設が日本のどこにあろうとも，廊下幅やベッド回りのスペース，専門職の人員配置も同じとなりますし（そのため都道府県知事が指定・監督します），そうでなければ社会保険の理念から外れたものとなるでしょう。

ところがあまりにも画一的すぎると，不具合が起きることもあります。例えば施設に短期入所させるよりもバリアフリーが整った民家で高齢者を1日預かってもらった方がよい場合もありますし，訪問看護と訪問介護を別々ではなく一体になって提供した方が要介護者にとってよい場合もあります。さらにいえば，決まった時間や夜だけ高齢者の自宅を見回ったり，呼び出しがあったときに駆けつけたりできるサービスがあれば，地域で暮らす高齢者にとっての安心感は増すかもしれません。しかしどのようなサービスが必要かは地域によって異なるでしょう。そこでこのような地域の実情に応じたサービスを，地域密着型サービスと定めました。このサービスの特徴は，都道府県ではなく市町村が業者の指定・監督を行い，原則的にその市町村の住民しか利用できないことです。利用者が限定される代わりに，いま述べた，定期的に巡回しながら看護と介護を一体提供するサービス（定期巡回・随時対応型訪問介護看護）や，夜間の見守りをしてくれるサービス（夜間対応型訪問介護），1つの事業所で通所と訪問介護，さらに短期入所ができる小規模多機能型居宅介護などがあり，地域の実情に応じて整備できます。

3.3　地域包括ケアと将来の高齢者医療・介護

2018年現在，政府は2025年問題に備えて，医療・介護の整備を行っています。そのなかの1つに地域医療構想があります。これは，簡単にいってしまえば，急性期（入院手術と考えてください。詳細は**第8講**）の病床数を減らし，早期退院を促し，回復期・療養と引き継ぎ，できるだけ早く在宅復帰させようとの意図で実施されているものです（現場は実現可能か心配しています）。ものすごく乱暴にいえば，万が一のときには急性期病院で手術をしますが，その入院期間を短くし，リハビリをしっかりやり自宅に帰し，かかり

つけ医が在宅での医療を行い，介護保険の施設をできるだけ利用せずに，居宅サービスを使いながら人生の最期までを過ごしてもらおうということです。そのために，医療保険の枠組みで急性期と在宅をつなぐ「地域包括ケア病棟」を整備したり，慢性疾患を抱える患者を在宅でフォローしやすくしたり，在宅医療と介護の連携を強化しやすくしたり，介護保険を整備してきました。このように「可能な限り住み慣れた地域で，自分らしい暮らしを人生の最期まで続けることができる」，「地域の包括的な支援・サービス提供体制」のことを地域包括ケアシステムと呼んでいます（かぎカッコ内は厚生労働省の定義）。

地域密着型サービスとは，まさにこの地域包括ケアシステムの一部となるものです。先ほど説明したサービスに加えて，地域包括ケアシステムを構築するために，サービス付き高齢者向け住宅（サ高住）という，見守りサービスが付いた高齢者賃貸住宅の整備も進められています。要介護状態になったら，施設内あるいは隣接する介護事業者がサービスを提供し，自宅よりも人の目があり，一人暮らししても安心な体制を整えているのです。このように，定型的な施設サービスではなく，できるだけ在宅でのサービスを使いやすいようにするのが，地域包括ケアシステムの推進に伴う介護保険の変化です。

■ 地域支援事業

さらに要介護状態にならなくて済むような制度も，介護保険には備わっており，これを地域支援事業と呼んでいます。つまり，保険者である市町村が，高齢者全員に対してお金を使い，介護予防に取り組むことができるのです。例えば，介護予防・日常生活総合事業（総合事業）と呼ばれるもののなかには，住民ボランティアがゴミ出しなどの生活支援を行ったり，コミュニティサロンや住民主体で運動・交流を行うことができるような制度があります（介護予防・生活支援サービス事業）。また閉じこもりなどの情報収集をし，該当者の介護予防をしたり，住民に介護予防のための栄養知識や体操など情報提供を行う制度もあります（一般介護予防事業）。これらの事業を中心的に担うところを地域包括支援センターといい，介護予防の活動だけでなく介護に関する悩みや相談事を受けつけたり（総合的相談窓口），高齢者の虐待防止や成年後見人の相談を受けたり（権利の擁護），地域のケアマネージャーの支援

を行います。地域包括支援センターは市町村か，地域支援事業の委託を受けた機関が設置し，社会福祉士，保健師（地域ケア・地域保健経験ありの看護師），主任ケアマネージャーの3人体制であり，人口2～3万人につき1ヶ所，全国では5,000～6,000の設置が見込まれています。

　もちろん，いま述べた地域包括ケアシステムだけで施設不足を補い，何一つ心配せずに生活を送ることができるようになるわけではありません。残念ながら，2025年問題で後期高齢者の数がますます増えること，支え手である就業者の数が足りないこと，待遇面の悪さゆえに介護で働く人が足りないことなどから，サービスの拡充を望むのは難しいでしょう。財政的に厳しいこと，人も足りないことからくる問題ですが，わが国が再び高度経済成長を達成したり，ベビーブームが起きることは困難でしょうから，これを解決するのは容易ではないでしょう。そのため，20～39歳にも介護保険料の負担が課されたり，要介護1や2の人の給付範囲が狭まるかもしれません。明るい未来とはいえませんが，医療保険や介護保険を積極的に利用しながらも，自立した生活を送れるよう努力することが，今後ますます求められるかもしれません。

■ Active Learning

《理解度チェック》・・

- □1　わが国の高齢者医療制度について，老人医療費無料化政策，老人保健制度，後期高齢者医療制度の流れをまとめましょう。
- □2　老人保健制度から後期高齢者医療制度になったことで，どこが変わってどこが変わらなかったでしょうか？　整理してみましょう。
- □3　介護保険の要支援と要介護では何が違うのでしょうか？　整理してみましょう。

《調べてみよう》・・・

- [1]　国民健康保険と被用者保険では，平均年齢や平均医療費は異なるでしょうか？

[2] 要介護認定の手続きについて，いま住んでいる市町村のウェブサイトをみて，具体的な方法を調べてみましょう。

[3] 高額療養費制度と同じように，介護保険においても高額介護サービス費という制度があります。この制度の詳細を調べましょう。その上で，高額介護サービス費と高額療養費制度では，どちらがより公平なのか，制度の特徴をふまえて説明してください。

《Discussion》

[1] 後期高齢者医療制度において，公費負担をなくした場合に，どのような事態が発生するか，説明してください。さらに，公費負担の存在によって誰が一番損をするのか説明してください。

[2] 介護保険と後期高齢者医療制度では，少子高齢化が進んだ場合に，高齢者の負担はどのようになるのか，説明してください。

[3] 過疎化が進行している市町村において，地域包括ケアシステムを維持するにはどのようにすればよいでしょうか？ 自分なりの解決策を述べてください。

文献紹介

わが国の医療保険の歴史に興味がありましたら，下記の文献が詳細な説明を行っており，お薦めできます。
- 吉原健二・和田勝『日本医療保険制度史［増補改訂版］』，東洋経済新報社，2008年

介護保険での具体的なサービスを知りたい場合には，「介護情報サービスかながわ」のウェブサイト内にある「介護サービス一覧」を閲覧してください。介護保険でのサービスを動画で公開しています（2018年6月閲覧）。

介護情報サービスかながわ：http://www.rakuraku.or.jp/kaigonavi/

第4講
医療経済学の分析道具箱
：ミクロ経済学の基礎

■第3講まで，わが国の医療保険制度の概要について学んできました。そこでは，医療費の規模や，保険料と税の関係などについて言及しました。標準的な医療経済学ないしは医療の経済分析は，国際経済学といった他の応用分野と同様に，基礎的な経済理論の延長上に存在するものと考えることができます。この講では，分析を進める上で特に重要となるミクロ経済学の基本的な内容を学びます。なお，各節の冒頭で，本書のなかで特に関係する講が明記されています。

4.1　はじめに

　医療経済学を支えている考え方や分析ツールの多くは，ミクロ経済学，マクロ経済学，計量経済学という現代経済学に共通の分析道具箱のなかに求めることができます。なかでも，とりわけミクロ経済学の考え方が重要であり，理論的な観点からみると，医療経済学は応用ミクロ経済学として位置づけられるといっても過言ではないでしょう。この**第4講**では，本書はもとより，医療経済学の標準的なテキストで使用される分析ツールをコンパクトにまとめて紹介していきます[1]。まずはこれらの内容に習熟することで，医療経済学という名の山への登山準備をしっかりと行っておきましょう。

1　医療経済学のためのミクロ経済学の概説という点で，本講の内容は先例の山田（1998）や泉田（2016）に準拠したものになっています。

4.2 消費者（患者）の効用最大化
［第 5, 6, 7, 11 講］

■ 効用関数と無差別曲線

ここでは 2 種類の財を消費することから満足（経済学では効用 utility と呼びます）を得る個人を想定します。医療経済学のテキストですので，一つは「医療サービス」m，もう一つは「その他の財」z としましょう[2]。その他の財とは，生活に必要なものがつまった消費財バスケットを指します。この場合の満足レベル，すなわち効用レベルは 2 財の消費量に依存し，その関係を表すのが効用関数 U であり，それを以下のように書くことができます。

$$u = U(m, z)$$

ただし，u は効用レベルを表します。いま仮にその他の財の消費量を一定として，医療サービス消費と効用レベルの関係を図示すると，図 4-1 のように描くことができます。

財・サービスの消費量が 1 単位増加した場合の効用の追加的な増分を限界効用（marginal utility）といいます。医療サービス m のケースでは，U の m に関する偏微分で限界効用が示され，これを $\Delta U / \Delta m$ と表します[3]。医療サービスを増やすと効用は高まりますが，限界的な増分は徐々に減少していくことになります。このことは，限界効用逓減の法則として知られています。限界効用が小さくなっていく性質は，例えば「1 杯目の生ビールが一番うまい」という経験則（筆者だけ？）と対応しているともいえるでしょう。

次に効用関数の性質から導かれる無差別曲線の特徴について検討しましょう。効用の源（効用関数の要素）となっている 2 種類の財・サービスの組み

---

[2] 医療サービスを消費すること自体から満足を得るというのは，奇異に思われるかもしれません。ここでは深く立ち入りませんが，**第 11 講**ではこうしたことをふまえた理論モデル（グロスマン・モデル）を検討します。

[3] より一般的には $\partial U / \partial m$ と表します。なぜなら，Δ（デルタ）は変数の有限の変化を表すのに対し，微分や偏微分で用いられる記号 d や ∂（ラウンドデルタ）は変数の無限小の変化を表すからです。いまは曲線上での微小な変化を考えています。関心をもった読者は，経済数学のテキストなどで微分の定義を確認してみてください。

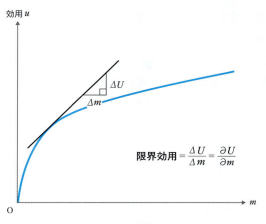

図 4-1 効用関数の形状

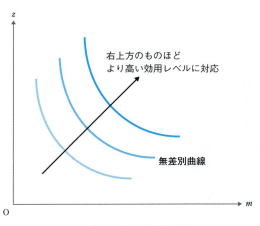

図 4-2 無差別曲線の形状

合わせ方によって，さまざまな効用レベルが得られます。そこで，同じ効用レベルが達成される (m, z) の組み合わせの軌跡を描いたものが**無差別曲線**になります（定義）。図 4-2 に示されているように，無差別曲線は原点に対して凸の形状をしており，同じ無差別曲線上では必ず同じ効用レベルがもたらされます。

つまり，効用レベルでみた場合，同じ無差別曲線上にある点はまさに「無差別」になるわけです。ところで，2種類の財・サービスの量がともに増加すれば，効用は高まります。したがって，より右上方（北東方向）に位置する無差別曲線ほど，高い効用レベルをもたらすことになります（図4-2参照）。無差別曲線の定義から，同じ無差別曲線上での移動は，(m, z) の組み合わせが変わっても効用レベルは変わりません。

■ 限界代替率

次に図4-3をみてください。医療サービス m が Δm だけ減少するとしましょう（$\Delta m < 0$）。このとき，その他の財は Δz だけ増加しなければ，当初の効用レベルは維持できません。このことから，限界代替率（Marginal Rate of Substitution，MRS）が定義でき，それは Δz の Δm に対する比にマイナスの符号を付したもの（−1をかけたもの）として表されます。少し別の表現をすると，同じ効用レベルを維持するのに必要な，2財の主観的な交換比率が限界代替率です。

$$MRS = -\frac{\Delta z}{\Delta m}$$

これを，分子に置いたその他の財 z で測った医療サービス m の限界代替率と呼びます。以上の議論から明らかなように，一般的なケースにおいては，無差別曲線は右下がりの形状で描かれることになります。まとめると，無差別曲線の傾き（の絶対値）は，限界代替率によって表現されることになります。

図4-3をよくみると，横軸にとった m の増加に伴って無差別曲線の傾きが緩やかになり，限界代替率が逓減していくことを確認できます（限界代替率逓減の法則）。これは経済学的には次のように解釈することが可能です。すなわち，医療サービスの量が増加していくと，その希少性は低下していくことになりますから，その他の財で測った医療サービスの主観的な価値（限界代替率の定義）は逓減するのです。

ここまでで，消費者の効用から無差別曲線を導き，その重要な特徴についていくつか紹介しました。これで医療を「サービス」として分析するために

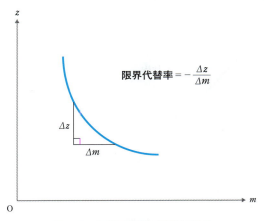

図 4-3 無差別曲線と限界代替率

最低限必要なことに関しては説明できたと思います。以下では，消費者の直面する資源制約条件である予算制約式を設定した後に，消費者の効用最大化行動について検討します。

■ 予算制約式

経済主体は与えられた予算の範囲内で利用する財・サービスの組み合わせを決めます。ここでは与えられた所得を医療サービスとその他の財の消費にすべて使い切る場合を考えることにしましょう（つまり，貯蓄はゼロです）。いま所得を I，医療サービスの価格を p_m，その他の財の価格を p_z とすると，予算制約式は等号で成立して次のように表すことができます。

$$p_m m + p_z z = I$$

無差別曲線を描いたのと同じ (m, z) 平面上にこの予算制約を描くことを考えてみましょう。上の式を z について解けばよいわけですから，以下が予算制約線となります。

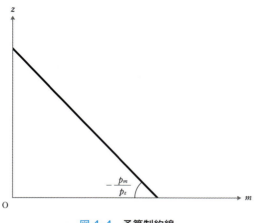

図 4-4　予算制約線

$$z = -\frac{p_m}{p_z}m + \frac{I}{p_z}$$

予算制約線の傾きは2財の相対価格比 $-p_m/p_z$ に等しく，縦軸切片は I/p_z となります。したがって，予算制約線を図示すると図4-4のように表すことができます。

■ 効用最大化行動

これまでの説明を基礎として，消費者の効用最大化問題を次のように定式化することができます。

$$\begin{aligned}&\max \quad u = U(m, z) \\ &\text{subject to} \quad p_m m + p_z z = I\end{aligned}$$

消費者は予算制約の範囲内（$p_m m + p_z z = I$）で，自らの効用を最大にするような（m, z）の組み合わせを選択する最適化問題を解くことになります。標準的にはラグランジュの未定乗数法という数学のテクニックを使って解くのですが，本書のようなテキストでは直感的な理解の方がより優先されますか

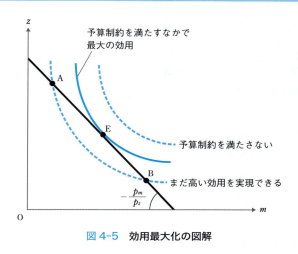

図4-5 効用最大化の図解

ら,「図解」によってこの問題を解くことを試みます。

図4-5にはすでに予算制約線と異なる効用レベルをもたらす3つの無差別曲線が描かれています。前に述べたように,予算制約が等号で成立することを想定していましたから,最終的に消費者が選択する2財の組み合わせは予算制約線上で決まるはずです。無差別曲線の特徴から,右上方にいくほど効用レベルは高くなっていきますが,右端のものは予算集合の外側に位置していますから実現不可能です(予算制約を満たさない)。つまり,いまの状況ではお金が足りないので,こんなに高い満足レベルは達成できないケースに相当します。したがって,残る可能性としては2つのケースに絞られます。

それでは左端の無差別曲線に注目してみましょう。上のケースと異なり予算集合に入っていますので,この効用レベルをもたらす消費計画は実行可能です。しかしながらこのケースでは,点Aと点Bの2点で予算制約線と交わることから,効用は最大になっておらず,もっと高い効用レベルを実現可能です。例えば,予算制約線上で,点Aからは右下方に少し移動し,点Bからは左上方に少し移動した場所に任意の点をとると,これらを通過する新たな無差別曲線を引くことができるでしょう。これは左端のものよりも高い

効用レベルをもたらす無差別曲線になります。

このようにして，効用を最大化する消費計画を探索していくと，最終的に点 E の状況に至ります。点 E では予算制約を満たしながら効用が最も高くなる消費計画が実現しており，無差別曲線が予算制約線と接しています。点 E は主体的均衡と呼ばれます。

■ 主体的均衡の条件

無差別曲線と予算制約線が接する状況は，経済学的に非常に意味のあるインプリケーションをもたらしてくれます。無差別曲線の傾きの絶対値は限界代替率であり，それは一定の効用を維持するという制約下での消費者の主観的な財の組み合わせ，つまり主観的な交換比率を表していました。他方，予算制約線の傾きの絶対値は消費者にとって与件である価格同士の相対市場価格であり，客観的な交換比率といえます。すなわち，効用最大化の条件，換言すれば主体的均衡の条件は，財・サービスへの主観的評価と客観的評価が一致することです[4]。点 E では次の関係が成立しており，経済学的な意味で消費者主権が実現する状況であるといえます。

$$MRS = \frac{p_m}{p_z}$$

4.3　効用最大化から需要曲線へ [第 5, 8, 12 講]

■ 需要曲線の導出

皆さんのなかには需要曲線という用語に聞き覚えがあるという方も多いのではないでしょうか。後述するように，それは一般的には「需要法則」を体現するものであり，財・サービスの価格と消費者が需要する数量との間の関係を表します。つまり，価格の変化に対する消費者の選択の変化が需要曲線で表現されます。

---

[4] ここでの場合に即してより厳密にいうと，（その他の財で測った）医療サービスの主観的な評価が市場での客観的な評価と一致することが条件となります。

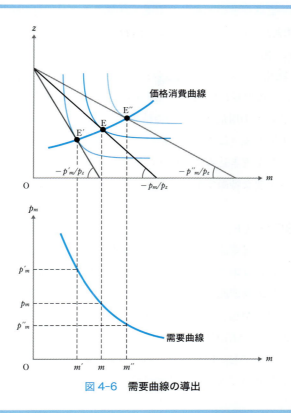

図 4-6 需要曲線の導出

　いま，所得水準 I，その他の財の価格 p_z は変わらないものとします。当初の医療サービスの価格は p_m です。このときの効用最大化の状況が図 4-6 の上段パネルの真ん中に示されています（主体的均衡は点 E）。ここで p_m を変化させてみましょう。p_m が p'_m へと上昇したらどうなるでしょうか。相対価格は p'_m/p_z へと上昇しますから，予算制約線の傾きは急になります。したがって，予算制約線は縦軸切片を支点として内側に回転します[5]。このときの主体的均衡は点 E′ です。逆に p_m が p''_m へと下落すると，相対価格は低下して予算制約線が外側に回転し，均衡は点 E″ になります。価格が変化すると

5　z 軸切片は予算制約式より I/p_z でしたから，医療サービス価格の変化から影響を受けません。

きの財・サービス需要の組み合わせを示す曲線を価格消費曲線と呼んでいます（主体的均衡点を通過する軌跡として上段パネルに書き込んであります）。

以上より，他の事情を不変として，医療サービス価格が上昇すると（$p_m \to p'_m$），医療サービスの需要量は減少し（$m \to m'$），逆に価格が下落すると（$p_m \to p''_m$），需要量は増加する（$m \to m''$）ことが確認できます。このようにして，消費者の効用最大化行動の結果として導出される価格と需要量の組み合わせを需要曲線（ここでは医療サービスの需要曲線）といい，図4-6の下段パネルにこれを書き込んでいます。需要曲線がマイナスの傾きをもつということは大変重要な特徴であり，それを需要法則と呼んでいます。

■ 需要曲線のシフト

需要曲線の性質を理解する上では，需要曲線上の動きと需要曲線のシフトを区別することが大事です。医療サービスの価格が変わると需要量も変化しますが，これは需要曲線上での移動になります。ではどのような場合に需要曲線自体のシフトが起こるのでしょうか。需要曲線は所得とその他の財の価格は不変と仮定して描かれていたので，まずこれらが変化すると曲線はシフトします。この他にも，代替関係や補完関係にある財・サービスの価格が変わったり，消費者の好みや将来予想が変化したりする場合にも需要曲線はシフトします[6]。

4.4　余剰分析の基礎　[第5, 6講]

■ 消費者余剰

需要曲線はいうまでもなく価格と需要量の関係を明示的に表すものです。先の図4-6のケースならば，例えば価格がp_mの下では，消費者は医療サービスをmだけ需要することがわかります。ところで，これまでの順を追った説明から明らかなように，需要曲線の背後には消費行動から得る満足（効

---

[6] モデル構造の観点からは，需要曲線図に明示的に表れない諸要因が変化するときにシフトが生じるといえます。

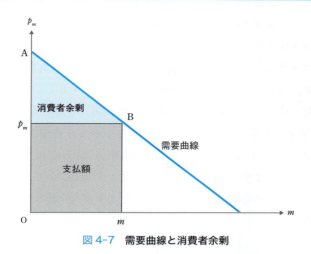

図 4-7　需要曲線と消費者余剰

用）が隠れています。市場での取引に参加することによって消費者が得る満足を，金額で表したものを消費者余剰といいます。需要曲線図からは，実はこの消費者余剰の大きさも読み取ることが可能なのです。

　需要曲線図の縦軸には価格がとられていますが，背後に効用最大化行動があることから，それは財・サービスに対する消費者の自発的な支払許容額（Willingness to Pay, WTP）に対応しています[7]。このように考えると，需要曲線の下側の面積は，任意に選択された需要量の下で得られる満足度（貨幣価値で測った効用）を表すことになります。もちろんこの満足度のすべてを消費者が享受できるわけではありません。財・サービスの購入には通常は支払いが伴いますから，これを差し引いたものが消費者の得る利益（余剰）となるのです。

　以上の話を正しく理解するために，図 4-7 を使って消費者余剰の生成プロセスを確認してみることにしましょう。

　分析を簡単にするため，需要曲線は右下がりの直線で表されるものと仮定

---

[7] 需要曲線の高さのことを指しています。

しましょう。いま仮に医療サービスの価格が p_m だとすると，この消費者は医療サービスを m だけ購入します。このときの満足度は需要曲線の下側の面積となりますから，台形 OABm となります。これだけの満足度を得るためには代価を支払う必要があり，その支払額は価格×購入量（$p_m \times m$）で計算できます。つまり，四角形 Op_mBm がそれにあたります。消費者余剰とは，消費者が財・サービスの購入で享受した貨幣で測った満足度（効用）から実際の支払額を差し引いたものでした。したがって，その大きさは三角形 p_mAB の面積で表されます。消費者はこの余剰（利益）を最大にするように消費行動をしています。余剰分析を通じて考えることにより，消費者にとって財・サービスの価格が安くなることがなぜありがたいのかがよくわかることでしょう。

■ 生産者余剰と総余剰

余剰の考え方は財・サービスの生産側（供給側）にも適用することができます。つまり，需要曲線図の場合と同様にして，供給曲線図から生産者の利益を測ることができるのです。はじめにこのことを簡単に説明した後，消費者余剰と生産者余剰をあわせた総余剰の考え方を検討します。ところで，医療サービスを分析対象とする場合は，一般的な企業（生産者）行動の理論がなじみにくいこともあります。例えば，供給主体が非営利企業であったり，多くの医療サービスや薬剤の価格は公定価格となっていたりするためです。しかしここでは，基本的な考え方の理解を優先し，右上がりの供給曲線をもつ通常の営利（利潤（利益）最大化）企業を想定して検討していきます。

標準的なケースでは，生産者の行動を表す供給曲線は限界費用曲線に等しくなります。したがって，供給曲線の下側の面積は生産に伴う可変費用（変動費）を表します。生産者が得る収入は消費者の財・サービスへの支払額に一致しますから，その収入から可変費用を差し引いたものが利潤であり，それを余剰分析の文脈では生産者余剰と呼んでいます。このこととこれまでの議論のまとめとして，図 4-8 には消費者余剰，生産者余剰，総余剰の関係が示されています[8]。

いま市場均衡は点 E で成立しています。生産者が得る収入は消費者が財・

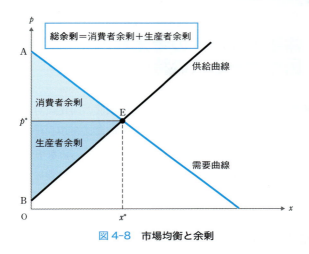

図 4-8　市場均衡と余剰

サービスに支出した金額になりますので，$p^* \times x^*$ で計算できます。それは四角形 Op^*Ex^* の面積に相当します。次に生産者が x^* だけの財・サービスを供給した場合に要する生産費用は供給曲線の下側の面積で表され，それは台形 $OBEx^*$ となります。これらより，利潤として残る生産者余剰は，ちょうど三角形 Bp^*E の面積に等しくなるのです。

消費者余剰は，図 4-7 の場合とまったく同様に考えることができて，三角形 p^*AE の面積で表されます。したがって，市場均衡である点 E が達成されている下で生じる経済全体での**総余剰**は，**消費者余剰と生産者余剰の和**で計算できて，三角形 BAE となります。なお，総余剰は**社会的厚生**や**社会的余剰**と呼ばれることもあります。重要なのは，市場均衡においては総余剰が最も大きくなるということです。何らかの要因（例えば独占）によって，市場均衡が影響を受ける場合，総余剰は最大化されません。このような状況を，厚生上のロスである**厚生損失（死荷重）**が発生しているといいます。経済主体の厚生評価をする場合に，余剰分析はなくてはならない大変重要な分析

8　上述した状況をふまえて，このパートだけは財・サービスの数量を m ではなく，より一般的に x で表しています。

ツールです。

4.5 需要の弾力性の考え方と医療サービスの特徴 [第5, 6講]

医療の経済分析を行う上では，さまざまな状況の変化に対して医療サービス需要はどのように反応するのだろうか，ということがしばしば考察の対象になります。このことは理論モデル分析だけでなく，実証分析でも同様です。具体的には，医療経済学でしばしば注目される価格弾力性についてみていくことにしましょう。

■ 需要の価格弾力性

価格が1％変化したときに，需要量が何％変化するかを表す指標を需要の価格弾力性（e_d）といいます。医療サービスの価格 p_m と需要量 m についてこのことをみていきましょう。

$$e_d = -\frac{需要量の変化率}{価格の変化率} = -\frac{\frac{\Delta m}{m}}{\frac{\Delta p_m}{p_m}} = -\frac{\Delta m}{\Delta p_m}\frac{p_m}{m}$$

限界代替率のときと同様に，弾力性を正値で定義するため，マイナスの符号が付されています。$\Delta m/\Delta p_m$ は需要曲線の傾きの逆数なので，需要曲線の傾きが小さい（大きい）ほど，弾力性は大きく（小さく）なります。加えて，傾きが一緒でも，p_m/m の値によって弾力性の値の大きさは変わります。

$e_d>1$ ならば，需要は弾力的といわれます。この場合，価格の変化に対して相対的により大きく需要量が変化します。逆に $e_d<1$ のときは，需要は非弾力的といわれます。これは実証分析の結果をみる上で重要な判断基準になります。価格弾力性の大きい財は，奢侈品（ぜいたく品）や密接な代替財が存在する財などです。逆に弾力性が小さい財は，必需品や密接な代替財が存在しない財などです。これらに照らしあわせれば，医療サービスは必需性が高く，密接な代替財は存在しないので，価格弾力性の値は1よりもかなり小さ

いと考えられています（実証分析でも整合的な結果が得られています）。

■ 価格弾力性の大きさと医療サービス支出額の関係

　需要の価格弾力性は，価格の変化が支出額（供給側からみれば売上額）に与える影響を検討する場合に重要な役割を果たします。いま，医療サービスへの支出額は，当たり前のことですが $p_m \times m$ と表せます。したがって，医療サービス価格が上昇した場合，その支出額への影響は次のように計算することができます[9]。

$$\frac{\Delta(p_m \times m)}{\Delta p_m} = m + p_m \frac{\Delta m}{\Delta p_m} = m\left[1 - \left(-\frac{\Delta m}{\Delta p_m} \frac{p_m}{m}\right)\right]$$

　ここで，先に登場した需要の価格弾力性の記号法をそのまま適用すると，以下を得ることができます。

$$\frac{\Delta(p_m \times m)}{\Delta p_m} = m(1 - e_d)$$

　これより，$e_d > 1$ の場合，医療サービス価格の上昇により，医療サービスへの支出額は減少することがわかります。逆に $e_d < 1$ の場合，価格上昇は支出額の増加をもたらします。上述したように，医療サービス需要の価格弾力性は1より小さいと想定されますから，価格が上昇しても需要量はさほど減らず，結果的に支出額を増やしてしまうと解釈できます。なお，公的医療保険における価格とは，窓口で支払う一部自己負担額になります。

■ Active Learning

《理解度チェック》・・・
　□1　無差別曲線の特徴を整理してみましょう。
　□2　限界代替率の意味を確認しましょう。

9　m は p_m の関数となっていることに注意しましょう。よい計算練習になりますから，ぜひ自分で導出を試みてください。

☐ 3　主体的均衡の条件を説明してみましょう。
☐ 4　「余剰」の経済学的な意味を確認しましょう。

《調べてみよう》・・
　[1]　限界代替率は限界効用の比に等しくなることをミクロ経済学のテキストで調べて確認してください。
　[2]　需要の弾力性には，もう一つ別の重要な概念があり，それは所得弾力性と呼ばれるものです。これについて，ミクロ経済学のテキストで調べて確認してください。

《Discussion》・・・
　本文中で，医療サービスは必需性が高く，密接な代替財は存在せず，したがって価格弾力性の値は 1 よりも小さいと考えられると説明しました。こうした想定が本当にもっともらしいものなのか議論してみましょう。

文献紹介

　本講で引用・言及した書籍や論文をまとめておきます。読者のなかには，ミクロ経済学の内容理解が医療経済学にも役に立つというのであれば，ミクロ経済学そのものをもっと本格的に学んでおきたいという方もおられるでしょう。そうした場合は，定評のあるテキストである神取（2014）にチャレンジしてみることをお薦めします。

- 泉田信行「経済学の準備」，橋本英樹・泉田信行編『医療経済学講義［補訂版］』，東京大学出版会，2016 年
- 神取道宏『ミクロ経済学の力』，日本評論社，2014 年
- 山田武「医療サービスの需要」，漆博雄編『医療経済学』，東京大学出版会，1998 年

第5講
医療サービスの需要
：不確実性，保険，情報の非対称性

■この講では，医療サービスの需要について学びます。医療サービスの需要は，通常の財・サービスの場合と大きく異なり，不確実性や情報の非対称性が大きな問題となります。そこで，医療需要に関わる不確実性や情報の非対称性を理解し，その対応策としての医療制度の理解を深めます。

5.1 需要の不確実性と医療保険の必要性

　医療サービスの特殊性の一つに，需要と供給の両面で大きな不確実性が存在することを挙げられます。まず需要面では，「いつ病気になって医療サービスが必要になるのかわからない」という不確実性が存在します。10年後に確実に大きな病気になり，100万円の医療費が必要とわかっていれば，計画的に貯蓄して備えることができます。しかし，実際には明日重い病気にかかるかもしれません。その場合，十分な備えがなく，必要な医療サービスを受けられない，あるいは，多額の医療費の支払いのために借金や破産をしてしまうかもしれません。

　このような不確実性にうまく対応できなければ，安心して生活を送ることができません。また，多くの人が将来病気になることに必要以上に怯え，消費を節約すれば，経済にも大きな影響を与えることになります。

　一方，供給面では「治療の効果」に関する不確実性が存在します。例えば，ある患者には有効であった薬剤や治療方法でも，他の患者にはまるで効果がないといったことは十分に起こり得ます。このような不確実性に対して医師が過度に意識すると，新しい治療行為に挑戦できず，医療技術の発展を阻害

してしまうかもしれません。こうした不確実性から医師を守るしくみは，充実した医療提供を確保し，医療の発展を促すために必要となります。このような不確実性に対応するしくみが保険という商品です。

■ 保 険 原 理

まずは保険の特性について理解することにしましょう。保険とは，不確実性というリスク（危険）に対して，共通のリスクに直面した多数の人がお金を出し合い，集団でリスクに対応するしくみである，といえます。保険のしくみについて，自動車保険を例にして説明します。

> （例）車を運転する人が1,000人いるとします。車を運転するとき0.1％の確率で事故を引き起こすとしましょう。なお，この確率は1,000人同一であるとします。そして事故を起こした場合には，事故費用で1,000万円の支払いが発生するとします。

ここで保険会社が存在し，1,000人から掛け金として9,900円を徴収するとします。すると，9,900円×1,000人＝990万円のお金が集まります。

いま事故の確率は0.1％だったので，1,000人のなかで実際に事故を起こす人数は，1,000人×0.001＝1人と計算できます。実際に事故を起こしたこの1人の個人に，保険会社が集めた990万円を支給すると，1,000万円の事故費用のうち990万円は保険によって助けてもらえ，10万円分だけ自己負担すればよくなります。つまり，1,000人の個人が9,900円を支払い，リスクをみんなで分かち合うことによって，1,000万円のリスクが10万円のリスクに軽減されるしくみとなるのです。なかなかよいしくみだと思いませんか？これがまさに保険というしくみなのです。

なお，保険の世界では，掛け金のことを「保険料」，保険会社のように保険を運営する事業組織のことを「保険者」，保険に加入する個々人のことを「被保険者」，保険によって支給される現金（お金）あるいは現物（財・サービス）を「給付」と呼びます[1]。また，ここでは自動車保険の例を示しましたが，

---

1 第2講で説明したように，現金での給付を「現金給付」，現物での給付を「現物給付」と呼びます。

自動車事故を火事に置き換えれば火災保険，病気に置き換えれば医療保険となります。つまり，保険商品の違いは保険対象となる事象が何かというだけの違いであって，保険原理そのものは何も変わりません。

次に，保険の性質をみるため，事故を起こす確率が 0.2% に上昇した状況を考えてみましょう。このとき，実際に事故を起こす人は 2 人となります。保険料が 9,900 円のままであると 990 万円しか集められないので，2 人に分け与えるとそれぞれに 990 万円÷2 人＝495 万円が給付されることになります。すると，事故費用 1,000 万円のうち 495 万円しか給付されませんので，自己負担は 1,000 万円－495 万円＝505 万円とかなりの高額となってしまいます。これでは保険としてのメリットを多くの人が感じないと思います。

では，元の例のように 1,000 万円の事故を起こしても自己負担は 10 万円で済むといった保険にするためにはどうすればよいでしょうか？ このとき，990 万円を 2 人に給付しなければなりませんので，保険会社は 1,980 万円のお金を集める必要があります。1,980 万円を 1,000 人から徴収するのですから，保険料を 19,800 円にすればよいことがわかります。また，事故の費用が上がった場合にも同様の対応が必要であることもわかると思います。

このように，事故を起こす確率や事故費用が上がった場合には，「保険料を引き上げる」，あるいは，「支給する金額を減らして自己負担を引き上げる」，という対応をしなければ保険の運営ができないことが保険原理として理解できます。また，事故を起こす確率や事故費用はリスクの大きさを表しています。するとこの保険原理は，保険を運営するためには，リスクの大きさに応じて保険料を設定していくことが必要であると言いかえることができます。

■ 保険に加入するインセンティブ

先の例では，個人が保険に加入することが前提となっていました。しかし個人は，保険に加入する方が，加入しないよりも望ましいときにしか加入しないはずです。ここでは，こうした保険加入のインセンティブについて，数値例を用いて確認してみましょう。

ある個人の効用関数が所得 y のみで表されるとし，$u = U(y) = \sqrt{y}$ で示され

るとしましょう。この個人は現在所得を100だけ得ており，病気になると働けなくなり所得が0になるとします。病気になるかならないかは不確実で，病気になる確率が0.2（20％）であるとしましょう。このときこの個人の**期待効用** EU（Expected Utility）は，

$$EU = 0.8 \times \sqrt{100} + 0.2 \times \sqrt{0} = 8 + 0 = 8$$

と表すことができます。

ここで医療保険として，保険料を19支払えば病気になった際に所得を81保障するような保険を考えてみます。このように，どのような状態においても所得が一定となるように保障する保険のことを，**完全保険**と呼びます。ここでは，完全保険に限定して議論を進めていきましょう。

この保険に加入した場合，この個人の期待効用は，

$$EU = 0.8 \times \sqrt{100 - 19} + 0.2 \times \sqrt{81} = 7.2 + 1.8 = 9$$

となります[2]。保険に加入しない場合の期待効用が8，保険に加入する場合の期待効用が9となり，保険に加入することで期待効用は高まるので，この個人はこの保険に必ず加入することが理解できます。このことを図でも確認しておきましょう。

図5-1では，個人の効用関数 $u = \sqrt{y}$ が示されています。所得が0と100のときの効用は，それぞれ0と10となります。また，このときの期待所得は80で，期待効用は図5-1の点Aの高さ8となります。

一方，保険に加入する場合，所得は81で固定されますので効用は9となり，図5-1では点Bの高さに対応します。点Bの方が点Aよりも高い効用となるため，この個人は保険に加入する方が望ましいことがわかります。

しかし，個人がどのような保険でも必ず加入するかというとそうではありません。保険料が高くなればなるほど，保険に加入するより自分で貯金して備える方がマシなんじゃないかと考えるはずです。では，いくらまでの保険料なら保険に加入するでしょうか？ このことを，図5-1を用いて考えてみ

---

[2] 期待効用と記しましたが，この場合は確実に所得81が保障される状況なので，期待効用ではなく効用といっても差し支えありません。

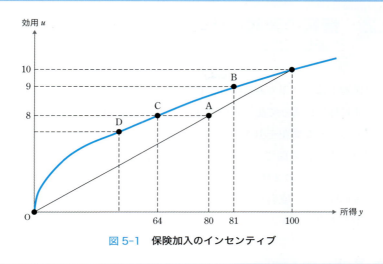

図 5-1　保険加入のインセンティブ

ましょう。

　完全保険の下，保険料が上昇すると，常に保障される所得水準が低下していきます。すると，保険料の上昇に伴って効用は効用関数に沿って点Bから点Cの方向に動いていきます。点Cでの効用は，保険に加入しない場合の期待効用と同じです。したがって，点Cまで保険料を引き上げると，保険に加入してもしなくてもどちらでもよい状況となります。そして，点Cを超える例えば点Dのような状況では，保険料が高くなりすぎて保険加入によってかえって効用が下がってしまいます。つまり，点Cとなる保険料36が，この個人が保険加入のために最大限支払ってもよい保険料となります。このような保険料を**リスク・プレミアム**と呼びます。

　保険会社の立場からすれば，保険料は高いほど収益が高まります。しかし，保険に加入してもらわなければ意味がありません。したがって，リスク・プレミアムの保険料水準が，保険会社にとって最適な保険料になるのです。

5.2 情報の非対称性の問題
：逆選択問題とモラル・ハザード問題

医療保険では，情報の非対称性が存在することで大きな問題に直面します。情報の非対称性によって生じる医療保険の問題を扱う前に，まず情報の非対称性がどのような問題を引き起こすのか整理しておきましょう。

取引を行う主体の間で情報の非対称性が存在するとき，**逆選択（逆淘汰）**と**モラル・ハザード**の2種類の問題が起きる可能性があります。ここで，情報の非対称性とは，取引を行う主体の間で取引に関わる情報量に格差がある状況を指します。

■ 逆 選 択

逆選択とは，取引を行う「事前」に情報の非対称性が存在する場合に起きる問題です。逆選択で問題となる情報は，主に取引する商品の品質や中身の情報です。例えば，オークションでパソコンを購入する状況を考えてみましょう。

買い手側にとって，オークションにかけられているパソコンが，果たして壊れにくく性能の高いパソコンであるか否かについて，どこまでわかるでしょうか。多くの場合，購入前である取引の事前にそうした情報を十分に把握することは困難でしょう（もちろん，購入した後には把握できます）。対して，売り手側の方はパソコンの状態を十分に把握できるはずです。このとき，パソコンの取引に情報の非対称性が生じている状況になります。

このような取引では，買い手側はパソコンの良し悪しを識別できず，悪い商品をつかまされるリスクを考えるので，それなりに安くなければ購入しないでしょう。一方，売り手側の立場からすれば，良いパソコンであればそれなりの高い値段でなければ販売したくはありません。安い値段でしか売れない状況なら，良いパソコンを販売せず悪いパソコンのみを販売することになるでしょう。この結果，オークションには壊れやすい粗悪なパソコンのみが出品されることになります。

このように，商品の品質などに情報の非対称性がある場合には，質の良い商品が提供されず，粗悪な商品ばかりが提供されることになります。このような現象を，逆選択と呼びます。良い商品を選択したくても，結果的に粗悪な商品ばかりを選択させられてしまうという意味で，逆選択と呼ぶのです。

医療サービスの取引では，医療提供側である医師と消費者である患者の間に大きな情報の非対称性が存在します。このため，患者は適切な医療サービスを選択することは困難であり，やはり逆選択の問題が起きやすいといえます。医療において逆選択が起きると，上のパソコンの例と同じように，優れた医師や医療機関，あるいは有効な医薬品や医療技術が十分に提供されないといった問題につながります。

■ 逆選択への対応方法

逆選択が生じていると，良質な商品が提供されないことになるため，経済において非効率性が生じることとなります。そのため，取引において逆選択を防ぐしくみを考えなければなりません。

逆選択を防ぐためには，情報の非対称性を解消することが重要です。つまり，情報をもつ側がもたない側へ情報提供すればよいのです。野菜や肉では原産地が表示されていたり，加工食品には原材料や成分などが細かく表示されていたりしています。このような品質表示制度は，正確な情報を開示させるしくみとなり，逆選択を防ぐ制度と理解できます。

同様に医療でも，逆選択へ対応するためにさまざまな制度が存在しています。**第2講**で説明したように，例えば，医療サービスや医薬品の一つひとつには，政府によって価格が決められており，医療サービスへの価格規制を**診療報酬制度**，医薬品への価格規制を**薬価基準制度**と呼びます。診療報酬制度や薬価基準制度の下，医療サービスや医薬品はその内容や品質などが審査され，認可された医療サービスや医薬品のみが提供されるしくみとなります。さらには適正な価格づけを行うことで，医療提供側による不正な価格設定ができないしくみとなるのです。なお，診療報酬制度や薬価基準制度については，それぞれ**第8講**と**第9講**で詳しく説明します。

また第三者による評価制度も，逆選択を防ぐ有効なしくみといえます。日

本の医療では公益財団法人日本医療機能評価機構が存在し，病院が一定の基準を満たしているかを評価する病院機能評価を行っています[3]。評価を受けるか否かは病院の任意ですが，その審査結果は公表され，患者にとって病院の中身を知る一つの手段となっています。また，病院機能評価を受けている病院は，少なくとも審査基準を満たす取り組みや体制整備をしているので，病院機能評価は品質保証の役割をもっているといえます。このようなしくみをシグナリングと呼びます。

■ モラル・ハザード

情報の非対称性の存在によって起きる問題として，逆選択の他にモラル・ハザードの問題があります。モラル・ハザードは，取引をした「事後」に情報の非対称性が存在することによって生じる問題と定義されます。

逆選択は「事前」の情報の非対称性が原因となる問題でしたが，モラル・ハザードは「事後」での情報の非対称性の存在が原因となる問題です。一般の商品取引では，例えばレストランでの料理は食べた後には美味しかったか否かがわかるように，多くの場合で購入した後にその商品の品質がある程度は把握できます。その意味で，モラル・ハザードは，通常の商品取引では生じない問題なのです。

では，どういう場合にモラル・ハザードが起きるのでしょうか。モラル・ハザードは，よく「プリンシパル=エージェント問題」といわれます。ここでプリンシパルは依頼人を，エージェントはその仕事を請け負う代理人を意味しています。こうした仕事の依頼・請負という取引は，依頼人と弁護人，経営者と従業員，患者と医師など多岐にわたります。

こうした取引で，どのような問題が起きるのでしょうか。モラル・ハザードで問題となる情報とは，エージェント（請負人）の「行動」です。具体的に，自動車保険を例に用いてこのモラル・ハザードの問題を考えてみましょう。

ある個人がある損害保険会社の自動車保険に加入したとします。損害保険

---

[3] 国際的な医療機能評価としてはJCI（Joint Commission International）が存在しており，日本でも2018年8月時点で26の医療施設が認証を受けています。

会社の立場からは，保険給付の支払いをしたくないので，加入者に安全運転を心掛けてほしいはずです。しかし，損害保険会社は加入者が危険な運転をしていたとしても，それを把握することはできません。一方，加入者は，自動車保険に加入したことで，万が一事故を起こしても大丈夫という安心感が生まれるでしょう。危険な運転をしても保険会社にはバレないのですから，安全運転を怠る可能性は十分にあります。この結果，実際に事故を起こす確率は高まることになります。これがモラル・ハザードの問題です。つまり，モラル・ハザードとは，自身の行動がバレないのをいいことに，望ましい行動から逸脱する問題となります。

■ モラル・ハザードへの対応方法

モラル・ハザードにはどのような対応が必要でしょうか。先の自動車保険の例でいえば，安全運転を行うような気持ちにさせるしくみを作ることが大切です。このようなしくみを，経済学では**インセンティブ・システム**と呼びます。では，どうすることで安全運転への気持ちを高めることできるでしょうか？

自動車保険で実際に活用されている例でいえば，事故を起こした場合に来年から保険料が上がるしくみや，事故費用の一部を自己負担させるようなしくみなどが挙げられます。つまり，事故を起こすことによって本人に損失が発生するようなしくみを作れば，安全運転を行うメリットを意識し，安全運転を行う気持ちが高まることになります。

こうしたインセンティブ・システムは，サラリーマンの給与制度でも活用されています。一部のサラリーマンには歩合給（成果主義）といって，成果に応じて給料が増えるような給与制度があります。仕事の成果に関係なく決まった給与がもらえる固定給制度であれば，バレないなら怠けた方が得になるので，怠けるというモラル・ハザードが起きやすいといえます。歩合給は，成果を出せるよう仕事を頑張る気持ちを高めるしくみになるのです。

5.3 医療保険と逆選択の問題

　逆選択の問題は，医療サービスの取引だけでなく，医療保険においても起きます。ここでは，医療保険における逆選択の問題を考えてみましょう。

　医療保険は，「病気になりやすいリスクの高い個人ほど将来の医療費支払いが不安なので，高い保険料を払ってでも医療保険に加入したい」と思うはずです。一方，医療保険を提供する保険者は，**5.1 節**での議論からもわかる通り，保険財政の視点から，リスクの高い個人には高い保険料を，リスクの低い個人には低い保険料を設定したいはずです。しかし，保険者と保険に加入しようとする個人の間に，個人のリスクの大きさに関する情報の非対称性が存在すると，加入しようとする個々人のリスクの大きさを保険者が把握することは困難です。このとき，どのような問題が起きるでしょうか。例を使いながら，考えてみましょう。

　医療費として 100 万円の支払いが発生するある病気があり，この病気に対する医療保険を考えてみましょう。まず，この病気に罹患するリスクは個人によって異なり，ここでは「病気になりやすい」タイプ A，「普通に病気になる」タイプ B，「病気になりにくい」タイプ C の 3 つのタイプがあるとしましょう。また，このタイプ A とタイプ B とタイプ C は，同じ人数存在しているとし，タイプ A, タイプ B, タイプ C の罹患確率は，それぞれ 15%，9%，3% としましょう。このとき，一定の保険料を支払えば医療費を全額補償してくれる保険を考え，この保険に最大限支払ってもよい保険料を，タイプ A とタイプ B とタイプ C はそれぞれ 15 万円，9 万円，3 万円と考えているとしましょう[4]。

　ここで情報の非対称性が存在しているので，保険会社には保険に加入しようとする個人がどのタイプであるかはわかりません。しかし，タイプ A とタイプ B とタイプ C が同じ数だけ存在していることと，それぞれの罹患確率は理解していますので，加入しようとしている個人の平均的な罹患確率は

---

[4] 厳密に分析するためには，**5.1 節**で議論したように，効用関数を用いてリスク・プレミアムを計算しなければなりません。

（15％＋9％＋3％）÷3＝9％と計算できます。保険会社は，この平均的な罹患確率を頼りに保険料を設定します。ここでは，保険会社の期待支払いと同額の保険料として100万円×9％＝9万円が設定されると考えましょう。

このとき，最大限支払ってもよい保険料は，タイプAが15万円，タイプBが9万円，タイプCが3万円なので，保険料9万円ではタイプCの個人は保険に加入せず，タイプAとせいぜいタイプBの個人だけ加入することになります。この結果，保険会社は赤字になってしまいます。実際，保険に加入しているのはタイプAとタイプBですから，実際の加入者の平均的な罹患確率は（15％＋9％）÷2＝12％です。すると，保険料9万円を徴収していますが，平均的な医療費支払いは100万円×12％＝12万円となり，1人につき平均3万円の赤字となってしまうのです。そうすると，保険会社はさらに保険料を引き上げざるを得ません。この結果，タイプBの個人も保険に加入しなくなり，保険に加入するのはリスクの最も高いタイプAの個人だけという帰結に行き着くのです。

この現象は，まさに逆選択を意味しています。保険会社にとって最も保険に加入してほしい（選択したい）個人が保険に加入せず，保険支払いの多いリスクの高い個人ばかりが保険に加入してしまいます。このような逆選択が生じると，保険会社にとって運営が非常に不安定となりビジネスとしての魅力が低くなってしまいます。最悪，保険市場から撤退してしまい，保険が提供されないという事態すら招いてしまうかもしれません。

5.4　国民皆保険のメリットとデメリット

前節では，情報の非対称性の下で生じる医療保険での逆選択の問題を説明しました。では，情報の非対称性がなければ何も問題は起きないのでしょうか？　実は，情報の非対称性がない場合にも，医療保険にはリスク・セレクションという問題が生じます。

リスク・セレクションとは，リスクに基づく差別（セレクション）を意味します。**5.1節**でも示されたように，リスクを保険会社が把握できれば，リ

スクの大きさに応じて高い保険料を設定します。この原理は，保険財政の収益確保からどうしても必要です。この点をさらに際立たせて，利益しか考えない保険会社であれば，どのように行動するでしょうか？ 利益になる個人のみを相手にし，利益になりにくい個人を保険から締め出してしまうでしょう。このような問題がリスク・セレクションです。医療保険において，リスク・セレクションが起きれば，生まれながらにして病気を抱えている個人はもちろん，持病をもつ個人，重病を患った経験のある個人，高齢者など，リスクの高い個人すべてに非常に高い保険料が設定されたり，保険加入を拒否されたりするかもしれません。

こうしたリスク・セレクションは医療保険に限って起きる問題ではありませんが，医療保険においては特に深刻な問題です。自動車保険であれば，運転が下手であったり，事故を起こしやすい人ほど保険料が上がったりするのは，むしろ当然のことと受け止めることもできます。これは，個人に責任をどこまで求められるかという問題に関わっています。つまり，自動車事故は個人の過失など，ある程度責任を求めることができる一方で，病気やケガの責任を個人に求めることは大変難しいと考えられます[5]。こうした責任論をふまえれば，一番医療保険を必要とする病気がちな人を医療保険から締め出すことには大きな問題があると感じられるのです。

この結果，医療保険では，情報の非対称性がある場合に逆選択の問題が，情報の非対称性がない場合にリスク・セレクションの問題が生じ，そのどちらも深刻な問題であり，常に問題をはらむことになります。こうした2つの問題を一挙に解決する方法は何かあるでしょうか？ その答えは簡単で，「医療保険を強制保険にする」ことです。

第2講で説明したように，日本の医療保険は，国民皆保険であり強制保険です。国民皆保険では全員を強制的に加入させるので，逆選択は起こり得ません。逆選択は任意加入の保険でしか起きないのです。また，強制的に保険に加入させることで，リスクの高い個人も保険に必ず加入しますし，彼らを

---

[5] 喫煙や飲酒といった生活習慣によって病気になる場合には，個人の自己責任と考えることもできます。しかし，病気になる要因が生活習慣のみと断定できない限り，やはりすべてを個人の責任に押しつけることは大変困難です。その意味で，健康の自己責任論については慎重に考える必要があるといえます。

支援する制度をきちんと整備することで完全にリスク・セレクションを解決することができます[6]。このように，政府による国民皆保険制度の構築は，医療保険にはらむ逆選択とリスク・セレクションという2つの問題を同時に解決する合理的なしくみであることが理解できます。

　しかし，国民皆保険のような強制保険にも問題があります。それは，5.1節で議論した医療保険への加入のインセンティブを考慮していないことです。5.1節で示されたように，リスクの大きさと保険料を天秤にかけ，保険に加入することで効用が高まる場合にのみ，個人は医療保険に加入します。任意保険であれば保険料が高すぎて保険に加入しないような個人でも，強制保険では加入せざるを得ません。こうした個人が多ければ多いほど，強制保険は民意に反する制度となり，制度として非常に脆弱になるのです。少なくとも強制保険によって効用が悪化するような個人が少数派である場合に限って，強制保険は合理性をもつと考えることができるでしょう。

　現在の日本の医療保険について，国民皆保険であることにそれほど多くの反対があるようには感じられません。しかし，今後高齢化を背景に医療費が増え続けると，保険料や税金という負担が高まっていきます。すると，リスクの大きさに比べて保険料が高いと感じる個人の割合も高まっていくはずです。保険料を割高に感じる個人が過半を占めるようになれば，当然ながら，日本の医療保険を国民皆保険によって維持していくことには大きな困難が伴うと考えられるのです。

5.5　医療保険とモラル・ハザードの問題

　医療保険では，保険者と被保険者の間に情報の非対称性があることによって，逆選択だけでなくモラル・ハザードも起きる可能性があります。5.2節でも説明した通り，モラル・ハザードは保険に加入した後に保険者が被保険

---

[6] 第2講で説明したように，高額な医療費の自己負担によって医療を受けられない問題に対処するために，日本では高額療養費制度が設けられ，自己負担の上限額が定められています。また，75歳以上の自己負担は1割であるなど，低所得者や高リスクの個人への対応が日本の医療保険制度ではなされています。

者の行動を把握できないことによって起きる問題です。特に医療保険では，保険加入によって被保険者に**事前のモラル・ハザード**と**事後のモラル・ハザード**という2種類のモラル・ハザードが生じると考えられています。ここで事前と事後は，病気になる前と後を指します。

■ 事前のモラル・ハザード

　事前のモラル・ハザードは，保険加入によって安心感が生まれ予防活動を怠るような現象を指します。**5.2節**でも示されたように自動車保険であっても保険に加入する前後では，運転の仕方に大きな違いが生まれると考えられます。保険に加入する前では，自動車事故を起こせば多額の損害賠償を支払わなければならないので，自動車事故を起こさないよう極めて慎重に運転するはずです。しかし保険加入の後では，自動車事故を起こしても保険で助けてもらえるという安心感が生まれるため，運転が荒くなるかもしれません。

　このような問題は医療保険でも起きます。本来，医療保険の有無によらず，病気にならないよう予防活動を行うべきですが，医療保険に加入することで予防活動が行われにくくなる可能性があります。医療保険が病気になる確率を高め医療費を増大させることになるのです。このことは，医療保険によって医療が無駄に誘発されてしまう現象ともいえます。

　こうした事前のモラル・ハザードを需要曲線と供給曲線を用いて考えてみましょう。保険に加入する以前に，医療サービスに対する需要曲線と供給曲線が**図5-2**のように示されているとします。このとき，事前のモラル・ハザードが起きると，保険に加入することで病気になる確率が高まるので，より医療への需要が高まります。この結果，需要曲線が右上方にシフトすることになります。つまり，医療保険の存在によって需要が誘発されるのです。

　その結果，取引は点E_0から点E_1へと変わり，取引量はx_0からx_1へ増加します。本来望ましい取引は点E_0であり，点E_1の取引は望ましくありません。このことを，余剰の考え方を用いて確認してみましょう。

　図5-2より，保険加入以前の取引E_0での余剰は三角形aE_0p_0の面積の大きさとなります。一方，保険加入後の取引E_1での余剰は，自発的な支払許容額である台形abx_1Oから，実際の支払額である四角形$p_0E_1x_1O$を差し引く

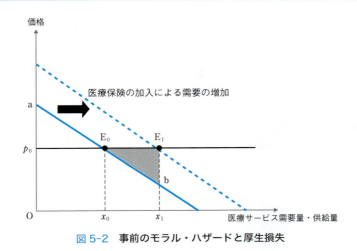

図 5-2　事前のモラル・ハザードと厚生損失

ことで，三角形 aE_0p_0 − 三角形 E_0E_1b となることがわかります。この結果，保険加入後に三角形 E_0E_1b だけの厚生損失が生じることになるのです。

■ 事後のモラル・ハザード

　事後のモラル・ハザードは，保険に加入し実際に病気になった後に起きるモラル・ハザードを指します。医療保険に加入すれば，病気になっても保険給付がなされることで，安価に医療機関を受診することができます。このため，保険がない場合と比べて過剰に医療機関を受診する可能性があります。これが事後のモラル・ハザードの問題です。この問題を需要曲線と供給曲線を用いて明らかにしましょう。

　医療サービスに対する需要曲線と供給曲線が図 5-3 で示され，当初，価格は p_0 で取引されているとしましょう。ここで医療保険に加入すると，医療サービスを安く購入できるようになり，その自己負担割合が 3 割であるとすれば，実際に購入する価格は $0.3p_0$ となります。すると，個人は x_1 まで過剰に受診することになります。

　保険加入後の取引 E_1 での余剰を求めてみると，自発的な支払許容額であ

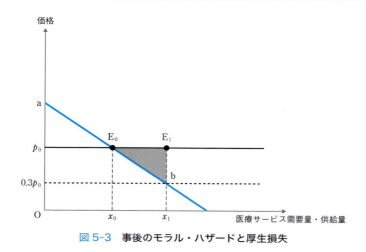

図 5-3 事後のモラル・ハザードと厚生損失

る台形 abx_1O から，実際の支払額である四角形 $p_0E_1x_1O$ を差し引き，三角形 aE_0p_0 − 三角形 E_0E_1b となります[7]。保険加入前の余剰は三角形 aE_0p_0 ですから，保険加入後には図 5-3 の三角形 bE_0E_1 分だけの厚生損失が生じることがわかります。

医療保険では事前と事後のモラル・ハザードが生じるため，医療保険がない場合と比べて厚生損失が発生します。これは，医療費を無駄に高め国民負担を高める問題となります。したがって，医療保険において事前と事後のモラル・ハザードに対応するしくみが必要となります。

5.6 医療保険におけるモラル・ハザードへの対応

■ 事前のモラル・ハザードへの対応

事前のモラル・ハザードへの対応策としては，予防活動を促すために，基

---

[7] 購入額は $0.3p_0$ ですが，保険料などを含め実質的な支払価格は p_0 となることに注意しましょう。

礎的な健康診断を義務づけ，人間ドックといったより精密な検査へ補助金を出すような政策も，予防を促すインセンティブを高める策となるでしょう。

また禁煙に対しては，禁煙治療を保険適用するなど，予防活動のコストを引き下げる取り組みも同様の効果をもたらします。さらに近年では，ヘルスケア・ポイント制度と呼ばれるしくみが，いくつかの自治体で導入されています。これは，健康によいとされるような，例えば1日数千歩を歩いたり，軽いジョギングをしたりする活動に対してポイントを付与し，累積したポイントに応じて景品をもらえるようなしくみです。このように，現在では予防への積極的なインセンティブを与えるしくみが幅広く検討され導入されています。こうした予防促進政策が，どの程度医療費引き下げ効果をもつのかについては，医療経済学においても重要な研究テーマとなっています。

■ 事後のモラル・ハザードへの対応：望ましい自己負担の設定

次に，事後のモラル・ハザードの問題への対応を検討しましょう。事後のモラル・ハザードへの対応策は，保険が適用される際の自己負担を引き上げればそれで済む話です。ただ問題なのは，自己負担をいくらに設定すればよいのかということです。自己負担の引き上げは，受診抑制という問題を誘発します。これは，本来であれば受診しなければならないような状態の個人が，高い自己負担のために受診を躊躇するといった問題です。このような受診抑制が起きると，いわゆる早期発見・早期治療が困難となり，病気が悪化することでかえって医療費が高まる可能性があります。つまり，事後のモラル・ハザードを過度に防ごうとすると，かえって非効率となる可能性があるのです。では，どのように自己負担を設定すればよいのかを考えてみることにしましょう。

まず，事後のモラル・ハザードの問題の大きさは，医療サービスの需要曲線の傾きに大きく関わってきます。このことを図5-4で確認してみましょう。

図5-4には，2つの傾きの異なる需要曲線が描かれています。需要曲線の傾きは，需要量が価格に対してどの程度敏感であるか（需要の価格弾力性）に関わっています。需要曲線の傾きが急でより垂直に近い場合（図の需要曲

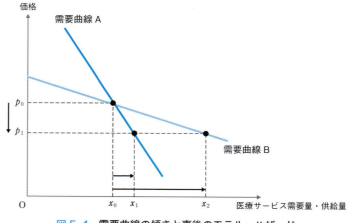

図 5-4　需要曲線の傾きと事後のモラル・ハザード

線 A)，価格の変化に対して需要量がさほど変化しないことを意味します。生活必需品は，価格が高かろうが安かろうが必要性に応じて購入するものなので，需要曲線の傾きは急になる傾向にあります。

　一方，需要曲線の傾きが緩やかでより水平に近い場合（図の需要曲線 B），価格の変化に対して需要量が大きく変動することを意味します。ぜいたくな商品は，本来生活する上で必要のない商品ですから，価格水準によって購入するか否かを決められやすい傾向があり，需要曲線の傾きは緩やかになる傾向にあります。

　この需要曲線の傾きが事後のモラル・ハザードとどう関係するかをみてみましょう。事後のモラル・ハザードは自己負担が安くなることで受診量が過剰に増加する問題でした。図 5-4 において価格が p_0 から p_1 へと下落すると，需要曲線 A では需要量は x_0 から x_1 へ，需要曲線 B では需要量は x_0 から x_2 へと増加します。この結果，需要曲線 A では自己負担を引き下げても過剰な受診はさほど起きず，事後のモラル・ハザードはそれほど大きな問題とはならない一方，需要曲線 B では事後のモラル・ハザードが深刻であることがわかります。つまり，事後のモラル・ハザードを防ぐ上で，需要曲線の傾

きが緩やかであるほど自己負担を引き上げ，需要曲線の傾きが急である場合には自己負担は引き上げる必要はないことが理解されるのです。

上で述べた通り，需要曲線の傾きは商品の特性に関係しています。この特性をふまえると，需要曲線の傾きが急であるほど自己負担を引き下げ，傾きが緩やかであるほど自己負担を引き上げていくというしくみが，厚生損失を小さくする望ましい自己負担の設定であると結論づけられます。

実際の日本の医療保険制度では，患者の自己負担は原則3割負担となっており，医療サービスの需要曲線の傾きによって自己負担を変えるようなしくみとはなっていません。しかし，保険が適用されないような自由診療（保険外診療）は，自己負担は10割となります。つまり，現状の制度であっても保険診療と保険外診療で自己負担は異なっているのです[8]。では，事後のモラル・ハザードという観点から，どのような保険のしくみが望ましいと考えられるでしょうか？

保険診療は3割負担と安価ですので，事後のモラル・ハザードを防ぐためには需要曲線の傾きが急な必需品的なサービスに限定すべきです。一方，需要曲線の傾きが緩やかなぜいたくなサービスには保険適用を控え，自己負担を10割にすべきです。このように，自己負担の設定のあり方を理解すると，保険をどこまでのサービスに適用させるかという議論にまで拡張させることができるのです。

■ **Active Learning**

《理解度チェック》

- ☐ 1 医療保険におけるリスク・セレクションと逆選択について，説明してください。
- ☐ 2 強制的に国民全員を保険に加入させる国民皆保険のメリットとデメリッ

---

[8] 第2講でもふれた通り，現在の制度では保険診療と自由診療を組み合わせる混合診療は原則禁止されています（**8.5節**参照）。しかし，保険外併用療養費制度で認められている自由診療については，混合診療が認められていますので，保険診療は3割，保険外併用療養費制度で認められる自由診療は10割の自己負担となります。

トを説明してください．

□3　医療保険における事前と事後の2つのモラル・ハザードについて，説明してください．

《調べてみよう》・・・

　1973年から1983年までの間，70歳以上の高齢者の医療の自己負担は0円でした（老人医療費無料化政策）．老人医療費無料化政策の下で起きた問題について，調べてみましょう．

《Discussion》・・・

　日本の医療保険では，一般の患者の自己負担は原則3割の負担となっています．個人によって，あるいは，医療サービスの内容によって自己負担を変えるようなしくみについて，そのメリットとデメリットを議論してください．

文献紹介

- 山田武「医療サービスの需要」，漆博雄編『医療経済学』，東京大学出版会，1998年
- 遠藤久夫「医療サービスの経済的特性」，西村周三・田中滋・遠藤久夫編著『医療経済学の基礎理論と論点』，勁草書房，2006年

第6講
供給者誘発需要と情報の非対称性

■医療サービスは，ある意味で際立った特徴を有しています。他の財・サービスと比較して，需要者と供給者の間に埋めがたい情報の格差が存在する点です。こうした情報の非対称性は，第5講でも説明した通り医療サービス市場に大きな影響を与えると考えられます。この講では，まず基本的な理論的フレームワークについて学び，関連する実証結果も検討していきます。

6.1　供給者誘発需要の背景

　筆者はある年の8月に受けた職場の健康診断の結果が気になったので，結果表をもって消化器内科のクリニックを訪れたことがかつてありました。少し生活上のアドバイスを医師から得るくらいのつもりでしたが，診察時に医師に求められて，健診からわずか数週間後に再び血液検査を受けることになりました。当然ながら，結果は前回とほとんど変わりませんでした。この血液検査は本当に必要なものだったのでしょうか。読者の皆さんのなかにもこうした経験をしたことのある方がいらっしゃるかもしれません。医師から「こうしましょう」といわれると，私たちはそれに従う（従わざるを得ない）のが一般的です。これは，コンビニで弁当を買う場合とは明らかに異なります。また，生命に直接影響しないと思われる場合でも普通は医師の意見・決定に従います。

　医師と患者の間にこうした垂直的関係が成立するのはなぜでしょうか。それは一言でいえば，**第5講**で説明した情報の非対称性が厳然として存在するからです。具体的には，ある疾病に関する諸々の情報に関して，医師はより

多くの情報を有する一方，患者はわずかしか知りません。しかも，一般的に医療サービスは直接・間接に生命や生活の質を左右しますから，なおのこと垂直的関係が成立しやすくなっています。なお，専門知識をもつ供給者側が患者（需要者）になり代わって医療サービス需要を引き出すことを**供給者誘発需要**といい，典型的には**医師誘発需要仮説**として医療経済学の重要なトピックになっています[1]。

　誘発需要が存在するとして，その背景には情報の問題があることをまず理解しましょう。この情報の格差（偏在）が必要以上の診療行為・薬剤処方等を誘発し，結果的に患者の厚生を低下させてしまいます。次節では代表的な理論モデルを通じてこのメカニズムを考察していきますが，誘発需要を完全に抑止することは現実的に難しいと思います。ただ，それがある程度やむを得ないものだとしても，厚生のロスを小さくする取り組みはいくつか考えられます。まずそれらについて述べておきたいと思います。

■ 誘発需要への個別的・社会的対応

　医療サービスが必要以上に誘発される原因は，基本的には情報格差にあるといえます。これを逆手にとると，情報格差を実質的に埋めることが可能ならば誘発の問題はかなり緩和されることになります。

　情報格差を埋めるためには，一患者という個別的レベルでは，日常的に疾病に関する情報や病院に関する情報にアクセスする姿勢が重要です。これは単に知識を身につけることに止まりません。**医療サービス需要の一つの特徴は，特に急性疾患にあっては，その不確実性・突発性**にあります。医療が必要となる突発的な事態に備え，可能ならばインターネットや特集雑誌，新聞等を通じて日頃から医療情報にアクセスしておくことは有益であり，誘発されるおそれのある医療需要への対処としても効果的と考えられます。

　次に，社会的レベルではどういった対応が考えられるでしょうか。**第1講**や**第2講**で説明したように，日本の医療制度のなかで，それぞれの保険者は

---

[1] 少し専門的な論文になりますが，井伊・別所（2006）は主に日本を対象とした医療制度に関する実証研究を包括的にサーベイしており，医師誘発需要仮説に関する研究についても詳細に検討しています。

医療行為全般についてのチェック役と位置づけられています。少し文脈は異なりますが、厳格なレセプトチェックを実施していると噂されるある自治体では、医療費も低く抑えられているといった話も存在します。いずれにしても、保険者の機能強化をさらに推し進めることは、誘発需要への社会的対応として合理的な取り組みといえるでしょう[2]。

■ データから誘発需要の可能性を探る

誘発需要が存在するならば、「医療供給密度（人口あたりの病床数や医師数）の高まりが、結果的に1人あたり医療費を増加させる」という因果関係の成立を示唆することになります。このような主張を支持する先駆的な発見は M. I. ローマー（Roemer, 1961）によってなされました。すなわち、「病床数が多い地域では、入院日数が長くなる」ことが観察され、これらについて正の相関関係があることが確かめられました（ローマー効果）。変数間の単なる相関のレベルの話なのか、それとも一定の因果関係があるのかを識別することが誘発需要を考える上で決定的に重要になってきます。

このように、誘発需要の存否には、理論はもとより計量経済学的にも慎重にアプローチしなくてはなりませんが、ここではさしあたって近年のわが国のデータを用い、上記の傾向性が再現できるかをみておきたいと思います。中小企業の従業員が加入している協会けんぽの都道府県別・被保険者本人に関する支払データから、規準化した病床数と医療費の関係を示したのが図6-1 になります。

因果関係は別にして、少なくとも2つのデータの間には、かなり強い正の相関が確認できます。このことは、国保や後期高齢者といった他の属性をもつグループにも当てはまることが知られています（湯田, 2016）。重ねて強調しておきますが、このように一般的に観察される医療供給密度と医療費の強い関係性が、誘発需要によるものなのか、それとも他の異なる要因によるものなのかを見極めることが重要になります[3]。

---

2 泉田（2009）では、医療制度改革にあたって、保険者機能を強化することの重要性が指摘されています。
3 このことは、計量経済学的には識別問題と呼ばれています。

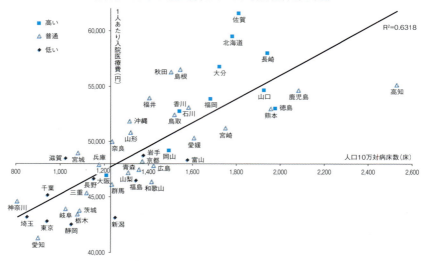

図 6-1　病床数と医療費の相関

6.2　誘発需要の基本モデル

■ 厚生損失の発生

　ここでは，供給者誘発需要に経済モデルを用いてアプローチする際の2つの基本モデルを解説します。まず，医師などの専門職が患者の厚生を尊重する忠実な代理人としてではなく，患者よりも自分の利益を優先する悪しき代理人として行動した場合について，患者側の厚生の観点から考えてみましょう。

　患者の医療サービスへの需要曲線が当初 D であり，医療サービス提供者

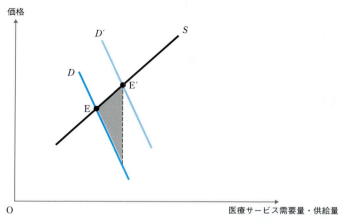

図 6-2　誘発需要による患者の厚生の損失

（医師や病院）の供給曲線が S で表されているとしましょう（図 6-2）。したがって，需要と供給は点 E で均衡しています。患者の本来の需要曲線は D なのですが，ここで診療報酬が<u>出来高払い</u>であること（一般のクリニックなど依然として多くの病院がこの支払制度下にあります），情報の非対称性を供給者側が活用できることをふまえると，医師は医学的にみて必要水準を超える医療サービスを誘発することができ，実際にそのように行動するとしましょう。このときの需要曲線は例えば D' のように表すことができます。新たな均衡は E' となります。

　第 4 講で述べたように，当初の市場均衡 E では，社会的余剰が最大になっていると考えることができます。しかし，図 6-2 で示されているように，点 E よりもわずかでも右側の領域に D' のような（誘発された）実際の需要曲線がある場合には，社会的余剰のロスが発生します。すなわち，この右側領域において，<u>供給曲線で示される限界費用が本来の需要曲線で示される限界便益を上回ってしまっています</u>。もうおわかりだと思いますが，グレー色の三角形の面積が，このケースにおいて発生した市場の失敗による厚生損失に対応します。

以上をまとめると，誘発需要が可能な状況下において，医師が患者の忠実な代理人としての責務を全うせず，実際に医療サービス需要を誘発してしまうと，当該市場における資源配分は効率的なものでなくなってしまうことになります。これこそが，誘発需要が引き起こす問題の核心部分です。

■ 供給者誘発需要の理論モデル

　続いて，誘発需要仮説の基本的なストーリーを描いている一般的なモデルを検討していきましょう。図 6-3 において，当初，医療サービス市場が E_0 で均衡しているとしましょう。このときの患者の需要曲線は D で医療サービスの供給曲線は S です（均衡価格 P_0，均衡取引量 Q_0）。この市場の置かれた環境は，医師や医療関係者にとってある魅力的な特徴をもっていると仮定しましょう。この特徴が，子どもや高齢者が多く居住していて，潜在的な医療需要に恵まれている，というものだとします。すなわち，クリニックの開業を予定しているような医師にとって，そうした環境はより多くの患者を獲得できて高い収益率を上げられる可能性をもたらします。

　このようにして魅力的な市場環境にひき寄せられて，医師の新規参入があったとします。医師の参入はこの地域の医療サービス供給能力をアップさせますから（医師数の増加），供給曲線が例えば S から S' へと右にシフトします。すると新たな均衡 E_1 の下では，価格の低下による医師の所得の減少が生じると考えられます[4]。このようなとき，医師が望むなら，減少した所得を補うことができる手段があります。それは患者（ないしは家族）にもっともらしい形で追加的な医療サービスを提案し，それに従ってもらうのです。これまでとは別の検査を追加したり，外来であれば患者に通院の頻度を高めさせたりすることなどが考えられます[5]。患者が実際に医師の提案・忠告に従

---

[4] 医療サービスは米やパンなどと同様に生活必需品と考えられますから，需要の価格弾力性は 1 よりも小さく，価格の低下によって医療への支出額は減少します（つまり，$P_0 \times Q_0 > P_1 \times Q_1$）。新規参入による医師の増加が生じても，当該市場全体での医療支出額は減少するので，医師の平均所得の低下をもたらします。価格弾力性に関する詳細は，本書**第 4 講**や神取（2014）などを参照してください。

[5] こうした対応が本当に誘発需要によるものならば，それは本来的には必要のない，資源配分上無駄なものだと判断できますが，その識別は大きな困難を伴います。後で述べるように，誘発需要に関する実証分析の結果が一致しないのも，この困難性に起因していると考えられます。

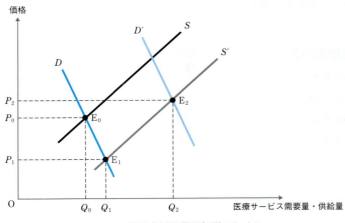

図 6-3　供給者誘発需要のしくみ

うと，需要曲線は例えば D から D' へと右にシフトして，均衡価格は P_1 から P_2 へと上昇し，均衡取引量も Q_1 から Q_2 へと増加します。このような一連のプロセスを経て，低下した医師所得の増加・回復が図られることとなります。

　通常の財・サービスですと，このような形で需要を意図的に引き出すことは一般に難しいと思われます。それは，供給者側に着目した場合，「情報の非対称性の活用」が限定されるからです。謳い文句がいくらよくても，いかにも鮮度の悪そうな野菜や乾いた刺身を積極的に買う人はいないでしょう。この点において，医療サービスはやはり特別な財だということができるでしょう。経験をもってしても，書籍やインターネット情報をもってしても，医療サービスに関する医師と患者の間での情報格差をなくすことは極めて困難なことです。

6.3 実証研究

■ 実証研究のアプローチ法：因果関係の特定

　因果関係を正しく把握することが，供給者誘発需要の分析にとっては肝となるのですが，仮に制御された実験が可能な状況であれば簡単に結論が下せるでしょう。結論からいうと，誘発需要をはじめとした医療経済学の種々のトピックスでは，制御された実験が不可能か極めて困難な場合が大半であり，後述するように，応用的な回帰分析手法がしばしば用いられます。

　それでは具体的な検討に移りましょう。供給者誘発需要は，比較的容易にアクセス可能な集計データを用いた実証的検証が可能なテーマであり，これまでにも決して少なくない実証研究が内外を問わず行われてきました[6]。先に述べたように，具体的には，医療供給密度と1人あたり医療費との間の統計的な関係性（相関）を調べ，誘発需要が存在しているか否かを明らかにしたりするのですが，どちらが原因でどちらが結果なのかを判断することは大きな困難を伴います。この場合ですと，他のさまざまな影響要因を考慮して（これを計量経済学では「コントロール」といいます）もなお，医療供給密度の高まりが医療費の増加を引き起こすことが確かめられてはじめて，「誘発需要が存在しているようだ」との判断が下せることになります[7]。

　第13講で解説されているような通常の最小2乗法（Ordinary Least Squares, OLS）では，複雑な因果関係の識別を適切に行えないことが知られています。そこで，誘発需要か，それとも逆の因果関係かを見極めるにあたって，しばしば用いられてきたのが操作変数法（instrumental variable method, IV；2段階最小2乗法とも呼ばれます）です。初期の研究としてはFuchs (1978) がよく知られており，この推定方法を使って誘発需要を示唆する結果を得ています。しかしながら，その後，操作変数の選択の適切性や推定結果そのものの信頼性が問題視され，操作変数法を用いた分析にもさらなる改善が求められてい

---

[6] 最近は個票データ（いわゆるミクロデータ）の利用が一般化してきており，誘発需要に限らず医療経済学全般でそれを使用した分析が進められるようになってきました。
[7] この場合の逆の因果関係は，高齢化などにより医療ニーズが高く，結果として他地域より医療費が高くなる場所に，そうした環境を求めて医師が続々と開業するようなことを指します。

ます。

■ その他の留意すべき点

見せかけの関係性に騙されないようにするためにも，因果関係を正確に把握することは実証上の最重要課題といえます。しかしながら，これ以外にも留意しておくべき事柄は数多くあります。一つひとつに言及することは本書の範囲を超えますので，「誘発需要を直接・間接に助長する諸要因」に限定してみていくことにしましょう[8]。これらを吟味しておくことは，回帰分析において説明変数を選択する際や分析結果の解釈を行う際にとても重要になってきます。

河口（2015）や湯田（2016）をふまえながら，現在の日本の医療サービス市場の大まかな特徴を，主要なものに限定して表6-1にリストアップしてみました。これらが誘発需要に与える影響メカニズムについて検討していきましょう。

まず，規制の項目に分類される病床規制（1985年〜）や医学部定員の管理は，文字通り，一定の供給能力を「規制」によって維持する施策であり，誘発需要には抑制的にはたらくものと考えられます。厳格なレセプトのチェックの実施も誘発需要を抑止する上で効果的にはたらくことは明らかです。

一方で，急性期入院医療に対しての包括（定額）払い（Diagnosis Procedure Combination / Per Diem Payment System，DPC/PDPS。詳しくは第8講，第13講を参照）の支払方式も徐々に普及していますが，日常的に受診するクリニックの外来医療などでは従来型の出来高払いが主流です。ニュース等で耳にするレセプトの不正請求の端緒は，そもそもこの出来高払いにあると考えられ，したがってそれは誘発需要の促進要因と考えられるでしょう。

英国などと異なり，日本の医療の一大特徴となっているのが，いわゆるフリー・アクセス（患者はどのような病院を選択してもかまわない）です[9]。医師や病院の評判の観点に立つと，もし悪評がたつと，いま来院している患者は別

---

8 例えば，「風邪」に比べると格段に重篤で発症確率の低い「がん」の治療においては，医師による需要の誘発はより容易であると考えられます。

9 病院の機能分化を政策的に推進すべく，紹介なしで大病院を受診すると初診料として特別料金を徴収されますが，フリー・アクセスであることには変わりありません。

表 6-1　日本の医療の特徴

```
規制：2次医療圏単位での病床規制
規制：医学部入学定員の厳格なコントロール
保険制度：レセプトの二重チェック
保険制度：出来高払いが主流
保険制度：フリー・アクセスと評判
社会的背景：過熱する医学部信仰
社会的背景：人口減少による医療（病院）の過疎化の進行
社会的背景：不確実性に端を発する防衛的医療の増加
```

の病院を選択するでしょうし，現在のようなインターネット社会では「口コミ」などを通じて潜在的な患者も失うことになりかねません。したがって，フリー・アクセスのしくみは，誘発需要の抑制要因と位置づけられます。

　加えて，社会的な背景要因も誘発需要に関係してくると考えられます。過熱する医学部信仰は，ひいては医師への過度の信頼・期待をもたらし，医師にとってみれば誘発需要を行いやすい環境が形成される可能性があります。また，病院過疎地域では，需要の誘発はより容易であると考えられます。近年は，産科医療に代表されるように，医師や病院が医療過誤（医療ミス）によって患者や家族から訴えられるリスクが高まっているといわれています。そうしたリスクを，本来は必要のない医療を行うことで軽減・回避することを<u>防衛的医療</u>といいます。典型的な事例として，産科ならば，自然分娩が可能なケースにもかかわらず安易に帝王切開を選択する場合などが該当します。したがって，晩婚化などによる高齢出産（35歳以上での出産）の増加は，防衛的医療を助長し，誘発需要に促進的にはたらくものと考えられます。

■ 日本における研究成果

　これまでの考察からも明らかなように，誘発需要の存否を確かめることは大変難しい作業であり，数々の実証結果からもその困難性をうかがい知ることができます。ここでは日本についてのものに限定して簡単に紹介しましょう。西村（1987）を嚆矢として，多くの研究はやはり人口あたり医師数や

ベッド数などの医療供給密度との関係に注目しており，泉田ほか（1998）や山田（2002）では，誘発需要の存在が示唆される推定結果を得ています。

一方で，鈴木（1998）や岸田（2001）では，受診前後の医療サービス需要行動を異なるモデルで捉える2段階モデル（two-part model）に依拠した分析を行っています。このモデルは，受診するか否かの事前的判断は主に患者自身の意思決定で決まり，受診後の事後的な医療サービス需要は医師の関与が極めて大きいと想定しています。結果的に，これらの研究は，ともに誘発需要の存在を否定する結果を得ています（仮にあったとしても非常に限定的）。誘発需要を支持する研究とそうでない研究が混在していますが，入院か外来か，患者が若壮年者か高齢者か，といったサービスや患者の特性によっても検証結果は影響を受けるものと考えられます。

最後に，こうした標準的なアプローチとは異なる特徴的な研究として，鈴木（2005）に言及しておきたいと思います。そこでは，制度改定という一つの出来事（イベント）を境界にして，患者の受診行動の変化を検証しています。基本的に，制度改定は医師にとっては外生的な変化と考えられるため，このタイミングを活用することは，上述した因果の方向にまつわる識別問題を回避できる利点があります[10]。鈴木（2005）は，富山県国保連合会から入手したレセプトデータ（個票データ）のなかでも，制度改定の影響が大きいと考えられる整形外科の外来に着目し，診療報酬の引き下げ（医療サービスメニュー価格の値下げ）の効果を検証しています。

図6-4には，制度改定前後（2002年4月改定）の患者1日あたり医療費の大まかな推移が示されています。2002年4月に入ると医療費は急激に低下して6月に底を打ち，その後一転して急上昇をみせます（いわばV字回復）。そして，2003年1～3月には，前年同時期よりも高い医療費を発生させていることがわかります。鈴木（2005）は，因果性（内生性）といった計量分析における悩ましい問題を回避して厳密な推定を行い，制度改定後の医療費の急回復は，診療報酬低下による単なる患者の医療需要の増加ではなく，医師誘発需要によるものである可能性が高いと結論づけています。

---

10 制度改定という自然実験（natural experiment）は，医師がコントロール不可能なイベントであり，誘発需要をより精確に捉えられると期待されます。

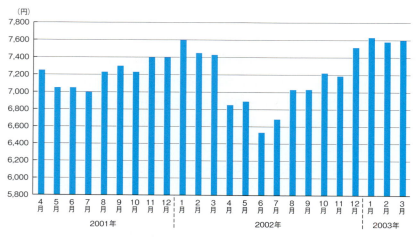

図 6-4　制度改定前後の患者 1 日あたり医療費の推移

(出所)　鈴木（2005）の図 5-3（105 頁）より筆者作成

補論　誘発需要の代表的なモデル

　6.2 節で検討してきたモデルから，誘発需要のプロセスやそれが及ぼす影響について大まかに理解できたと思います。ここではもう一歩ふみこんで，より専門的なモデルに基づいた議論を紹介しておきたいと思います。

　誘発需要の代表的なモデルとしては，プリンシパル=エージェント理論を患者と医師の医療知識や医療情報をめぐる関係に当てはめたドラノヴの分析がよく知られています（Dranove, 1988）。また，医療サービス供給の実態に即し，完全競争とは異なる市場構造を仮定した分析もあります。供給独占をベースとしたモデル（山田，1998），独占的競争をベースとしたエバンズ・モデル（Evans, 1974）やマクガイア・モデル（McGuire, 2000）などがあります[11]。ここでは，なかでも有名なエバンズ・モデルに焦点を当てて検討して

11　独占的競争の考え方については，神取（2014）などを参照してください。ここで紹介している諸研究について，原論文を読みこなせることがベストですが，もちろんハードルは低くはあ

いくことにしましょう。

■ エバンズ・モデル

　一口に医療サービス市場といっても，さまざまなタイプのものが現実には存在します。例えば，都市部と過疎地域では状況はまったく異なると考えられます。筆者は小学校に入学するまで岩手県の典型的な中山間地域で暮らしていましたが，比較的近い場所にはたった1つの民間病院しかありませんでした。自動車に乗ってしばらく行くと小さな県立病院が当時はありました。このような場合には，上で言及した供給独占モデルなどが分析装置として適切であると考えられます。一方で，都市部に行くと多くの民間病院だけでなく公的病院も複数あり，県庁所在地などでは大学病院まであるといったある程度競争的な環境であることも珍しくありません。

　しかしながら，医療サービスの場合，情報の非対称性も相まって，競争的環境にあっても各病院がある程度の独占力を有するといった想定を置くことは不自然ではありません[12]。少しフォーマルな言い方をすると，「それぞれの病院ないしは医師が提供する医療サービスは少しずつ異なっているものの，密接な代替的関係にある」となります[13]。これはミクロ経済学や産業組織論で学ぶ独占的競争（monopolistic competition）という市場構造に該当します。ブランド品のハンドバッグの市場などはこの典型例であり，各製品はデザイン等で差別化されていますが，バッグの機能という点においては密接な代替財が供給されています。

　エバンズ・モデルはこうした市場構造を背景として，医師の効用最大化問題を考えます。ここでは Evans（1974）をよりシンプルな形で解説している山田（1998）を参考にして検討していきましょう。医師の効用の源泉は2つあり，稼得した所得 Y からプラスの効用を得ますが，誘発需要量 I はマイナ

りません。このようなとき，専門的なテキストでの解説が大いに参考になるでしょう。ドラノヴの分析のエッセンスやエバンズ・モデルについては山田（1998）を，マクガイア・モデルについては湯田（2016）を詳細に検討してみるとよいでしょう。

12　近所に複数の整形外科があっても，Aさんの一家では家族内での慣例に従って必ずB整形外科クリニックを受診するといったことはよくある話で，読者の皆さんも経験がおありでしょう。

13　例えば，骨折の患者に対して，C整形外科もD整形外科も同様の治療を行いますが，医師の個性や病院内の雰囲気，駐車場の有無などは患者の病院選択に少なからず影響を与えます。

スの効用(不効用)をもたらすとします。つまり、医師は患者に不必要だとわかっている誘発需要を行うと「良心の呵責」を感じて効用水準が低下しますが、所得を増やすためには需要を誘発する必要があるというジレンマに直面します。効用関数 U は、$u = U(I, Y)$ と表すことができます。

次に制約条件(医師の所得制約)について考えます。まず、医療サービス1単位あたりの利潤を P とします。医師の新規参入等の供給環境が変わらない限り P は不変です。患者の医療需要には非誘発需要分ももちろんありますから、これを D とします。したがって、トータルでの医療需要量は、非誘発需要量+誘発需要量=$D+I$ と表せます。よって、貯蓄を考えないとすると、制約条件は $P(D+I) = Y$ となります。以上より、医師の効用最大化問題は以下のように表せます。

$$\begin{aligned} \max \quad & u = U(I, Y) \\ \text{subject to} \quad & P(D+I) = Y \end{aligned}$$

効用関数の2要素について、無差別曲線を描き、そこに制約条件を重ね合わせることを考えましょう(図6-5)。任意の無差別曲線上では効用水準は一定となることに注意すると、需要を誘発することによる効用の低下は所得の増加による効用の上昇によって埋め合わされなければならないので(所得を増やすには誘発需要が必要)、図の縦軸を Y、横軸を I として、無差別曲線は右上がりに描かれます[14]。制約条件は、$Y = PI + PD$ より、同じ平面上で傾き P、縦軸切片 PD の直線として描くことができますから、図6-5 (a) のようにして医師の効用最大化点を求めることができます。

結果的に、無差別曲線と制約条件式が接する点 E_0 で医師の効用最大化が図られ(主体的均衡)、そのときの所得水準 (Y_0) と誘発需要量 (I_0) が決まります[15]。そこでは、医師にとっての誘発需要と所得の交換比率(代替率)である限界代替率が、誘発需要による追加的な所得の増加分 (P_0) に等しくなります。これは第4講で説明した一般的な消費者行動モデルにおける最適消

---

[14] つまり、より北西方向に描かれる無差別曲線ほど、より高い効用をもたらすことになります。

[15] このモデルが医師の効用最大化問題を考察するモデルであることをいま一度認識しておきましょう。

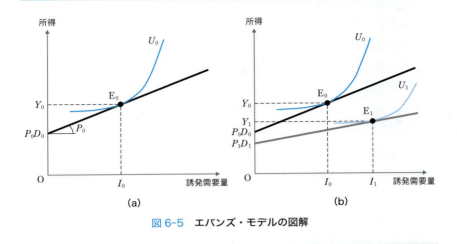

図6-5 エバンズ・モデルの図解

費の条件（限界代替率＝2財の価格比）に類似したものと考えることができます。

上記の基本設定の下で，何らかの要因によって医師の新規参入があったとしましょう。当該医療サービス市場ですでに開業していた医師は，患者の一部を新規参入医師に奪われてしまいます。他方，ここで想定しているのは独占的競争市場でしたから，一部の患者は必ず既存医師のところに留まることになります。いずれにせよ，既存医師への医療需要は確実に減少することになりますから，需要曲線の左下方へのシフトが生じます。既存医師の供給曲線はいまのところ不変ですから，需要シフトによって医療サービス1単位あたりの利潤 P は P_0 から P_1 へと低下するでしょう（$P_0 > P_1$）。また，当然ながら，非誘発需要量 D も D_0 から D_1 へと減少します（$D_0 > D_1$）。

医師の新規参入によって生じた一連の変化を，図6-5 (b) を使って確認しながら整理してみることにしましょう（パネル (b) の U_0 と制約条件はパネル (a) のものとまったく一緒です）。まず，制約条件の縦軸切片に変化が生じます。これまでの議論より，確かに $P_0D_0 > P_1D_1$ となりますから，新規参入が生じた後の切片は以前より下に移動します。加えて，制約条件式の傾きは単位あたり利潤 P でしたから，新規参入による利潤の低下によって，より

補論　誘発需要の代表的なモデル

緩やかな傾きをもつようになります。こうして，医師の効用最大化問題が更新されます。医師は更新された制約条件を所与として，自らの効用が最大となる所得と誘発需要量の組み合わせを選びます。結果的に，パネル **(b)** では，U_1 と新たな制約線が接する点 E_1 が医師の効用最大化点となります。

パネル **(b)** をみると，自身の患者が新規参入で奪われた後でも誘発需要量を I_0 で変えない場合には，一般的に大幅な所得の低下が予想されます。エバンズ・モデルでは，そうした状況を避けるべく，このケースでは誘発需要量を I_1 に増やし，所得を Y_1 まで回復させることになります。すなわち，医師の新規参入は，所得の低下を通じて誘発需要の増加を促すという結果をもたらします。ただし，理論的には，医師の無差別曲線の形状に依存して均衡点が決まりますので，新規参入がかえって誘発需要量を減少させるケースも排除できません。つまり，医師の効用関数がどのようになっているかが，エバンズ・モデルで誘発需要の存在を主張する際に極めて重要です。

■ Active Learning

《理解度チェック》
- □1　医師誘発需要仮説について，「情報」をキーワードとして簡潔に説明してみましょう。
- □2　日本の医療制度下で，誘発需要を助長する可能性のある要因を3つ挙げてみましょう。
- □3　本講で取り上げた日本における誘発需要の実証結果を整理しながら確認しましょう。

《調べてみよう》
- [1]　「厚生労働白書」などを参照して，1人あたり医療費と病床数との間の相関関係を確認してみましょう（**第1講**の《調べてみよう》[2] に同様の課題があります）。
- [2]　エバンズ・モデルが依拠している独占的競争の考え方について，ミクロ経済学のテキストでさらに詳しく調べてみましょう。

《Discussion》

[1] 医師は本当に医療需要を誘発しているのでしょうか。あなたや家族がこれまで病院にかかった経験などをふまえて議論してみましょう。

[2] ミクロ経済学で学習する独占市場を描写するモデルの一つとして「供給独占モデル」があります。供給者誘発需要の問題は，このモデルを使っても分析することができますので，まずそれを行ってみてください（図を描いて言葉による説明を試みてください）。次に，このモデル分析の理論的な問題点とそれへの対処方法について議論してください。

文献紹介

本講で引用・言及した書籍や論文をまとめておきます。

- 井伊雅子・別所俊一郎「医療の基礎的実証分析と政策：サーベイ」『フィナンシャル・レビュー』，No. 80，pp. 117-156，2006年
- 泉田信行・中西悟志・漆博雄「医師誘発需要仮説の実証分析——支出関数アプローチによる老人医療費の分析」『季刊社会保障研究』，Vol. 33(4)，pp. 374-381，1998年
- 泉田信行「保険者機能の強化について」，田近栄治・尾形裕也編『次世代型医療制度改革』，ミネルヴァ書房，2009年
- 河口洋行『医療の経済学［第3版］——経済学の視点で日本の医療政策を考える』，日本評論社，2015年
- 神取道宏『ミクロ経済学の力』，日本評論社，2014年
- 岸田研作「医師誘発需要仮説とアクセスコスト低下仮説——2次医療圏，市単位のパネルデータによる分析」『季刊社会保障研究』，Vol. 37(3)，pp. 246-258，2001年
- 鈴木玲子「医療資源密度と受診・診療行動との関係」，郡司篤晃編『老人医療費の研究』，丸善プラネット，1998年
- 鈴木亘「平成14年診療報酬マイナス改定は機能したのか？——整形外科レセプトデータを利用した医師誘発需要の検証」，田近栄治・佐藤主光編『医療と介護の世代間格差——現状と改革』，東洋経済新報社，2005年
- 西村周三『医療の経済分析』，東洋経済新報社，1987年
- 山田武「医師誘発需要」，漆博雄編『医療経済学』，東京大学出版会，1998年
- 山田武「国民健康保険支払い業務データを利用した医師誘発需要の検討」『季刊社会保障研究』，Vol. 38(1)，pp. 39-51，2002年
- 湯田道生「誘発需要と情報の非対称性」，橋本英樹・泉田信行編『医療経済学講

義［補訂版］』，東京大学出版会，2016 年
- Dranove, D. "Demand Inducement and the Physician/Patient Relationship," *Economic Inquiry*, Vol. 26(2), pp. 281-298, 1988
- Evans, R. G. "Supplier-Induced Demand: Some Empirical Evidence and Implications," in M. Perlman, ed., *The Economics of Health and Medical Care*, Macmillan, 1974
- Fuchs, V. R. "The Supplier of Surgeons and the Demand for Operations," *Journal of Human Resources*, Vol. 13 (Supplement), pp. 35-56, 1978
- McGuire, T. G. "Physician Agency," in A. J. Culyer and J. P. Newhouse, eds., *Handbook of Health Economics*, Vol. 1A, Elsevier, 2000
- Roemer, M. I. "Bed Supply and Hospital Utilization: A Natural Experiment," *Hospitals*, Vol. 35, pp. 36-42, 1961

第7講
医療提供体制
：医療サービスの供給のしくみ

■第2講や第3講で学んだ医療保険制度は，医療を提供するための財源調達のしくみです。この講では，医療保険制度を通じて得られた財源を用いて，医療サービスを提供するしくみである医療提供体制について学びます。効率的な医療提供体制を実現するための，現状の制度と問題について説明していきます。

7.1 医療の機能分化

医療サービスを提供する医療機関には，診療所などの小規模なものから大学病院などの大規模なものまで存在しており，こうした医療機関はそれぞれ異なる機能をもっています。現代では，機能ごとに医療機関が分業し，相互に連携しあうことで効果的な医療を実現しようとしています。こうした医療機関の役割分担のしくみを医療の機能分化と呼びます。まず，この医療の機能分化を進めることがどういう意味をもっているのか，国際貿易論のリカード・モデルと同じモデルを用いて理解してみましょう。

地域に医療機関Aと医療機関Bの2つが存在するとします。医療サービスとしては，外来医療と入院医療の2種類を考えましょう。外来医療と入院医療を生産するために必要な原料（生産要素）は医師のみとし，1単位あたりの生産に必要な医師数（投入係数）が，医療機関Aと医療機関Bで表7-1のように示されるとします。また，投入係数は一定であると仮定します。

AはBよりも外来医療，入院医療ともにより少ない医師で提供できるため，外来医療，入院医療の双方においてAはBよりも生産性が高い医療機

表 7-1　医療サービス 1 単位の生産に必要な医師数

	外来医療	入院医療
A	1	2
B	3	3

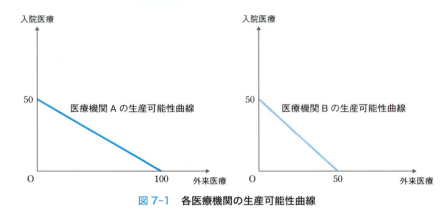

図 7-1　各医療機関の生産可能性曲線

関であることがわかります。このとき，医療機関 A は医療機関 B よりも絶対優位にあるといいます。

ここで，各医療機関が雇用している医師数について医療機関 A が 100，医療機関 B が 150 であるとします。すると，各医療機関が生産できる生産可能性曲線（生産フロンティア）は，図 7-1 のように描かれます。

さらにこの 2 つの生産可能性曲線を統合し，この地域全体の生産可能性曲線を描くと，図 7-2 となります。

地域住民全体の外来医療と入院医療に関する社会厚生が，図 7-2 のような通常の原点に対して凸型の無差別曲線で示されるとします。すると，地域の社会厚生を最大にするような状況は，図における点 E となります。

図の点 E では，外来医療が 100，入院医療が 50 の生産がなされている状況です。この状況は，医療機関 A が外来医療のみを 100 生産し，医療機関 B が入院医療のみを 50 生産することによって達成できます。つまり，医療機関 A に外来医療を，医療機関 B に入院医療を完全に分担させ機能分化を

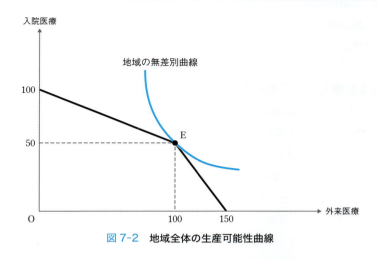

図 7-2　地域全体の生産可能性曲線

進めることで，地域全体の社会厚生は最大化されることが理解できます。こうした最適な機能分化は，完全競争市場などの諸条件が満たされれば，価格調整を通じて自然に構築されることになります。

しかし医療では，患者側と医療提供側との間に情報の非対称性が存在することから，完全競争市場が成り立つのは困難です。また，医療では価格規制がなされているため，市場による価格調整はなされません。したがって，医療では，政府が地域に存在する医療機関の状況を把握し，それぞれの役割をきちんと分担させながら医療を提供するような制度を考えていかなければならないのです。

以下では，医療の機能分化を促す医療提供に関する制度のしくみについて，説明していくことにします。

7.2　医療の機能分化の実際

実際の医療の機能分化には，さまざまなバリエーションがあります。ここ

では，代表的な医療の機能分化として，外来医療と入院医療の機能分化，そして入院医療のなかでの機能分化について，その基本的なしくみについて説明します。

■ 外来医療と入院医療の機能分化：大病院への集中を防ぐしくみ

先に例で示した外来医療と入院医療は，実は最も代表的な医療の機能分化です。外来医療と入院医療では患者の重症度に大きな違いがあり，24時間の医学的管理を必要とされる入院医療では，より高度な専門性が必要とされます[1]。この異なる医療領域の役割を分担するため，日本では外来医療を「診療所」に，入院医療を「病院」に役割分担するしくみとなっています。

病院と診療所は，医療法という医療の提供体制全般を規定する法律によって定義されています。まず病院は，病床数が20床以上の入院施設を保有し，医療サービスを提供する医療施設とされています（医療法第1条の5）。一方，19床以下の病床しかない医療施設を「診療所」と定義しています。なお，診療所のことを医院やクリニックと呼んだりもしますが，制度上では「診療所」という言葉が使われます。

こうした入院医療と外来医療を機能分化させることには，重要な意味があります。入院医療を提供する病院は，外来医療を提供する診療所よりも，医師や看護師の人数が多く，高度な医療機器をもつなど，さまざまな面で規模が大きくなります。このため，医療の知識のない患者にとって，病院の方がより質の高い医療を提供できると考えがちです。すると，軽い病状であっても，診療所ではなく病院を受診したい，大学病院など最先端の高度な医療を提供できる病院にかかりたいと思うはずです。

大病院へ軽症患者が集中すると，病院は混雑し患者の待ち時間も長くなる上，本来診なければならない重症患者を診ることができなくなります。このことは，重症患者の受診を妨げるだけでなく，病院本来の役割を果たせなくなることを意味します。また，患者の集中によって業務過多となり，医師や

1　医療では外来，入院，そして高度な医療を必要とする入院というレベルで，1次医療，2次医療，3次医療という分類がよくなされます。ここで，1次医療は外来医療，2次医療は入院医療，3次医療は高度な医療を必要とする入院医療を指します。

看護師などの労働環境も悪くなり，医療ミスなど医療の質の低下にもつながります。このことから，軽症患者は診療所に受診し，診療所では十分な対応が難しい状況に限って病院に受診する，という外来医療と入院医療の機能分化を明確化していくことが重要となるのです。

しかし，日本において外来と入院の機能分化が，十分に機能しているとはいえません。大病院へ患者が集中する結果，大病院では「3時間待ちの3分診療」という言葉が存在しているほどです。こうした問題は，**フリー・アクセス**という患者の権利と関係しています。

フリー・アクセスとは，医療機関の規模によらず自由に医療機関を選択し受診することができる患者の権利を意味します。患者の立場からすれば，医療機関を自由に選択し受診できるフリー・アクセスの制度は大変魅力的です。しかし，大病院への患者の集中は，上述した通り非効率的な医療提供につながるため，現在では**紹介状制度**を導入し，このフリー・アクセスに一部制限を設けています。

紹介状制度とは，大規模医療機関に受診する際，紹介状を必要とするような制度です。現在の日本の制度では，紹介状をもたずに大学病院などの大病院に受診すると，5,000円の特別料金が追加料金として発生します[2]。いきなり大病院に行くと追加的な費用負担が生じるようにすることで，診療所に受診するインセンティブを高めるしくみとなっています。この紹介状制度の下，診療所が患者の医療へのアクセスの入口となり，医療の門番（ゲート・キーパー）の役割を担うのです。

この紹介状制度を実効性のあるものにするためには，診療所の能力が重要となります。どのような症状でも診療所がきちんと診察できなければなりません。頭からつま先までどのような症状の患者であっても，まずは診療所で対応できるだけの診療力があってはじめて機能するといえます。また，診療所が365日24時間体制でなければ，患者が最初に診療所を受診することもできません。

---

[2] より正確には，特定機能病院や一般病床500床以上の地域医療支援病院に，紹介状をもたずに受診した場合には，初診については5,000円（歯科は3,000円）以上，再診については2,500円（歯科は1,500円）以上の定額負担を追加的に負担する制度が，2016年4月から始まっています。

しかし、日本の多くの診療所が、こうした体制を確保しているとは到底いえない状況です。このように、外来と入院という基本的な機能分化ですら、まだまだ多くの課題を抱えているのです。

■ 入院医療における機能分化

一口に入院医療といっても、患者の状態によって提供される医療内容も大きく異なります。入院医療は、大きく急性期医療と慢性期医療とに区別されています。

急性期とは、病状が安定していない重篤な状態や、病気にかかった初期の状態と定義されます。救急医療を必要とする状態とイメージすればよいかもしれません。急性期では、高度で専門的な医療が必要であるだけでなく、患者の容態は急変しやすいため、24時間の管理など密度の濃い医療が求められます。一方、慢性期は、急性期を脱し病状が安定している状態や、急激な病状の変化はないものの長期にわたり療養が必要な状態を指します。慢性期では、密度の濃い医療というより、リハビリなど体力や機能の回復に重きを置いた医療が必要となります。

急性期と慢性期とでは求められる医療が異なるので、効率的な医療提供には機能分化の視点が必要となります。医療が高度化した現在では、入院医療の機能はさらに細分化されており、高度急性期機能、急性期機能、回復期機能、慢性期機能の4つの区分が厚生労働省によって示されています（表7-2）。こうした入院医療の機能に応じて、地域において各医療機関が機能分化して連携していくことが求められています。地域内で各医療機関が機能分化し連携していく医療提供体制を「地域完結型医療」と呼んだりします[3]。

なお、入院医療の機能分化は入院から退院への流れも意味しています。心筋梗塞や脳卒中などをイメージすればわかりやすいかもしれません。まずは発作など突然症状があらわれ、一刻を争う状態となります。このとき緊急的な医療サービスが提供され、場合によっては手術などが行われます。その経過を経てリハビリを実施し、栄養管理の下、体調を回復させ退院する流れに

3　従来の医療は、機能分化や連携を前提とせず、1つの病院で医療が完結する「病院完結型医療」の体制でした。

表 7-2 入院医療の機能

医療機能の名称	医療機能の内容
高度急性期機能	急性期の患者に対し，状態の早期安定化に向けて，診療密度が特に高い医療を提供する機能 ※高度急性期機能に該当すると考えられる病棟の例 　救命救急病棟，集中治療室，ハイケアユニット，新生児集中治療室，新生児治療回復室，小児集中治療室，総合周産期集中治療室であるなど，急性期の患者に対して診療密度が特に高い医療を提供する病棟
急性期機能	急性期の患者に対し，状態の早期安定化に向けて，医療を提供する機能
回復期機能	○ 急性期を経過した患者への在宅復帰に向けた医療やリハビリテーションを提供する機能 ○ 特に，急性期を経過した脳血管疾患や大腿骨頚部骨折等の患者に対し，ADL の向上や在宅復帰を目的としたリハビリテーションを集中的に提供する機能（回復期リハビリテーション機能）
慢性期機能	○ 長期にわたり療養が必要な患者を入院させる機能 ○ 長期にわたり療養が必要な重度の障害者（重度の意識障害者を含む），筋ジストロフィー患者又は難病患者等を入院させる機能

（出所）厚生労働省「高度急性期機能に該当すると考えられる病棟の例」（平成 26 年 7 月）

なっていきます。こうした治療の流れが，高度急性期，急性期，回復期，慢性期に対応していきます。つまり，入院医療の機能分化とは，1人の患者の治療を複数の医療機関で分担していくことを意味しますし，患者の立場からみれば，複数の医療機関をわたって入退院を繰り返すことになります。

7.3 病院の分類

　次に，機能に応じて医療機関がどのように分類されているのかをみていきましょう。病院も，期待される機能や役割に応じて制度的に区分されています。ここでは，医療法で規定されている特定機能病院，地域医療支援病院について説明します。

■ 特定機能病院

　特定機能病院は，医療法第 4 条の 2 において定められた要件を満たし，厚

生労働大臣の承認を得た医療機関です。主な要件は，以下の通りです。

- 高度の医療提供，開発及び評価，並びに研修を実施する能力を有すること
- 他の病院又は診療所から紹介された患者に対し，医療を提供すること
- 400床以上の病床数を有すること
- 集中治療室，無菌病室，医薬品情報管理室が整備されていること

その他にも，医師や看護師などの医療スタッフが通常の病院よりも多く配置され，医療安全への管理についても体制を強化する取り組みをしているなど，さまざまな要件があります。

こうした要件から，特定機能病院は高度医療提供を担い，高度な医療を必要とする重篤な患者や特殊な疾患をもつ患者への対応や，最先端の医療技術の研究・開発，さらには研修を通じて医師を養成することが主要な役割となることがわかります。2017年4月1日現在，全国の大学医学部附属病院（いわゆる，大学病院）を中心に85の医療機関が特定機能病院に指定されています[4]。

■ 地域医療支援病院

地域医療支援病院は，医療法第4条において定められた要件を満たし，都道府県知事の承認を得た医療機関です。主な要件は，以下の通りです。

- 紹介患者を中心として医療を提供していること
- 救急医療を提供する能力を有すること
- 建物，設備，機器等を地域の医師等が利用できる体制を確保していること
- 原則として200床以上の病床を有すること

このような要件から，地域医療支援病院は地域の医療機関と紹介や逆紹介

---

[4] 医療事故が問題となり，2002年に東京女子医科大学病院（2007年に再承認），2005年に東京医科大学病院（2009年に再承認），2015年に東京女子医科大学病院と群馬大学医学部附属病院が，特定機能病院の承認を取り消された例があります。

を通じた連携を促すこと，主に急性期の医療機能を地域の中心となって担うことが期待される医療機関であることがわかります。地域医療支援病院は，医療の機能分化や地域完結型医療を進めていく上でのハブ機能として重要な役割が期待されています。

7.4 病床の区分

機能分化を進めていく上で，病院だけでなく病床も制度によって区分されています。病床の分類は，医療法と診療報酬制度によって規定されています。

■ 医療法での病床区分

医療法第7条第2項によって，病床は，精神病床，感染症病床，結核病床，療養病床，一般病床の5つに区分されています。精神病床は精神疾患患者を入院させる病床，感染症病床は結核を除く指定された感染症や新型インフルエンザなどの新しい感染症の患者を入院させる病床，結核病床は結核の患者を入院させる病床です。療養病床は，長期にわたり療養を必要とする，つまり慢性期の患者を入院させる病床です。そして，一般病床は，それ以外のすべての患者，つまり急性期の患者を入院させる病床と位置づけられています[5]。

このように，精神疾患，感染症，結核といった特定疾患については専門の病床に，それ以外の疾患については急性期と慢性期の機能分化を意識した病床区分になっています。各病床の選択は医療機関による任意の意思決定となるので，急性期医療に特化する場合には病床を一般病床として届け出ることになりますし，慢性期医療に特化する場合には療養病床として届け出ることになります。このように，病床を選択させることで，各病院の担う機能を明確化させるしくみとなっているのです。

---

[5] 各病床では，最低限必要な医師数や看護師数などを規定する人員配置基準が設けられています。当然ながら，急性期医療を担う一般病床では，他の病床よりも必要な医師数や看護師数が多くなっています。

さらに現在では，2014年6月に成立した「医療介護総合確保推進法」による医療法の改正によって，病床機能報告制度が開始されました。この制度の下，一般病床と療養病床をもつ病院や診療所は，自身が担う機能について，病棟単位で表7-2に示した4つの医療機能を選択し報告する制度になっています。

■ 診療報酬制度での病床区分

医療法での病床区分では，急性期は一般病床，慢性期は療養病床という非常にシンプルな機能分化しか示されていません。しかし，医療の高度化・専門化を背景に，医療機能は細分化される傾向にあります。このため，医療法を補完する形で，診療報酬制度でも病床区分がなされています。診療報酬制度で規定している代表的な病床には，回復期リハビリテーション病棟と地域包括ケア病棟があります。

回復期リハビリテーション病棟は，脳卒中などの脳血管疾患や骨折などケガをした患者が，急性期の状態を脱した後にリハビリテーションを行うための病棟です。具体的には，患者の症状に応じて運動機能，嚥下機能，高次脳機能などのリハビリテーションが行われます。回復期リハビリテーション病棟の対象患者は，疾患などの条件が設けられており，入院期間も定まっています。脳血管疾患であれば，発症から2ヶ月以内に限り，最大で180日間までの入院期間となります。このように，急性期の医療を担う病院から患者を受け入れ，早期に集中的なリハビリテーションを提供する医療機能と位置づけられます。

地域包括ケア病棟は，回復期リハビリテーション病棟と同様，急性期を脱した患者にリハビリテーションを提供する役割を担いながら，骨折や肺炎などの軽症の急性期患者に対し緊急的に対応するような急性期を補完する機能もあわせもっています。複合的な医療を提供し，地域包括ケアを支える病床と位置づけることができます。

7.5 開設主体別にみた病院の分類

　次に,開設主体という視点から医療機関の分類について説明します。医療機関の設立目的は,その医療機関を設立した組織によって異なってきます。このため,開設主体を理解することでも,医療機関の目的や機能を理解できます。

　厚生労働省は開設主体によって医療機関を,国,公的医療機関,社会保険関係団体,医療法人,個人,その他の6つに区分しています。まず国が開設する国立医療機関は,厚生労働省などの政府組織が開設した病院を指します。ただし,行財政改革の下,現在そのほとんどは独立行政法人化されています。具体的には,独立行政法人国立病院機構,国立大学法人,独立行政法人労働者健康安全機構といった法人があります[6]。

　公的医療機関は医療法によって定められた医療機関で,都道府県立,市町村立の医療機関といった公立(自治体立)医療機関に加え,日本赤十字社(日赤),社会福祉法人恩賜財団済生会(済生会),厚生農業協同組合連合会(厚生連),国民健康保険団体連合会,社会福祉法人北海道社会事業協会といった公的組織が開設した医療機関が該当します。

　社会保険関係団体には,企業の健保組合やその連合会,国民健康保険組合,共済組合やその連合会が開設する医療機関が該当します。

　個人は個人事業として医療機関を開設,運営しているものを指します。医療法人は,個人が発展し法人格をもって医療事業を行っている医療機関です。その他の医療機関には,学校法人,株式会社が設立した医療機関などがあります。次の表7-3は,開設主体別にみた病院数が示されています。

　国,公的医療機関,社会保険関係団体が開設している医療機関は「公」の色合いが強く,医療法人,個人,その他が開設している医療機関は「私」の色合いが強いと考えることができます[7]。この2つの大きな分類を,以下では

---

[6] 意外と思われるかもしれませんが,がん研究の拠点である国立がん研究センターも2010年に独立行政法人化され,2015年から国立研究開発法人が運営しています。

[7] 大学病院であっても,私立大学が開設している病院であれば,私的医療機関に分類されます。

表 7-3 開設主体別にみた病院の分類

	病院数	構成比%	病床数	構成比%
総数	8,442	100	1,561,005	100
国	327	3.9	129,185	8.3
厚生労働省	14	0.2	4,957	0.3
独立行政法人国立病院機構	143	1.7	54,691	3.5
国立大学法人	47	0.6	32,703	2.1
独立行政法人労働者健康安全機構	34	0.4	12,954	0.8
国立高度専門医療研究センター	8	0.1	4,205	0.3
独立行政法人地域医療機能推進機構	57	0.7	16,183	1.0
その他	24	0.3	3,492	0.2
公的医療機関	1,213	14.4	317,827	20.4
都道府県	201	2.4	53,998	3.5
市町村	634	7.5	133,083	8.5
地方独立行政法人	96	1.1	37,732	2.4
日赤	92	1.1	36,249	2.3
済生会	79	0.9	21,867	1.4
北海道社会事業協会	7	0.1	1,785	0.1
厚生連	104	1.2	33,113	2.1
社会保険関係団体	53	0.6	16,006	1.0
健康保険組合及びその連合会	9	0.1	1,934	0.1
共済組合及びその連合会	43	0.5	13,752	0.9
国民健康保険組合	1	0.0	320	0.0
公益法人	230	2.7	57,439	3.7
医療法人	5,754	68.2	863,183	55.3
私立学校法人	111	1.3	55,550	3.6
社会福祉法人	198	2.3	34,316	2.2
医療生協	84	1.0	13,919	0.9
会社	42	0.5	10,019	0.6
その他の法人	190	2.3	39,365	2.5
個人	240	2.8	24,196	1.6
医育機関	160	1.9	93,745	6.0

（出所）厚生労働省「平成28年度　医療施設調査」より筆者作成

「公」の医療機関と「私」の医療機関と呼ぶことにします。

表7-3より，医療法人が最も多く病院全体の約70％を占めていることがわかります。一方，公の医療機関の割合は約20％にしか過ぎません。このため，日本では私的病院が中心となって医療サービスを提供していると理解できます。ただし，病床数の割合をみると，公の医療機関は約30％，医療法人では約55％となっていることから，公の医療機関は病床数の多い大規

模医療機関が多いことがわかります。

■ 「公」と「私」の違い

　公の医療機関と私の医療機関では，設立された際の財源に大きな違いがあります。国立であれば国税，自治体立であれば地方税が財源となります。すると，国立であれば負担者である国民の利益に，自治体立であればその自治体住民の利益にかなう医療機関でなければなりません。

　公的団体である日赤，済生会，厚生連，社会保険関連団体も同じように考えることができます。日赤の主な資金は，支援者による社費と呼ばれる寄付金です。済生会は貧困者のための医療を提供する目的で明治天皇が資金提供し設立された団体です。厚生連は，農協の団体ですから，農業従事者の会費が財源です。社会保険関係団体は，公的年金や公的医療保険の保険料を財源としています。このように，公の医療機関の財源は「公」的資金，つまりは広く多くの個人が負担したお金を財源としており，このため公益を追求することが求められる組織と理解できます。

　一方，私の医療機関は，もともと個人が設立した病院です。どのような大病院あるいは大学病院であっても，個人単位から出発し，個人のお金を財源として設立されています。医療機関はすべて地域に貢献する非営利組織ですが，私の医療機関は設立・運営に関して何ら補助はなく，すべての責任を負わなければなりません。このため，公の医療機関と比べ，経営の自由度をある程度認めなければならないと考えられるのです。

　このように，日本では「公」と「私」の医療機関が混在して医療サービスを提供する体制となっています。公的供給と私的供給が混合している供給体制は，医療と教育がその代表例といえます。

7.6　公と私による医療提供体制

■ 公の医療機関と政策医療

　公の医療機関は特に公益を追求する組織となりますが，「政策医療」と呼

ばれる医療分野を提供することが期待されています[8]。政策医療には，現在，がん，循環器病，精神疾患，エイズ，災害医療，国際的感染症など19の医療分野が指定されています。

政策医療は，特に不確実性や外部性が強く不採算になりやすい医療分野や，社会的にニーズが大きいにもかかわらず十分な提供がなされていない医療分野が指定されます。例えば災害医療は，10年に一度起きるかどうかという非常に強い不確実性をもつ災害に備える医療です。起きるかどうかわからない災害に対して，医師をはじめ多くの医療スタッフや救援物資などを準備しなければならないのですから，とても採算面で考えることはできません。

このように採算を度外視しなければ提供できないような政策医療分野は，私の医療機関では十分な提供が困難と考えられ，特に公の医療機関が担うべき役割と考えることができます。

■ 開設主体別にみた医療機関の経営状況

開設主体別にみた医療機関の経営状況が，どのようになっているかをみておきましょう。図7-3は，2017年度の開設主体別にみた病院の収益率を示しています。ここで収益率は，（医業収益＋介護収益－医業・介護費用）÷（医業収益＋介護収益）を計算したものです。収益率が0より大きい場合には黒字，0未満であれば赤字の経営状態を示しているといえます。

図7-3から，開設主体によって経営状況が大きく異なっており，公益性を重視する公の医療機関の経営状況が相対的に悪いことが確認できます。採算性よりも公益性を追求した結果，経営状況が相対的に悪くなることはある程度仕方がないように思えます。ただ，公立病院の経営状況は，公のなかでも際立って悪いことが理解できます。

公立病院は，多くの場合自治体からの補助があり，この赤字分を自治体が埋めあわせている側面があります。もし非効率的な経営の結果，多額の赤字が生じているのであれば，そのあり方は大いに問われるべきです。こうした

8　政策医療は，本来，国が積極的に担うべき医療分野として定義されています。しかし，国のみが提供するというものではなく，公の色合いが強い医療機関全般にその提供が期待されています。

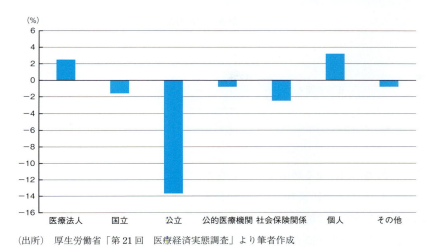

(出所) 厚生労働省「第21回 医療経済実態調査」より筆者作成

図7-3 開設主体別にみた病院の収益率

背景もあって，現在公立病院では全国的に経営改革が進められています。

■ ゲーム理論を用いた検討

しかし，収益率といった自己利益のみの追求は，医療において望ましくない結果を導くかもしれません。特に，これまで述べてきた通り，現在の医療では機能分化を進めており，他の医療機関との協力・連携が重要となっています。このような協力関係を構築する際には，他者へフリーライド（ただ乗り）するインセンティブが存在すると，自己利益の追求の結果，協力関係の構築が困難となる場合があります。このことは簡単なゲーム理論による分析でも明らかにできます。

同一地域に存在する医療機関Aと医療機関Bを考えます。各医療機関の選択は，「協力する」か「協力しない」かの2つであるとしましょう。各医療機関の2つの選択によって起こり得る状態の利得関係が，表7-4で示されるとしましょう。（ ）内の左の数字は医療機関Aの利得を，右の数字は医療機関Bの利得を表すとします。

7.6 公と私による医療提供体制

表 7-4　医療機関の利得表

		医療機関 B	
		協力する	協力しない
医療機関 A	協力する	(10, 10)	(0, 15)
	協力しない	(15, 0)	(5, 5)

　この利得状況になる理由は，以下のようなストーリーを念頭に置くことによります[9]。お互いに協力して医療提供することは効率性が高く双方にとって望ましく，お互いに協力しない場合には効率性が落ち利益が低下します。片方の医療機関のみが協力する場合には，協力する病院に大きな負担が強いられ利益が大きく失われる一方，協力しない医療機関はフリーライドすることで大きな利益を得る状況を意味しています。

　なお，このような状況は，地域での救急医療体制の維持などを考えるとわかりやすいかもしれません。救急医療は，地域の医療機関それぞれが協力すれば運営しやすいのですが，1つの医療機関のみだと大きな負担が伴います。しかし，どの医療機関も救急医療を提供しないと，地域住民に不利益が生まれ医療機関への信頼が低下します。利得の数字が，このような状況に対応していると考えてください。

　このとき，一切の話し合いがなく，各医療機関が自身の利益のみを最大化して行動するとすれば，各医療機関は協力するでしょうか。このことを，ゲーム理論の「**ナッシュ均衡**」の概念を用いて考えてみましょう。ナッシュ均衡とは，すべての主体が最適な行動をしており，他の行動へ変更するインセンティブが存在しない状態と定義されます。ナッシュ均衡は，各主体が他者の行動を所与として自己利益の最大化を図ることによって求めることができます。では，上の例でのナッシュ均衡を求めてみましょう。

　医療機関 A の行動を考えてみましょう。仮に医療機関 B が協力する場合，

---

[9] ここで想定している状況は，ゲーム理論において「囚人のジレンマ」と呼ばれる状況に対応しています。詳細については，ゲーム理論やミクロ経済学のテキストを参照してください。

医療機関Aは協力すると自身の利益は10，協力しないと15となります。すると，協力しない方が得になるので，協力しないことが最適な行動になります。同様に，仮に医療機関Bが協力しない場合，医療機関Aは協力すると0，協力しないと5になり，協力しないことが最適な行動になります。よって，医療機関Aは医療機関Bの行動によらず，常に協力しないことが最適な行動になります[10]。医療機関Bも同様の手続きを経て，協力しないことが最適となります。この結果，ナッシュ均衡は，ともに協力しないという状態となることが導かれるのです。実際，お互いに協力しないという状態から，協力するに変更すると，医療機関Aも医療機関Bも，利得が5から0へ減少してしまうので，選択を変更するインセンティブがなく，お互いが協力しないことがナッシュ均衡であることが確認できます。

以上から，自己利益のみの追求が，協力関係を構築させるのを難しくさせることが理解されます。医療の機能分化が進められるなか，協力関係が大前提となる医療機関においては，自己利益のみを考慮する行動原理ではなく，公益の最大化という行動原理が，すべての医療機関に求められるべきと考えられるのです。

■ 公立病院改革と社会医療法人の展開

しかし，医療費の効率化が求められる現代では，効率性も同時に求められなければなりません。公的医療機関だからといって公益性のみを追求することは，決して許されるものではありません。

国立病院や公立病院では独立行政法人化や民営化という規制緩和の流れは，まさにこうした背景を受けての動きです。そして，こうした動きは，「公」が「私」に近づいている動きと考えられます。しかし，あまりに効率性に傾いては，公益性が阻害されるかもしれません。公立病院改革が行きすぎた改革になっていないか，きちんと検証することが求められるでしょう。

一方，ゲーム理論を用いた考察でも理解できたように，自己利益ばかりを追求する医療機関ばかりであっても困ります。実際，医療法では，利益の出

---

10 このように他の主体の行動によらず常に最適である選択肢のことを，ゲーム理論では支配戦略と呼びます。

資者への配当を禁じており，株式会社のような営利組織が病院を経営することを禁止しています。

しかし，一部の医療法人では出資額に応じて財産の所有権が認められている実態があります。このような医療法人だと，出資者の財産を形成するため，つまり自己利益を高めるための医療機関経営がなされる可能性があります。

こうした背景から，近年では新しい医療法人の形である「社会医療法人」が制度化され，医療法人のなかで公益性が十分に認められた場合に社会医療法人として認定されるようになりました。

従来の医療法人は，税法上は通常の企業とほとんど同じ扱いを受けており，法人税などの納税義務を負っています。対して，公益を追求すべき公の医療機関では，税負担は免除されています。しかし，医療法人のなかでも公益性を強く発揮している医療機関であれば，公的医療機関と同様に税金の免除対象となってよいはずです。そこで，社会医療法人に認定された医療機関については，医業事業に対して免税となっているのです。

2017年7月1日時点で294もの法人が社会医療法人として認められ，年々拡大傾向にあります。こうした社会医療法人の拡大は，「私」から「公」に近づく動きと考えることができます。

国立病院や公立病院の独立行政法人化といった規制緩和の流れ，そして社会医療法人の創設とその拡大は，公益性と効率性の両立に向けた医療機関の動きとして理解できます。そして，こうした動きが医療提供にどのような影響をもたらすのか，経済学的にみても重要なトピックスといえます。

■ **Active Learning**

《理解度チェック》
- ☐1 医療の機能分化について，その内容と期待される効果について説明してください。
- ☐2 医療の機能分化に関して，制度的にどのような病院や病床が存在しているでしょうか，説明してください。

□ 3　社会医療法人について，創設された背景や期待される役割について，説明してください。

《調べてみよう》
[1]　あなたが住んでいる地域にどのような病院があるか調べてください。特に，特定機能病院，地域医療支援病院，公的病院，社会医療法人があるかどうか，調べてみましょう。調べるにあたっては，例えば以下のウェブサイトが参考になります。

日本医師会地域医療情報システム：http://jmap.jp/

[2]　総務省のウェブサイトの以下のページをみて，公立病院改革について調べてみましょう。

総務省「公立病院改革」：

http://www.soumu.go.jp/main_sosiki/c-zaisei/hospital/hospital.html

《Discussion》
現在，公立病院改革が進み，公立病院の存在意義が問われています。公立病院の存在意義，そして今後の公立病院のあり方について検討してください。

文献紹介

一般的なミクロ経済学のテキストについて，最近定評があるものとしては以下があります。
- 神取道宏『ミクロ経済学の力』，日本評論社，2014 年

発展的なトピックスですが，経済学における病院の行動モデルの検討については，以下が参考になります。
- 山田武「病院の市場行動」，漆博雄編『医療経済学』，東京大学出版会，1998 年

第8講 医療における競争と規制

■医療は，他の産業・業界と比べ非常に多くの制度があり，医療機関や患者の行動を規制しています。この講では，代表的な医療制度を説明し，経済学的な視点からその根拠や目的を説明していきます。経済学による理解を通して，複雑な医療制度を体系的に理解していきましょう。

8.1 医療制度の必要性

医療には，国民皆保険制度，免許制度，診療報酬制度など，さまざまな制度が存在し，医療機関や患者を規制しています。規制について，経済学では，目的に応じて経済的規制と社会的規制に区別しています。経済的規制とは，「市場の失敗」を補正する目的をもった規制・制度です。一方，社会的規制とは，市場の失敗には該当しないものの，社会的に規制した方が望ましい場合に実施するものです。

医療では，人々の健康や生命に関わる領域なだけに，効率性だけでなく，公平性や平等性という観点が重要になります。経済的規制は効率性を，社会的規制は公平性や平等性を考慮したものと理解できます。まず経済的規制の根拠である市場の失敗について説明しましょう。

■ 経済的規制の根拠：市場の失敗

市場の失敗のケースでは，完全競争市場が成立しないので，政府の市場介入が求められます。ここではまず市場の失敗のケースを整理し，医療ではどのような市場の失敗が起きるのかを考えてみましょう。医療サービスにおけ

る市場の失敗には，**序論**でふれた公共財，外部性の存在，情報の非対称性の存在が関わってくると考えられます。

■ **公共財と医療制度**

公共財とは，消費について非競合性と非排除性という2つの性質を同時に満たす財と定義されます。消費の非競合性とは，消費者間で競争が生じず，すべての人が同時に同じだけの消費ができる性質を意味しています。このため非競合性のことを等量消費性とも呼びます。一方，消費の非排除性とは，対価を支払わなくとも消費ができてしまう性質を指します。消費の非競合性も非排除性も，通常の財・サービスでは満たさないことは明らかで，公共財がいかに特殊な財・サービスであるかが理解できるでしょう。

こうした公共財の例としては，警察による治安サービス，軍事による防衛サービスなどが挙げられます。では，医療サービスは公共財といえるでしょうか？ イメージから医療サービスは公共財と思われがちですが，公共財の2つの性質を考えると，公共財とはいえません。実際，医療機関において患者が多くなれば混雑をし，患者を受け入れられなくなるため，消費に競合性があることがわかります。また，費用を支払わない患者を締め出すことも容易にできますので，消費に排除性もあるといえます。

しかし，医療分野の一部は公共財の性質を満たしているとも考えられます。例えば，災害医療などの医療提供体制の充実は，地域住民に安心した生活環境を与えるでしょう。こうした利益は，対価を払わなくとも，地域全体で等しく享受できます。このような医療領域では，私的医療機関だけに任せるのではなく，国や地方自治体によって医療機関が開設され公的に供給したり，私的医療機関に補助を与えたりするなどの政策を行うことが必要と考えられます。

■ **外部性の存在と医療制度**

外部性とは，市場取引では評価されない利益あるいは不利益を指します。例えば，公害を与えている企業は，地域住民の健康を害するという社会的費用を発生させていますが，そうした社会的費用が価格に反映されることは通

常ありません。このとき，公害は市場取引で評価されない不利益となるのです。公害などの負の外部性が存在する場合，公害を発生させる活動に対して課税をしたり，生産量を制限したりするなどの規制を設け，外部性を市場取引に組み込むことが求められます。

では，医療サービスに外部性は存在するのでしょうか。公共財と同じように，一部の医療サービスでは外部性があるといえます。例えば，インフルエンザなどの感染症に対する予防接種は外部性の典型です。感染症に罹患すると，放っておくと周囲にも感染していき，大変な影響を与えます。予防接種は感染症の拡大を防ぐ利益を与えていますが，予防接種を受けなかった人は対価を払わずにその利益だけを受けることになります。つまり，予防接種を受ける利益は，市場取引のなかで評価されないことになります。このため，予防接種については無料で実施したり，補助金を与えたりするなどの対策が必要ですし，**第7講**でもふれたように感染症対策は，政策医療として公的医療機関が提供していく医療と考えることができます。

■ 情報の非対称性と医療制度

医療における市場の失敗としては，情報の非対称性の存在が最も大きな問題となります。情報の非対称性によって逆選択の問題，モラル・ハザードの2つの問題が生じることは，すでに**第5講**で説明しました。ここでは，逆選択とモラル・ハザードとその対応である医療制度の関係性を確認しましょう。

1. 逆選択と医療制度

第5講でも説明しましたが，逆選択を防ぐためには情報の非対称性をなくすことが大事です。そのための取り組みの一つに，第三者評価制度の導入があります。日本の医療では，公益財団法人日本医療機能評価機構による病院機能評価制度がこれに対応します。ただし，この機能評価は，あくまで病院の「機能」，つまり設備・体制を評価するものです。体制ができていても，本当に患者にとってよい病院かどうかまではわかりません。この点で，より中身も評価できるようなしくみが必要といえます。最近では，ISO（International Organization for Standardization；国際標準化機構）によるISO9001の評価を受ける医療機関も多くなりつつあります。この評価は，より質の担保に

重きを置いた基準といわれており，病院機能評価を補完するしくみといえるかもしれません。

　また，品質をあらかじめ最低限の水準以上にするような品質規制も逆選択を防ぐ上で有効です。なぜなら，粗悪な商品がそもそも提供されなければ，逆選択の問題は発生しないからです。

　日本の医療制度では，多くの品質規制を行っています。次節で説明する診療報酬制度や**第9講**で説明する薬価基準制度はその典型で，診療報酬制度や薬価基準制度で提供される医療サービスや医薬品が決められ，その価格水準も規定されます。この制度によって，効果と安全性が評価されたものだけが保険医療サービスとして提供され，どのような医療サービスを受けても一定の品質が維持されるしくみになります。

　また，医療サービスを提供する主体は，医師をはじめ看護師，薬剤師，放射線技師，理学療法士などの医療専門職です。これらの専門職はすべて国家資格が必要な**免許制度**になっています。免許制度は，医療サービスの一定の質を保証するしくみです。さらに，医師では**新専門医制度**が2018年4月より開始されています。この制度では，一般社団法人日本専門医機構により，一定の認定基準の下で専門医が認定されます[1]。このようなしくみによってより医療の質の保証がなされ，患者の逆選択はさらに解消できると期待できます[2]。

　さらに，医療機関は医療施設を設置するとき，**構造設備基準**を満たさなければなりません。これによって医療施設は，設置しなければならない部屋や設備，病室の面積など，細かく基準が定められています。また**人員配置基準**といって最低限配置しなければならない医師数や看護師数などが，求められる医療機能に応じて細かく規定されています。こうした医療機関にさまざまな施設基準を設けることで，狭い部屋にたくさんの入院患者を詰め込むようなことや，少ない医療スタッフで多くの患者を診るようなことを防ぎ，一定

---

[1] 従来から専門医制度は存在していましたが，各医学会が個別に設けた基準で認めており，専門医の質のバラツキが問題となっていました。新しい専門医制度は，第三者機関である日本専門医機構を設立し，統一した基準の下，専門医を認定するしくみで，専門医としての信頼性をより高める目的で始まりました。

[2] 医師の質の保証という観点で，近年では医師免許の更新制も議論されています。

の品質を確保しているのです。

2. モラル・ハザードと医療制度

患者側のモラル・ハザードを防ぐしくみとしては，**第5講**で示したように，健診制度，健康意識を高めるためのインセンティブ制度，医療保険の自己負担の設定などが挙げられます。

一方，医療提供側にもモラル・ハザードが発生します。これは**第6講**で説明した医師誘発需要仮説と関わってきます。患者には医療サービスの中身がわからないのをいいことに，無駄な医療提供がなされないように制度の工夫が必要です。これには診療報酬制度や医療提供体制の構築が関わってきます。

8.2 診療報酬制度

診療報酬制度は，医療サービスの保険適用の範囲を決め，医療サービスの価格を決める制度です。診療報酬制度の根拠は，情報の非対称性による問題に対応し，患者間での平等性を確保するためと考えることができます。このため診療報酬制度は，経済的規制と社会的規制の両面をあわせもった制度です。

医療知識の乏しい患者にとって，適正な医療の中身や，適正な医療の価格水準を理解することは大変困難です。自由な取引に任せてしまえば，望ましくない医療サービスが提供されたり，過度な医療費請求が起きたりするかもしれません。こうした問題を防ぐために，診療報酬制度の下で，政府が審査の上で，評価・承認を与えた医療サービスだけに限定して保険適用され，患者が支払う価格もあらかじめ決めるしくみとなっているのです[3]。

保険で提供する医療サービスをあらかじめ限定するというしくみは，**第2講**でも説明した現物給付です。現物給付は，国民皆保険の下，全国民に同じ医療を提供し，平等性を保障するしくみです。しかし，政府が一方的に給付

---

3 医薬品への価格は，薬価基準制度によって定められます。薬価基準制度については，**第9講**で説明します。

する医療サービスを決める制度[4]なので、利用者のニーズを必ずしも満たさない可能性があります。**第9講**で説明するドラッグ・ラグは、このような問題の代表例といえます。こうした現物給付の問題に対応するため、後述するように混合診療の容認というしくみも検討していくことが必要です。

■ 診療報酬制度の支払方式

診療報酬制度は、患者からみれば受けられる医療内容と医療サービスの価格表を決める制度ですが、医療機関からみれば提供した医療サービスに対して保険者から受け取る報酬水準を決める制度でもあります。つまり、診療報酬制度は価格規制であるとともに、医療機関にインセンティブを与える制度でもあるのです。ここで、医療機関の報酬という視点から、診療報酬制度のしくみをみてみましょう。

診療報酬制度では、医療機関への報酬支払い方法として、大きく出来高払い方式と包括（定額）払い方式の2つに分けることができます。出来高払い方式とは、一つひとつの治療行為に価格をつける制度で、実際には1点10円として各治療行為に点数で価格を設定しています。そして、患者に提供した医療サービス一つひとつの点数をすべて積み上げて、医療機関へ支払う方式です。日本の診療報酬制度は、この出来高払い方式が基本となっています。実施した治療行為にきちんと点数が付き報酬が得られるので、医療機関側からすれば、採算を気にせず安心してきめの細かい医療を提供できるメリットがあります。しかし、検査、投薬など、治療をすればするほど報酬が増えるので、過剰な医療提供へのインセンティブがあり、医療提供側のモラル・ハザードによって医療費が高騰する懸念があるしくみともいえます。

一方、包括払い方式とは、治療行為をパッケージ化し、そこに定額の報酬を設定するという方式です。病気に対して一定の報酬額を定めるような包括払い方式では、検査の回数や投薬量が増えても報酬額は定額なので、治療をたくさん行っても費用だけが高まります。このため、医療機関のコスト意識を高め、医療費の効率化を促すことができます。しかし、医療提供が少ない

---

[4] このような性質をパターナリズム（父権主義）と呼びます。

ほど得になりますので，過少診療という医療の質の低下が起きる可能性があります。

どちらの方式も一長一短あり，医療機関に与えるインセンティブはまったく逆となるので，2つの方式をうまく組み合わせ望ましい制度を設計することが重要になります。実際，日本の診療報酬制度も，出来高払い方式を基本としつつ包括払い方式を組み合わせる形になっています。

8.3　日本の包括支払い方式の診療報酬制度-----：DPC/PDPS

次に，**第6講**でも少しふれましたが，日本の診療報酬制度における包括支払い方式として代表的なしくみであるDPC/PDPSについて説明します。DPC/PDPSは，一般病床の急性期入院における診療報酬のしくみで，1日あたりの入院単価について包括払い方式を採用しています。ここで，DPCは診断群分類と呼ばれるもので，病気の分類方法を指します（詳細は**第13講**で説明します）。PDPSとは，1日あたり包括払い制度を意味しています。つまり，DPC/PDPSは，分類された病名ごとに入院1日あたりの報酬額を設定する制度です。

DPC/PDPSは，2003年4月より特定機能病院で開始され，その後DPC/PDPSへの参加病院は拡大し，2016年には1,667病院が参加しています[5]。DPC/PDPSで診療報酬を算定している一般病床の数は，2016年で495,227床と一般病床全体の約55％を占めています。

DPC/PDPSの導入目的は，出来高払い方式による医療費高騰の問題を解消し医療の効率化を図ること，機能分化を促し効率化を図ること，さらには医療の標準化を促すことなどが挙げられます。DPC/PDPSのしくみの概要を理解しながら，これらの政策目的について確認していきましょう。

DPC/PDPSでは，1日あたりの定額制を採用しており，入院日数が増えると報酬額が増えるので，出来高の要素をもったしくみになっています。日

5　一般病床を有する医療機関は，診療報酬を出来高払いで受け取るか，DPC/PDPSで受け取るかの選択を，自由にできるしくみとなっています。

本がDPC/PDPSを作る際に参考にした，米国のDRG/PPSというしくみでは，入院医療そのものが疾病ごとに定額報酬になっています。つまり，受け取る報酬は入院日数に関係なく定額となるので，入院日数の短縮に強いインセンティブが生じるしくみです。それに対してDPC/PDPSは入院日数を短くするインセンティブが弱く，医療費の効率化を促す効果が弱いと考えられます。

このためDPC/PDPSでは，入院1日あたりの単価の設定について工夫を施し，入院期間が長くなるほど，入院1日あたり単価が減っていくようなしくみにしています。このしくみについて簡単に説明しましょう。

■ DPC/PDPSでの入院1日あたり単価の設定

まず病気ごとに基準となる入院日数を，入院期間Ⅰ，入院期間Ⅱ，入院期間Ⅲの3つ設けています。入院期間Ⅰは，DPC/PDPSのすべての患者の入院日数の25％タイル値以内の入院期間です[6]。入院期間Ⅱは，入院期間Ⅰを超えた日数から平均値までの期間です。入院期間Ⅲは，入院期間Ⅱを超えた日数から（平均値＋標準偏差×2）までの期間です。入院期間Ⅲを超える日数の入院患者への医療については，外れ値としてDPC/PDPSの対象から外れ，通常の出来高払い方式が適用されます。

DPC/PDPSでは，入院1日あたりの単価を，入院期間Ⅰ，Ⅱ，Ⅲに応じて低くしていきます。入院期間Ⅰの1日あたりの単価は，1日あたりの平均費用に15％上乗せした水準に設定されます。入院期間Ⅱでは，図8-1のAとBの面積が等しくなるような単価が設定されます。入院期間Ⅲでは，入院期間Ⅱでの単価から15％割り引いた単価に設定されます。よりわかりやすく数値例を示しておきましょう。

ある病気の平均的な1日あたりの平均費用が1,000で，入院期間Ⅰが1日から8日まで，入院期間Ⅱが9日から18日まで，入院期間Ⅲが19日から30日までとします。このとき，入院期間Ⅰまでの単価は1,000×1.15＝1,150です。したがって，Aの面積は150×8＝1,200です。入院期間Ⅱの日数は10

---

[6] ここでの25％タイル値は，全国の患者を，入院日数の短い順に並べて，上位25％にある患者の入院日数を指します。

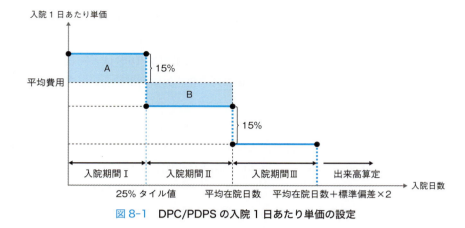

図8-1 DPC/PDPSの入院1日あたり単価の設定

日なので，Bの四角形の面積の高さは $1,200 \div 10 = 120$ となり，入院期間Ⅱの単価は $1,000 - 120 = 880$ となります。さらに，18日を超えた入院期間Ⅲでは $880 \times 0.85 = 748$ という単価が設定されます。

このしくみでは，仮にこの病気で入院日数が16日の患者だと，医療機関が得る報酬は，

$$1,150 \times 8 + 880 \times (16-8) = 9,200 + 7,040 = 16,240$$

と計算されます。次に，1つの病床に入院期間を8日にして入院患者を2人入院させたときも確認してみましょう。このとき，16日間で得る報酬は，

$$1,150 \times 8 \times 2 = 18,400$$

となります。1つの病床で同じ日数の医療を提供したとき，患者1人を入院させるよりも，患者を2人にすることで2,160もの収益を改善させることが可能になることがわかります。

このようにDPC/PDPSでは，入院期間を短縮させながら患者数を増やしていけば医療機関は大きな収益改善につながります。このようなしくみで，入院日数短縮へのインセンティブを与えているのです。急性期医療での入院

日数を短縮させるためには，回復期や慢性期を担う医療機関に積極的に患者を移していくことが必要になります。すると，**第 7 講**で説明した入院医療の機能分化が進んで行くことになります。DPC/PDPS では，急性期医療の入院日数を短縮化させ，機能分化を促すことで医療の効率化を図る制度と理解できるのです。

なお，入院期間Ⅰが 25％タイル値となる入院日数で，入院期間Ⅱが平均入院日数で定まります。このため，全国の医療機関が入院日数を短くすると，25％タイル値と平均入院日数はともに短くなり，医療機関の入院日数の短縮競争は一層高まっていきます。このように，DPC/PDPS は医療機関に入院日数の短縮競争を誘発するしくみになっています。実際，DPC/PDPS の導入によって日本の平均入院日数は年々短縮しています。しかし，過度に入院日数を短くするために，治療を完了せずに退院させるような問題も起きるかもしれません。これは医療の質の低下を意味します。DPC/PDPS によって，過当競争が起き医療の質が低下していないか，きちんと評価し，制度運営していくことが求められます。

■ DPC/PDPS と医療の標準化

DPC/PDPS には，もう一つ重要な役割があります。DPC/PDPS では，参加した医療機関に必ずデータの提出が義務づけられています。DPC データは全国の医療機関において統一基準で作成されたものなので，このデータを用いて病院間の比較ができるようになります[7]。このことで，各医療機関が行っている医療サービスについて，客観的に把握できるようになってきたのです。なお，DPC データはウェブ上に公表されており，DPC/PDPS に参加している医療機関の入院日数や患者数などを誰でもみることができます[8]。

こうしたデータを用いてどのような効果が期待できるでしょうか。各病院は，DPC データをみながら自分たちの医療提供が平均と比べてどの程度よいか悪いかということがわかってきます。例えば，入院日数が平均よりも長いとき，どうして長いのか，その理由を検討し見直していくはずです。すべ

---

[7] DPC データについては**第 13 講**で詳しく説明します。
[8] 例えば，「病院情報局」（https://hospia.jp/dpc）などがあります。

ての医療機関がこのような行動をしていくと，標準的な医療費，標準的な入院日数がわかってきますし，そのための標準的な医療サービスが定まってきます。近年医療では，EBM（Evidence based Medicine：根拠に基づく医療）が求められていますが，DPC データの活用によって治療行為の根拠となる標準的な医療が形作られると考えられるのです。これを医療の標準化と呼びます。

医療の標準化が進められると，どこの医療機関に行っても同じ医療サービスが提供されることになります。ファミリーレストランに行くと，どの店舗でも，同じメニュー，同じ料金，同じ味のものが提供されています。これが究極の標準化のイメージになります。このように，医療の標準化が進むことで，医療機関の間で質のバラツキがなくなり，逆選択を防ぐしくみとなるのです。

8.4 医療提供の制度

次に，医療提供に関わる制度について，その根拠と目的を説明していきたいと思います。第7講で説明した通り，現在の医療は機能分化を進めていますが，これは医療法で定めている医療計画制度のなかで進められています。

■ 医療計画制度と基準病床数制度（病床規制）

医療計画制度は，都道府県が地域の実情をふまえ，医療提供体制を確保するための計画を立てる制度です。1985 年の医療法改正（第1次医療法改正）によって導入されました。

医療計画では，地域の範囲を 1 次医療圏，2 次医療圏，3 次医療圏に分けて考えていきます。1 次医療圏は，日常的にかかりやすい，風邪や軽い頭痛など身近な病気に対する医療提供を考える地域範囲です。日常的に高い頻度でかかる病気を念頭に置いているので，日常生活の範囲のなかで医療が受けられる提供体制を検討します。このため，1 次医療圏は基本的に市町村単位で圏域が設定されます。

2次医療圏は，特殊ではない一般的な入院医療の提供を考える地域範囲です。入院を要する病気にかかる確率は，一般的にそれほど高いものではありませんから，日常生活を少し超えた範囲で医療の提供体制を考えます。このため，2次医療圏は市町村の範囲を超え，複数の市町村にまたがる圏域に設定されます。

　3次医療圏は，特殊あるいは高度な医療技術を要する病気に対する医療提供体制を考える地域範囲です。このような病気にかかる確率はかなり低いので，住んでいる地域の周辺に専門の医療機関がなくても差し支えなく，都道府県という範囲のなかで考えていきます。このため，3次医療圏は基本的に都道府県単位で圏域が設定されます[9]。

　医療計画で特に重要視されるのが2次医療圏で，2次医療圏ごとに医療ニーズに対応した基準病床数が設定されます。ある2次医療圏で既存の病床数が基準病床数を超えていれば，このような過剰病床地域では十分に医療提供体制が確保されていると考えられます。このため，この地域では，病院の新規開設や，既存病院が病床を増やすといったことを認めないしくみになっています。これを医療計画における基準病床数制度と呼びます[10]。

■ 基準病床数制度の目的

　基準病床数制度の目的は，経済的規制と社会的規制の2つの側面があります。まず経済的規制としては，医師誘発需要仮説のようなモラル・ハザードを防ぐことを目的としています。**第6講**でも説明した通り，自由に病院を開業したり，病床数を増やしたりすることを認めれば，医療機関間での競争が激しくなります。この結果，情報の非対称性を利用した過剰な医療提供が起きるかもしれません。地域で病床数に制限を設けることで，過度な競争を避けるしくみと理解できるでしょう。

　次に，社会的規制としては，全国の地域で一定水準の医療提供を確保するが目的となります。都市部などの一部の地域に医療機関が集中すれば，地域によって医師や病床などの医療資源に格差が生じます。国民皆保険制度の下，

9　ただし，広い面積を有する北海道では，3次医療圏も複数存在しています。
10　一般には，病床規制と呼ばれることが多いです。

日本の医療制度は，全国民に平等な医療を提供することが大きな理念として掲げられています。基準病床数制度の下で，新規で開業しようとする病院は，過剰病床地域には参入できず，過少病床地域でしか開業することはできません。このため医療資源の地域格差を是正し，平等な医療提供体制を構築するしくみとなっているのです。

　しかし，基準病床数制度の下では，過剰病床地域には仮に意欲溢れる優れた医療機関であってもその参入を認めないことから，医療機関間での競争が停滞し，効率性を阻害するかもしれません。これは，既存の医療機関の既得権を保護するしくみともいえ，公平性の視点からも望ましくありません。

　さらに，先述した通り，DPC/PDPS が普及されていくなか，入院日数が短縮化され，多くの地域では病床は余る傾向にあります。こうした意味からも，モラル・ハザードを防ぐための制度としては，基準病床数制度の現代的な意義は失われつつあると考えることができます。

■ 医療計画における地域医療構想

　1950 年生まれの団塊の世代がちょうど 75 歳を迎える 2025 年が，医療や介護に対する需要が最大となるといわれています。このいわゆる「2025 年問題」に向け，医療・介護の提供体制の整備が現在計画され進められています。このなかで，都道府県は医療計画のなかで「地域医療構想」を策定することになっています。地域医療構想では，2025 年時の疾患別にみた入院と外来の患者数の予測を行い，それをふまえ 2 次医療圏ごとに医療機能別に望ましい必要量を把握し，現状とのギャップをどう埋め合わせ望ましい医療体制を構築するか検討します。

　この地域医療構想を策定するにあたり，**第 7 講**で少しふれた「病床機能報告」を通じて，医療機能別にみた現状を把握するしくみになっています。病床機能報告は，各医療機関は自身が担うべき医療機能について，高度急性期，急性期，回復期，慢性期の 4 つの機能から選び報告するしくみです。この報告を受け，2 次医療圏単位で望ましい医療提供体制と現状とのギャップを把握し，「地域医療構想調整会議」で調整しながら望ましい提供体制を確保していく取り組みが進められています。

ただし，単なる話し合いで調整がうまくいくとは考えにくいと思われます。例えば，ある地域で不足している医療機能は，その地域において採算面を含め提供しづらい環境にあると考えられます。このような医療機能をどの医療機関がどう負担するのかの調整は，ある意味負担の押しつけ合いになる危険性もあります。最も効率的な機能分化を実現するために，どのような調整の仕方が考えられるか，医療経済学において重要な課題といえるのです。

8.5 混合診療の禁止

次に，社会的関心も高い医療制度である混合診療の禁止制度を考えてみましょう。すでに第2講でも説明した通り，日本の医療保険制度では，保険診療と保険外診療を組み合わせた混合診療が禁止されています。改めて混合診療の禁止について簡単に説明しておきましょう。

例えば，10万円の保険診療Aと1万円の保険外診療Bがあるとしましょう。Aのみを受診するとき，自己負担は通常3割なので3万円となります。ここで，AとBの混合診療を受診すると，保険外診療Bのみならず保険診療Aにも保険が適用されないので，全額自己負担の11万円の負担となります。もし混合診療が認められたなら，AとBの混合診療を受診すると，Aには保険が適用され10万円の3割である3万円の負担を，Bは保険がきかないので全額の1万円を負担し，合計4万円の負担となります。

このように混合診療の禁止は，受診自体を禁じているわけではないものの，混合診療を受診すると急激に自己負担が高まる結果，保険外診療の受診を妨げる制度となっています。このように混合診療を禁止する制度の根拠は，大きく2つあると考えられます。

まず一つ目は，安全な医療提供を確保するためです。医療技術は日々進歩していますが，審査を通してその効果とリスクが評価された上で，医療サービスは提供されるべきです。強い情報の非対称性が存在しますので，怪しい医療サービスは政府が審査を通して除外していくしくみが必要なのです。保険の外にある医療は，保険の審査がまだなされていないか，審査途中段階に

ある医療サービスです。ここで混合診療を認めると，保険外診療を受診しやすくなり，危険な医療サービスへのアクセスを認めてしまうことにつながります。このことから，混合診療の禁止が，医療の安全性を確保する目的をもっていることが理解できます。またこのことは，現物給付を徹底し，患者の逆選択を防止する経済的規制とも理解できます。

　もう一つの目的は，社会的規制として，患者間での平等性を確保するためです。保険外診療のうち安全性が確保されているものであったとしても，混合診療を認めた場合に保険外診療を受診できるのは，保険外診療は10割負担であるため，それなりに所得の高い個人に限定される可能性があります。つまり，混合診療を認めると，所得の格差がそのまま医療の格差に反映されてしまうことになります。混合診療の禁止は，受診できる医療サービスを保険のなかに限定する制度になりますから，所得の違いによらず患者間で平等な医療を確保するしくみになるのです。

　なお，混合診療の禁止は，現物給付原則から導かれる制度です。現物給付は，保険で提供する医療サービスを指定するしくみです。混合診療を受診することは，保険指定のサービス以外の医療サービスを求めることを意味しますから，現物給付を拒否すると捉えることができます。現物給付を拒否する以上は，すべてについて自分で責任を負わなければならないという原則と理解できるのです。

　しかし，混合診療の禁止に固執することは，医療技術進歩が速い現代では特に問題です。医療の技術進歩により，次々と新しい医薬品や医療機器などが開発されると，審査期間も長期化する可能性があります。混合診療が禁止されたままだと，審査期間が長いというだけで，患者が利用できる医薬品や医療機器に制限が加わるので，患者の利益が損なわれます。

　第9講で説明しますが，医薬品では日本市場での販売開始時期が遅いというドラッグ・ラグの問題があり，混合診療を禁止する弊害が大きくなります。このため，**第2講**でも説明した通り，例外的に混合診療を認める「保険外併用療養費制度」が設けられ，医薬品や医療機器について保険外であっても，一定の要件を満たせば混合診療を認めるしくみとなっています。

8.6 非営利原則

　最後に，医療機関の非営利原則についてふれることにしましょう。医療法では，第7条で医療機関の営利目的を禁止しており，第54条では剰余金の配当を禁止しています。剰余金とは余ったお金，つまり利益です。剰余金の配当が認められている組織の代表が，株式会社です。つまり，株式会社による医療機関の運営は，禁止されています[11]。医療機関にこうした非営利性を求める根拠としては，以下の2つを考えることができます。

　第一に，医療機関のモラル・ハザードを抑止する目的があります。強い情報の非対称性の下で起きる医療機関のモラル・ハザードは，医療機関が営利目的で行動するからこそ起きる問題です。医療機関の非営利性が確保できれば，上で説明したような医療機関のモラル・ハザードを抑止するための制度は，そもそも不要ともいえるのです。医療機関の非営利性の確保がいかに根本的な制度であるかが理解できると思います。

　第二に，医療の平等性を確保する目的があります。医療機関が営利目的で行動するとき，採算性の高い医療分野や地域に限定して医療を提供するかもしれません。こうした行動を，**クリーム・スキミング**と呼びます。クリーム・スキミングが生じると，不確実性が強く不採算になりやすい医療が不足しやすくなったり，都市部と地域の医療格差が広がったりするでしょう。また，所得の高い富裕層のみを患者として選ぶような医療機関行動も起きる可能性があります。こうした問題を防ぐためにも，医療機関の非営利性を担保できる制度にするべきと考えられます。

　このように，医療機関の非営利性の確保は，とても重要な取り組みといえます。しかし，**第7講**でも説明した通り，医療法人については非営利性がきちんと確保できていないとの批判が従来からなされてきました。ここで2006年の医療法改正で創設されたのが，**社会医療法人**の制度です。

11　現在，株式会社が開設している病院は42病院存在します（**第7講**の**表7-3**を参照）。こうした株式会社による病院は，医療法の制定前から存在していたため，医療法の例外となっています。ただし，株式会社立病院は，従業員に対する福利厚生サービスが設立目的であり，営利事業としての性質はまったくないと考えられます。

表 8-1　主な医療制度とその根拠

	経済的規制	社会的規制
診療報酬制度	安全性や質を高め，逆選択を防止 医療機関のモラル・ハザードを制御 機能分化を促し，効率性を高める	平等性を確保
医療計画制度	医療機関のモラル・ハザードを制御 機能分化を促し，効率性を高める	医療資源の地域偏在を解消
混合診療の禁止	安全性や質を高め，逆選択を防止	平等性を確保
非営利原則	医療機関の機会主義的行動を制御	平等性を確保

　社会医療法人になるための要件は，親族経営からの脱却，救急医療や災害医療などの公益的な医療提供の義務，解散時に残された財産は国や地方自治体，他の社会医療法人へ帰属させること，などがあります。こうした制度改革は，医療機関の利益・財産が，特定の個人の所得や財産につながるような私的所有権を薄め，公益事業を義務化することで，医療法人の公益性を確保する改革と理解できます。

　第 7 講でも記したように，近年社会医療法人の数は増加傾向にあります。一般病床 300 床以上を有する大規模病院でみると，社会医療法人の病院は全医療法人の病院のうち約 40％を占めるに至っています。しかし，単に社会医療法人の要件を満たしているからといって，本当に公益性が確保されているとはいえないかもしれません。公益性がきちんと確保されているかどうかをきちんとチェックする制度の設計も求められると考えられます。

　本講で取り上げた医療制度とその根拠について，その概要を表 8-1 にまとめておきます。表 8-1 をみながら，各制度の該当箇所を改めて確認し，さらに制度の理解を深めてください。

■ Active Learning

《理解度チェック》
- □ 1 診療報酬制度の支払方式を2つ挙げ，それぞれの方式が医療機関に与えるインセンティブについて説明してください。
- □ 2 医療計画制度のなかでの基準病床数制度の概要とその目的について，説明してください。
- □ 3 混合診療について説明し，なぜ混合診療は禁止されているのか説明してください。
- □ 4 医療機関が営利組織であるとどのような問題が起きるのか，説明してください。

《調べてみよう》

皆さんが居住している都道府県の2次医療圏を調べてみましょう。そして，都道府県が公開している地域医療構想を確認してみてください。

《Discussion》

一般に，規制を強めると競争が起きにくくなるため，経済が非効率的となる問題が生じます。基準病床数制度を例に，規制の問題について検討し，医療規制のあり方について議論してください。

文献紹介

- 池上直己「地域医療計画の課題と新たな展開」，田中滋・二木立編著『保健・医療提供制度』勁草書房，2006年
- 漆博雄「医療における競争と規制」，漆博雄編『医療経済学』東京大学出版会，1998年
- 遠藤久夫「医療における競争と規制」，西村周三・田中滋・遠藤久夫編著『医療経済学の基礎理論と論点』勁草書房，2006年
- 河口洋行『医療の経済学［第3版］――経済学の視点で日本の医療政策を考える』日本評論社，2015年

第9講
薬価基準制度と医薬品産業

■日本の国民医療費は現在約40兆円を超える水準となっており，そのうち医薬品にかかる費用の薬剤費は約10兆円と，国民医療費全体の約25％を占めています。このことからも，医療の今後を考える上で，医薬品について考えることの重要性がわかります。この講では，医薬品に関わる薬価基準制度を説明し，さらに医薬品産業の現状と課題を理解します。

9.1　医薬品の流通

　医薬品には大きく2つの種類があります。一つは医療用医薬品と呼ばれ，公的医療保険に適用され，処方箋に基づいて提供される医薬品です。もう一つは，一般用医薬品と呼ばれるもので，処方箋が不要でドラッグストアで購入できる医薬品です。一般用医薬品のことをOTC（Over The Counter）とも呼びます。

　医薬品の2014年の国内市場規模（出荷金額－輸出金額と定義）は約9.6兆円で，このうち医療用医薬品が約8.8兆円と約9割を占めています（厚生労働省「平成26年度　薬事工業生産動態統計調査」）。この講では，医療用医薬品のみを取り上げますので，以下では医療用医薬品を医薬品と呼ぶことにします。

　医薬品を製造しているのは製薬企業であり，医薬品卸会社を通じて，病院，診療所，調剤薬局といった医療機関へ販売されていきます。そして最終消費者である患者は，医療機関から医薬品を購入します。

　患者が病院，調剤薬局などの医療機関から購入する医薬品の価格を薬価と

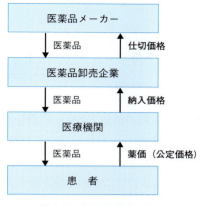

図 9-1　医薬品流通の構造

呼び，政府によって定められています。この制度を薬価基準制度と呼びます。薬価はもともと 2 年に一度改定がなされてきましたが，薬価基準制度改革により，2021 年度からは毎年改定する予定となっています。

　医療機関は医薬品卸会社から，医薬品卸会社は製薬企業から医薬品を購入します。この取引価格をそれぞれ「納入価格」，「仕切価格」と呼びます（図 9-1）。ここで，薬価は公定価格ですが，納入価格と仕切価格は自由取引による市場価格であることに注意しましょう。

　仕切価格，納入価格，薬価の大小関係は，基本的には「仕切価格＜納入価格＜薬価」が成り立ちます。もし仕切価格が納入価格よりも高ければ，医薬品卸売企業の利益はマイナスになってしまいますし，納入価格が薬価よりも高ければ，医療機関の利益がマイナスになってしまうからです。

　医療機関は，納入価格で仕入れ，薬価で販売しますから，「薬価－納入価格」は，医療機関が得る医薬品 1 単位あたりの利益となります。この利益のことを「薬価差益」と呼びます。かつて薬価差益は大きく，収益確保のために医薬品を過剰提供する傾向が強かったといわれています。税金と保険料という国民の負担を財源としている以上，無駄な医薬品提供は大きな問題です。このため，薬価を決める薬価基準制度では，この薬価差益を適正な水準とす

るような工夫がなされています。

9.2　薬価基準制度のしくみ

　薬価基準制度は，公的医療保険制度に適用する医薬品を指定するとともに，患者が医療機関から購入する際の価格（薬価）を設定する制度です。薬価基準制度での価格設定のルールには，新規収載する新薬の薬価決定ルールと，すでに収載済みである既存の医薬品の薬価改定ルールの2つがあります。

　前者の新薬の薬価決定ルールには，類似薬効比較方式と原価計算方式があります。類似薬効比較方式とは，新薬に類似した医薬品が存在する場合に適用するルールで，既存の類似薬との比較によって薬価が設定されます。既存類似薬と比して高い有用性が確認される場合には，画期性加算，有用性加算，市場性加算，小児加算が補正加算されます。一方，原価計算方式は，類似薬が存在しない場合に適用される算定ルールで，原材料費や製造経費等を積み上げて薬価を決定します。

　薬価基準制度でより特徴的なのは，後者の既存医薬品の改定ルールです。

■ 既存薬の価格改定ルール

　現行の薬価基準制度では，既存医薬品の薬価は市場実勢価格加重平均値調整方式の下，以下のルールに基づいて改定されます。

> 新薬価＝市場実勢価格の加重平均値＋調整幅＋消費税

　ここで，市場実勢価格とは先に述べた納入価格を意味しています。厚生労働省は，薬価調査と呼ばれる市場調査を通じて，医療機関と卸企業との取引価格（納入価格）を医薬品ごとに把握し，全国平均値を算出します。これが市場実勢価格の加重平均値です。この市場実勢価格を基準として，調整幅と消費税を加えて新しい薬価とするのです。調整幅は，現在では改定前の旧薬価の2％分と決められているので，上の改定ルールの式は，

> 新薬価＝市場実勢価格の加重平均値＋0.02×旧薬価＋消費税

と書き直すことができます。

　市場実勢価格の加重平均値は，調査時点での「平均的な納入価格」なので，「新薬価－市場実勢価格の加重平均値」は調査時点での平均的な薬価差益の大きさになります。このため，この制度は，調整幅分の旧薬価の2％と消費税を，薬価差益として最低限保証している制度といえます。

　またこの制度は，医療機関と卸企業の市場取引価格を薬価の基準と考えているしくみです。このことから，市場の評価を薬価に反映させるしくみであり，市場の自由取引を尊重している制度と理解できます。

■ 薬価改定の例

　薬価の改定について，例を用いて，より明確にしておきましょう。ある医薬品の現在の薬価が200円だとしましょう。3つの医療機関しか存在しないと考え，各医療機関の納入価格と取引数量が表9-1で示されるとします。

　このとき，この医薬品の市場実勢価格は，納入価格の加重平均値を求めればよいので，

$$(180 \times 20 + 160 \times 10 + 140 \times 10) \div (20 + 10 + 10) = 165$$

になります。すると，改定後の新しい薬価は，この165円に旧薬価である200円の2％分の4円と，消費税分を加えたものとして計算されます。ここで消費税は無視すると，新しい薬価は，

表9-1　医療機関の医薬品取引の例

	納入価格	取引数量
A病院	180円	20
B病院	160円	10
C薬局	140円	10

表 9-2 薬価改定後の医療機関の医薬品取引の例

	納入価格	取引数量
A 病院	160 円	20
B 病院	140 円	10
C 薬局	120 円	10

$$165 + 0.02 \times 200 = 169$$

と計算されます。この場合，当初 200 円であった薬価が，改定後に 169 円になるのです。

■ 薬価の改定と薬価差益

先の改定ルールに従って，薬価がさらに変更されていく状況を考えてみましょう。新しい薬価は 169 円ですから，A 病院と B 病院の納入価格よりも低い水準になっています。このままでは A 病院と B 病院は赤字になってしまうので，医薬品卸企業と交渉し納入価格が見直されることになります。

見直された納入価格は，当然新しい薬価 169 円よりも低い水準になるはずです。その新しい薬価をふまえた納入価格が，表 9-2 になったとしましょう。

このとき，次の薬価改定では，新しい薬価はどのようになるでしょうか。まず市場実勢価格の加重平均値を求めましょう。すると，

$$(160 \times 20 + 140 \times 10 + 120 \times 10) \div (20 + 10 + 10) = 145$$

となります。これに，改定前の旧薬価 169 円の 2% を加えるので 148.38 円が，改定後の新しい薬価となります。

以上の例から，納入価格は薬価よりも必ず低くなるので，薬価は改定の度に必ず減少していくことが理解できます。薬価基準制度の下，2000 年以降の実際の薬価改定率を示した表 9-3 をみると，マイナス改定が続いていることがわかります。

表 9-3　薬価改定率の推移（単位：%）

2000 年	2002 年	2004 年	2006 年	2008 年	2010 年	2012 年	2014 年	2016 年
−7	−6.3	−4.2	−6.7	−5.2	−5.75	−6	−5.64	−5.57

（出所）　厚生労働省「薬価改定の経緯と薬剤費及び推定乖離率の年次推移」より筆者作成

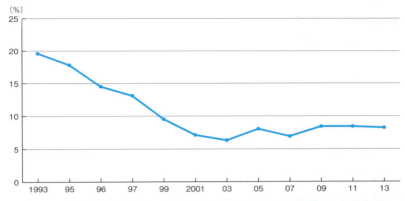

（出所）　厚生労働省「薬価改定の経緯と薬剤費及び推定乖離率の年次推移」より筆者作成

図 9-2　薬価乖離率の推移

　薬価の改定ルールの例からも理解できたと思いますが，市場実勢価格（納入価格）が低いほど，改定による薬価の下落が大きくなります。市場実勢価格（納入価格）が低いほど薬価差益は大きくなるので，薬価差益が大きいほど，次期の改定で大きく薬価が下げられるしくみなのです。

　先に述べたように，薬価差益が大きいと，過剰な薬剤使用の問題が起こりやすくなります。この薬価改定ルールによって，薬価差益が大きいときほど次の改定では薬価を下げ，薬価差益を適正なものとし，薬剤の適正利用を促そうという政策目的を理解できるでしょう。実際，医療機関の薬価差益を推計した薬価乖離率の推移をみると，大きく低下していることが確認されます（図 9-2）[1]。

---

[1]　薬価乖離率は，市場実勢価格（納入価格）を把握する薬価調査を実施した年のみのデータになりますので，隔年のデータになります。

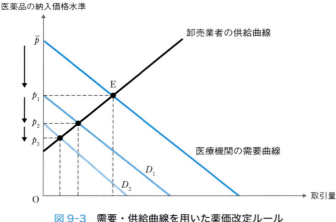

図 9-3　需要・供給曲線を用いた薬価改定ルール

■ 需要・供給曲線を用いた薬価改定ルール

　上で説明した薬価改定ルールを，需要曲線と供給曲線を用いて図的にも理解してみましょう。ある医薬品に関する医療機関の需要曲線と医薬品卸売企業の供給曲線が図 9-3 のように示されているとします。

　ここで，$\bar{p}$ は最初の薬価水準を表しています。医療機関は薬価差益がマイナス，つまり $p>\bar{p}$ になればこの医薬品を購入できません。ここでは薬価差益が 0 の場合には需要量が 0 であると仮定し，納入価格が安くなるほど薬価差益が大きくなるので，需要量が高まると仮定します。すると，需要曲線は縦軸の切片を $\bar{p}$ とした右下がりの線となります。

　薬価 $\bar{p}$ を上限として医療機関は卸売企業と取引し，需要曲線と供給曲線が交わる点 E で取引することになります。このとき，納入価格は p_1 となります。次期の薬価は，この納入価格に消費税と調整幅（旧薬価の 2％分）を上乗せして決定されます。ここで，消費税と調整幅を無視すると，新薬価は p_1 に設定されることになります。

　この新薬価 p_1 の下，医療機関の需要曲線は新たに規定されるので，需要曲線は図 9-3 の D_1 へ左にシフトすることになります。新たな薬価の下，医

療機関と卸売企業は再度取引をし，納入価格が p_2 に設定されます。そして次期の薬価は，この納入価格 p_2 に改定されていきます。そして，この新薬価 p_2 の下で需要曲線が規定され，また新たな取引がなされていくのです。このように，薬価改定によって薬価が下落していく様子が，需要・供給曲線を用いた枠組みでも捉えられることが理解できるでしょう。

■ 医薬分業の進展

では，こうした改定ルールによって薬価差益の縮小を図ることが，薬剤利用の適正化につながったのでしょうか。

薬価差益の縮小によって，医療機関の薬剤使用へのメリットは失われていきます。薬剤の使用量に応じて，在庫管理も大変になり，管理を行う薬剤師の人員も増やす必要があるので，薬価差益が縮小すればするほど，その分薬剤使用を控えていくはずです。その結果，病院や診療所では，外来での医薬品提供を調剤薬局へ外部委託する動きが加速していくことになります[2]。この動きを医薬分業と呼びます。

医薬分業では，外来患者に対して診療所や病院では処方箋のみを発行し，調剤薬局で薬剤師がその処方箋に基づいて医薬品を提供することになります。従来の日本では，医薬分業がなされておらず，ほとんどの病院や診療所では院内に薬局を設け，患者は院内で医薬品を受け取っていました。こうした形態を院内処方と呼びます。対して医薬分業では，病院や診療所は処方箋のみを，調剤薬局は医薬品を提供するという役割分担を行うことになります。これを，院内処方に対して院外処方と呼びます。

医薬分業が進むと，薬価差益を受け取るのは調剤薬局になります。このため，病院や診療所で医師が過剰な量の医薬品を処方箋によって指示したとしても，それよって受ける利益（薬価差益）は調剤薬局のものになります。つまり，医師がどんなに医薬品で利益を得ようと思っても，薬価差益を受け取ることはないのです。

---

[2] 入院では，入院患者に医薬品を提供しなければなりませんので，薬局に外部委託はできません。したがって，入院医療を中心に提供する大病院では，医薬品使用量はやはり相応に多くなります。

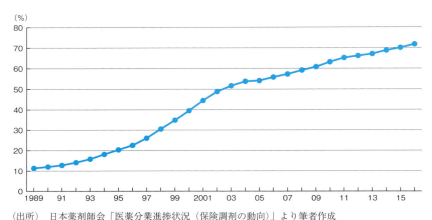

(出所) 日本薬剤師会「医薬分業進捗状況（保険調剤の動向）」より筆者作成

図 9-4　医薬分業率の推移

　一方で，調剤薬局の薬剤師は，医師の処方箋に沿ってしか，医薬品を提供できません。薬剤師が独断で医薬品を選択したり，量を増やしたりすることはできないしくみなのです。この結果，医師は患者にとって適切な処方箋を書き，薬局もその指示に基づき医薬品を提供するので，薬剤の適正利用が促されることになります。このように，薬価基準制度の改定ルールによる薬価差益の縮小化は，医薬分業を促し，医薬品の適正利用を促す効果が期待されるのです。

　では，実際のデータから，医薬分業の進展を確認してみましょう。図 9-4 は，医薬分業の普及の度合いを表す医薬分業率の年次推移を示しています。ここで医薬分業率とは，発行された処方箋のうち調剤薬局で医薬品が処方された割合を示しています。図 9-4 より，医薬分業率が急速に上昇し，現在では 70％を超える水準にまで達していることが確認されます[3]。

　では，こうした医薬分業が進んだことで医薬品の適正利用は進んだのでしょうか。図 9-5 には，医療費に占める薬剤費の割合を推計した薬剤費比

---

[3]　ただし，医薬分業率には実は都道府県格差が生じています。2016 年度の医薬分業率をみると，最高が秋田県 86.9％で，最低が福井県 49.4％と大きな格差があります。

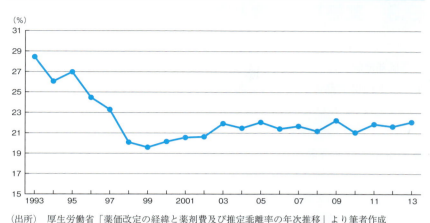

（出所）厚生労働省「薬価改定の経緯と薬剤費及び推定乖離率の年次推移」より筆者作成

図9-5　薬剤費比率の推移

率の推移が示されています。かつては30％近くあった薬剤費比率が近年20％程度にまで減少していることがわかります。このため，一見すると，医薬品の適正利用が着々と進んでいると考えられます。

　しかし，こうした薬剤費比率の低下が薬剤の適正利用を表しているかは，一概に判断することはできません。まず，医療機器の発達によって，医薬品の使用割合が減少しただけの可能性があります。また，この薬剤費には，DPCなど包括支払いのなかの薬剤費が含まれていない統計になっています。したがって，診療報酬のなかで包括支払いの部分が大きくなると，統計上では薬剤費比率は低下してしまうのです。薬剤費については，より精密なデータを用いて，薬剤費の適正利用がどの程度進んでいるのかを検証する必要があります。

9.3　薬価基準制度と医薬品関連産業

　薬価基準制度は，改定ルールによって過大な薬価差益を防ぎ，医薬分業を促すことで医薬品の適正利用を進めていることが理解できました。しかし，この改定ルールには大きな問題があります。

■ 製薬企業の研究開発へのインセンティブ

　医薬品の最終価格である薬価が，改定の度に継続的に下落してしまう制度に対して，医薬品を製造・販売している製薬企業はどのように感じるでしょうか。薬価の下落は，製薬企業の利益の低下につながりますので，抵抗を感じるはずです。

　特に製薬企業は，医薬品の研究開発（Research and Development，R＆D）に莫大な金額と時間を費やしています。実は，新しい薬を作るということは，非常に大きなギャンブルです。新薬の候補となる化合物を 10,000 個発見しても，そのなかで実際に薬として販売できるのはわずか数個といわれています。また，研究開発では「治験」と呼ばれる臨床試験を繰り返し，効果や安全性を検証していきます。このため，新薬の発見から販売までには 10〜15 年もの歳月がかかり，何よりもこうした治験を通じた研究開発には，平均して 200 億円から 300 億円の莫大な研究開発費がかかるといわれています[4]。

　こうした莫大な時間と費用をかけ開発した医薬品の価格が，制度によって強制的に下落させられ利益が減ると，研究開発の費用を回収できなくなるかもしれません。すると，製薬企業の新薬開発への意欲は大いに低下してしまうでしょう。

　ここで，日本の製薬企業の国際的な医薬品産業での状況を確認しておきましょう。表 9-4 から，日本で最大の製薬企業である武田薬品工業が世界では第 18 位と，日本の製薬企業が世界的には中小規模に留まっている現状が

---

[4]　日本製薬工業協会ウェブサイト「新薬はどうやって生まれるか」（http://www.jpma.or.jp/event_media/campaign/campaign2004/3rd_01.html）（2018 年 7 月閲覧）。

表 9-4 2017 年の医薬品売上高でみる製薬企業ランキング

順位	企業名	国	売上高（百万ドル）
1	ファイザー	米国	48,977
2	ロシュ	スイス	44,183
3	ノバルティス	スイス	43,085
4	ジョンソン＆ジョンソン	米国	36,256
5	サノフィ	フランス	35,422
6	メルク	米国	35,390
参考	武田薬品工業 ＋ シャイアー	日本	30,237
7	グラクソ・スミスクライン	英国	29,358
8	アッヴィ	米国	28,216
9	ギリアド・サイエンシズ	米国	26,107
10	アムジェン	米国	22,849
11	アストラゼネカ	英国	22,465
12	ブリストル・マイヤーズスクイブ	米国	20,776
13	イーライ・リリー	米国	19,786
14	バイエル	ドイツ	19,022
15	テバ製薬工業	イスラエル	19,014
16	ノボ・ノルディスク	デンマーク	16,955
17	シャイアー	アイルランド	15,161
18	武田薬品工業	日本	15,076
19	ベーリンガー・インゲルハイム	ドイツ	15,016
20	アラガン	アイルランド	13,464

（出所） KEN Pharma Brain（2018），*World Pharmaceutical Sales Ranking 2017 Release*

確認できます[5]。大規模投資が必要となる新薬開発においては，規模の経済が重要となるので，画期的な新薬への開発力を高めるためにも，日本の製薬企業にはさらなる大規模化が必要と思われます。

薬価が下落し続ける薬価基準制度を，より新薬開発へのインセンティブを高める制度へ変更し，製薬企業の成長を高めるよう改革していくことが求められるでしょう。こうした観点から，現在，新薬開発へのインセンティブを高めるような薬価基準制度の改革が進められています。特に，画期的な新薬には高い薬価を設定し，改定による薬価の下落幅も抑えることで，製薬企業に高い利益を保証するようなしくみが試行的に導入されています。

---

5 武田薬品工業は，2018 年 5 月にアイルランドの大手製薬会社シャイアーを完全子会社化することを発表しました。表 9-4 をみると，シャイアーは世界第 17 位，武田薬品工業を上回る大企業です。仮に武田薬品工業がシャイアーの買収に成功すると，表 9-4 では世界第 7 位になります。

■ 製薬企業の流通への介入

薬価を継続的に下落させる薬価基準制度の問題は，他にもあります。この制度の下では，製薬企業は利益を確保するために，薬価の下落を防ぐような措置を考えるでしょう。薬価の下落を防ぐためにはどうすればよいでしょうか。

9.2節で示した薬価改定ルールの式を改めて確認してください。新しい薬価は，市場実勢価格つまり納入価格に基づいて設定されます。つまり，納入価格を引き上げることができれば，薬価の下落幅を抑えることができるのです。では，どうすれば納入価格を引き上げることができるのでしょうか。

多くの日本の製薬企業では，実際に仕切価格をかなり高い水準に設定しているといわれています[6]。仕切価格は卸企業の購入価格なので，卸企業は納入価格を仕切価格よりも高くしなければなりません。このため，仕切価格を引き上げれば，納入価格を引き上げられるのです。しかし，仕切価格を引き上げることは，医薬品卸企業の利益幅を減らすことになるので，医薬品卸企業は拒絶するはずです。では，どうして製薬企業は仕切価格を引き上げることができるのでしょう。

このことを理解するためには，製薬企業と卸企業の関係性を理解することが不可欠です。一般に医薬品の医療機関への販売は，MS（Marketing Specialist）と呼ばれる卸企業の営業担当者が行います。一方，医薬品の情報提供については，MR（Medical Representative；医薬情報担当者）と呼ばれる製薬企業の営業担当者が行います。

医薬品を処方する医師は，医薬品の効能や副作用等に関心があります。特に，命に関わる医薬品であるほど，MRがもたらす医薬品情報に関心を寄せます。つまり，医薬品販売においてMSよりもMRの影響力が強くなりやすくなります。このため，製薬企業は卸企業に比べ優位な取引を進めることができ，製薬企業主導の下で仕切価格が引き上げられていくのです。

しかし，あまりに仕切価格を引き上げると，医薬品卸企業の利益を圧迫していきます。このため，多くの製薬企業では，リベート（割戻し）やアローア

6　公正取引委員会（2006）「医療用医薬品の流通実態に関する調査報告書」では，薬価を100としたときの仕切価格が，80台後半から90台前半になっている実態が報告されています。

ンス（販売促進報酬）と呼ばれる事後的な補助を卸企業に与え，卸企業の利益を補填する措置をとっています。このリベートやアローアンスは条件付きの補助金であることが多く，製薬企業が推す医薬品の販売ノルマを達成した場合に与えられたりします。このため，リベートとアローアンスは，卸企業へのインセンティブとして機能しているといえます。

製薬企業は限界まで仕切価格を引き上げ，リベートとアローアンスによって卸企業の行動を制御することで，薬価引き下げへの対抗策を構築していると考えることができます。医薬品流通の業界は，他の業界と比べてもメーカーと卸の関係が強く硬直的であり，特殊な取引も数多く存在しています。こうした医薬品市場の閉鎖性は従来から問題となっていますが，薬価基準制度などの制度がこうした産業特性に関係している可能性を理解できます。

■ 外国企業の参入とドラッグ・ラグ問題

私たちが手にする医薬品のなかには，外国の製薬企業が製造した医薬品も多く，医薬品市場のグローバル化が進んでいます。医薬品は，各国それぞれの基準で製造と販売が承認され，市場提供されています。各国での承認を得るために，各製薬企業は国々で医薬品の治験を進め，医薬品の効果に関するデータを蓄積しなければなりません。

製薬企業にとって，すべての国で同時に研究開発を進めていくには莫大な費用がかかるので，開発や販売する国の優先順位を設定することは重要な戦略になります。継続的に薬価が低下する日本の制度は，外国の製薬企業の戦略的行動に大きな影響を与えている可能性があります。

このことを確認するために，世界売上の上位にある医薬品の先進国における上市状況をみてみましょう[7]。厚生労働省「医薬品産業ビジョン 2013」では，2011 年の世界売上上位 150 位の医薬品における 5 ヶ国（日本，米国，英国，フランス，ドイツ）の上市順位が示されており，日本の上市順位が 1 位，つまり日本で最初に市販された医薬品は全体の 3％（5 品目）しかないことが明らかにされています[8]。一方，上市順位が最下位，つまり 5 ヶ国のなかで

7　上市とは，新しく開発された医薬品が市販されることを意味します。
8　厚生労働省「医薬品産業ビジョン 2013」(https://www.mhlw.go.jp/seisakunitsuite/bunya/

最も遅く販売された医薬品が53%（77品目）を占めています。このことから，多くの医薬品について，他国で販売された後に日本で販売されている実態が理解できます。さらに注目すべきは，日本では全体の18%（26品目）がまだ販売されていない未上市の医薬品となっていることです。外国ではすでに販売されている薬のうち，日本では「未承認薬」となっているものが多く存在しているのです。こうした医薬品の販売時期において，外国と国内に時間的なズレがあり，日本に新薬が遅れて入ってくるという問題を「ドラッグ・ラグ」と呼びます。

　世界で最初に販売された時点から自国の市場で販売されるまでにかかる年数をみると，2010年において，米国で0.9年，英国で1.2年，ドイツで1.3年に対し，日本では4.7年と，先進国のなかで医薬品の発売時期がかなり遅くなっています[9]。こうしたドラッグ・ラグが長期化すれば，日本の患者の医薬品の利用を阻害することになり，健康や人命にも関わる重大な問題となります。

　このようなドラッグ・ラグの発生理由については，さまざまな要因が関係しているものの，薬価基準制度も大きく関係している可能性があります。強制的に薬価が下げられると薬の期待収益が低くなるため，各国の製薬企業は日本市場を敬遠している可能性があるからです。日本市場を製薬企業にとって魅力的な市場にするためにも，画期的な効果をもつ新薬の研究開発へのインセンティブを高めるような制度改革が求められるのです。

9.4　ジェネリック医薬品の普及拡大

　医療費の効率化が課題となっている現代において，ジェネリック医薬品（以下，ジェネリック）に注目が集まっています。この節では，ジェネリックについて説明していきましょう。

---

kenkou_iryou/iryou/shinkou/vision_2013.html）（2018年7月閲覧）
[9]　日本製薬工業協会ウェブサイト「くすりの情報Q&A 55」のQ39より（http://www.jpma.or.jp/medicine/med_qa/info_qa55/q39.html）（2018年7月閲覧）

■ 医薬品と特許

　先に述べたように，医薬品の開発には莫大な時間と費用がかかります。にもかかわらず，世界の製薬企業が新薬を開発するのは，すべての医薬品の有効成分に対して特許が認められるからです。特許権が与えられると独占的な販売が認められ，莫大な利益を得ることができるのです。

　医薬品の特許期間は原則20年，さらに最長5年間の延長が認められています。しかし **9.3節** で述べたように，新薬の研究開発には10〜15年かかるといわれています。特許は開発の最初の段階で取得しますので，上市してから特許で守られる期間は10〜15年しかありません。製薬会社はこの期間のなかで，莫大な研究開発費用を回収し，利益を上げなければなりません。製薬業界はまさにハイリスク・ハイリターンの業界であることを理解できるでしょう。

　次に，医薬品でなぜ特許制度が設けられているのかを考えてみましょう。

　医薬品の研究開発には，莫大な規模の時間と費用が必要である一方，開発した後では，材料はタダ同然ですから，非常に安い費用で医薬品を生産することができます。つまり医薬品は，研究開発費という固定費用は莫大ですが，生産にかかる限界費用は非常に安価であるという性質があります。

　医薬品がいったん開発された後，医薬品自体は社会的に有用ですから，多くの企業がその医薬品を生産し供給することは，社会的にみて大きな便益を生み出します。しかし，特許制度がなくどの企業でも自由に医薬品を生産できる完全競争の下では，市場価格は限界費用に一致し，非常に安い価格水準となるため，最初に開発した企業は莫大な研究開発費用を回収することが不可能になります。つまり，開発企業にとっては研究開発によって生み出された社会的便益が市場価格に反映されないのです。ここに，外部性が存在することがわかります。

　このとき，製薬企業各社にとって，莫大な費用のかかる研究開発を回避し，新薬の開発を行った他社にフリーライドすることが最適な戦略になります。各製薬企業がこのような戦略を採用すれば，どの企業も研究開発をしなくなり，新薬の開発はなされなくなるのです。このため，莫大な研究開発を必要とする医薬品には，特許制度を設け，開発した企業に対して独占供給を認め

保護する必要があるのです。

■ ジェネリック医薬品とその普及

　ジェネリック医薬品は，特許期間が終了した後に，特許切れの医薬品と同じ有効成分で作る，いわゆるコピー商品です。このため，ジェネリックのことを後発医薬品（後発薬）と呼び，元となる特許をもっていた医薬品のことを先発医薬品（先発薬）と呼びます。

　ジェネリックは，安全性や有効性がすでに保証された有効成分を基に製造されるので，その研究開発は先発薬に比べて少額で済みます。このため薬価は先発薬の半額以下に設定され，先発薬からジェネリックへ切り替えることで医療費の節約につながることが期待されています[10]。

　このため，現在，特許が切れた医薬品はジェネリックへシフトさせることが大きな政策目標として掲げられています。実際，日本のジェネリック医薬品の普及率（数量シェア）をみると，2014年には48.7％であったものが，2016年には59％まで急激に上昇しています[11]。しかし，米国約92％，ドイツ約86％，英国約77％，フランス約68％と，先進国と比べると日本の普及率は低い水準にあり，さらなるジェネリックの普及拡大が進められています。

　しかし，ジェネリックの普及には，いくつかクリアすべき課題も指摘されています。第一に，安定供給の問題です。ジェネリックを製造する製薬企業（ジェネリック・メーカー）は，中小規模の企業が多く，十分な生産能力がない場合があります。医療の現場へ安定的に医薬品を供給することが難しいと，医療の現場からすれば使用しづらくなります。

　第二に，品質に関する信頼性の問題です。ジェネリックは先発薬とまったく同じ有効成分を使用しているものの，製造方法までまったく同じではありません[12]。多くの場合，飲みやすくするなどの目的のために，添加物や製法

10　2016年度の薬価制度改革により，初めて収載される後発医薬品の薬価は先発医薬品の薬価×0.5になっています。ただし，内用薬について銘柄数が10を超える場合には，先発医薬品の薬価×0.4となります。

11　厚生労働省ウェブサイト「ジェネリック医薬品の使用促進に向けて（平成30年5月23日）」内の資料「後発医薬品の使用割合の推移と目標」を参照。

12　先発薬を製造している製薬企業が，製造方法を含めまったく同じな完全なコピー商品の製造を許可して作られるジェネリックもあります。このようなジェネリックを，オーソライズド・

などを変えるのが通常なので，先発薬とまったく同じ効き目になる保証はありません。このため，先発薬の方が安心であり，ジェネリックを使用することへは抵抗感があるといわれます。こうした問題に対応するためにも，ジェネリック・メーカーの大規模化と，ジェネリックが先発薬と同等であることをきちんと審査・評価していく体制作りが不可欠となります。

また，ジェネリックを普及させるにあたって，病院，診療所，調剤薬局に対してジェネリック使用へのインセンティブを，診療報酬制度などに組み込んでいます。このため病院，診療所，調剤薬局では，先発薬からジェネリックに切り替える金銭的なメリットがあります。しかし，消費者である患者にとっては，薬価が安いとはいえ，診療報酬制度などでのジェネリック関連の加算によって医療費が高まり，全体としては大して医療費が安くならないという場合もあります。患者にもジェネリック使用へのインセンティブを与えるしくみを，検討していく必要があると考えられます。

■ ジェネリックの普及と医薬品産業

ジェネリックの普及は，医療費の節約だけでなく，医薬品産業にも大きな影響を与えます。ジェネリックの普及が十分ではなかったかつての日本では，先発薬は特許期間が終了した後も使用され続けていました。このことは，一度いい薬を作れば，特許期間を超え，長い期間にわたり利益を獲得できることを意味しています。

しかし，ジェネリックが普及すれば，先発薬は特許期間でしか利益を確保できなくなります。特許切れとなれば，多くのジェネリック医薬品との競争にさらされ，利益が低下するからです。

このため，ジェネリックが十分に普及すると，製薬企業は先発薬の開発サイクルを早めなければ，継続的に利益を確保できず，生き残ることが難しくなります。つまり，ジェネリック医薬品の普及は，先発薬の研究開発の向上に大きな影響を与えると考えられるのです。医薬品産業のさらなる活性化，画期的な新薬の開発という面からも，ジェネリックの普及はとても重要であ

ジェネリック（AG）と呼びます。AGは，先発薬とまったく同じジェネリックですので，信頼性は十分に確保されます。

ることがわかります。

■ Active Learning

《理解度チェック》・・
　　□1　薬価差益の問題を説明してください。
　　□2　薬価基準制度の既存薬の薬価改定ルールを説明してください。
　　□3　ドラッグ・ラグを説明してください。
　　□4　ジェネリック医薬品を説明し，ジェネリック医薬品を普及させることの意味を説明してください。

《調べてみよう》・・・
　医薬品流通には，本講でも説明したリベート，アローアンスの他にも，総価取引，価格未妥結仮納入，といった特殊な取引があります。これらの取引が薬価基準制度の運営を妨げているとされ，その是正が求められています。こうした医薬品の特殊な取引を調べ，薬価基準制度との関係について考えてみましょう。

《Discussion》・・・
　ジェネリック医薬品の使用に対して，患者にインセンティブを与える制度の一つとして，参照価格制度があります。実際にドイツやフランスでは導入されており，日本でも導入が検討されてきました。この参照価格制度について調べ，導入について検討してみましょう。

文献紹介
- 片岡一郎・嶋口充輝・三村優美子編『医薬品流通論』，東京大学出版会，2003年
- 橋本英樹「医療技術の進歩と伝播」，橋本英樹・泉田信行編『医療経済学講義［補訂版］』，東京大学出版会，2016年

第10講 経済格差と健康・医療の経済分析

■健康状態の良し悪しが人々の幸せに及ぼす影響は無視できないものと思われます。それでは,その健康状態(水準)はどんな要因によって決まってくるのでしょうか。医療経済学では,その要因の一つとして所得水準・所得格差に注目します。ここでは分析のためのフレームワークを提示し,関連する実証研究も検討します。

10.1 はじめに
: 健康と所得の因果関係について

この第10講と続く第11講では,健康や医療のマクロ経済学的な側面に焦点を当ててみようと思います。具体的には,マクロ経済分析において主要な変数である所得(GDP)水準やその成長率(経済成長率といいます)と健康・医療との関係性について少しふみこんだ考察を行います。

読者は「所得が高い人ほど,より健康である」という言説を耳にしたときどう思うでしょうか。何となく,「そうだろうな」と思う人は多いと思います。例えば,お金持ちほど健康・医療関連支出を潤沢に行うことができ,このことが健康水準の向上に資するという見方です。一方で,「健康な人ほど,より所得が高い」はどうでしょう。これも間違っていないように思われます。健康がきちんと維持されている人ほど労働生産性が高いでしょうし,そもそもより多くの時間働くことが可能であり,そのため所得も高くなるのだということはもっともらしいでしょう。

因果の方向(どちらが原因でどちらが結果か)を特定することは,広い意味

での経済政策や社会保障政策を効果的に行う上でとても重要な問題であり，事実，医療経済学や開発経済学，経済成長論の先端的な研究領域では，この作業に多くの労力が傾注されてきました[1]。これまでの分析結果は決して一様ではなく，結果に関するコンセンサスが得られていないこともふまえると，おそらく状況しだいで両方の可能性があり得るのだと思います。本書では，こうした視点に立ち，どちらか片方のルートに限定せずに考察を進めていくことにします。第10講では，経済的な格差が健康パフォーマンスに与える影響について考えます。

10.2 健康格差と経済（所得）格差問題の基礎理論

　健康水準が人々の幸福感に決定的な影響を与える要因であることを否定する人はおそらくいないでしょう。他方で，この健康水準について，比較的同質な属性をもつ集団のなかでも，かなりのバラツキがみられることも事実です。いわゆる「健康格差」がなぜ生み出されるのかを明らかにし，社会がその改善に積極的に関与し対処していくことは人類の福祉にとって非常に重要なのです[2]。特に社会経済的な側面に注目し，健康格差にアプローチする学問分野を「社会疫学（ソーシャル・エピデミオロジー）」といいます。本講では，もちろん経済学をベースとして，近年発展著しいこの分野の成果を概観していきます[3]。

　それでは，数ある社会経済要因のなかで，「何が健康水準に大きな影響を及ぼすと考えますか」との問いに対して，読者の皆さんならばどう答えるでしょうか。年齢，性別，職業，居住地，飲酒量，喫煙歴などさまざまな候補

1　計量経済学においては，操作変数（instrumental variable）を使った推定方法が，こうした問題への標準的な対処方法であるといえます。とはいえ，操作変数法はいくぶん高度な推定方法であるため，初学者がすぐに理解することは難しいかもしれません。関心のある読者は，読みやすいテキストとして定評のある山本（2015）を参照してみてください。

2　近年，わが国ではしばしば格差の拡大が指摘されていますが，健康格差もその一つで，『週刊東洋経済』（2016年7月2日号）でも特集が組まれるほどです。

3　ハーバード大学公衆衛生大学院のイチロー・カワチ（河内一郎）教授は，卓越した研究でこの分野をリードする大変著名な研究者です。

表10-1 平均余命と1人あたり所得

国	出生時平均余命 (2014年)	1人あたりGNI (2015年，アトラス法，米ドル)
ブラジル	74	9,850
ブルンジ	57	260
中国	76	7,930
エチオピア	64	590
インド	68	1,600
日本	84	36,680
南アフリカ	57	6,080
スペイン	83	28,530
スイス	83	84,630
英国	81	43,390
米国	79	55,980

(注) アトラス法は，GNIをドル換算する際に，物価と為替レートの変化に配慮した計算方法です。詳しくは，*World Development Indicators* の変数の解説を参照してください。
(出所) The World Bank, *World Development Indicators*

があるでしょうが，やはり所得水準の影響は無視できないところでしょう。筆者は，ある高名な経済学者の「衣服（所得水準）をみれば寿命がわかる」との発言を，講義で聞いたことをつい思い出してしまいます。まずは国レベルで，所得と健康水準の関係性をみておくことにしましょう。表10-1には，世界各国のなかから日本に加えて10ヶ国を適当に選び出し，それらの国々の出生時（0歳時点）平均余命と1人あたり国民総所得GNI（gross national income）を示しています。健康水準を何で測るかは，これ自体が注意深い議論を必要とする大きなテーマですが，ここではシンプルに平均余命をその代理の変数に据えて考えていくことにします。

表10-1からいくつかの特徴をみいだすことができます。まず，(1) 低所得国では平均余命が比較的短く（ブルンジ，エチオピア，インド，南アフリカ），高所得国では平均余命が比較的長い（日本，スペイン，スイス，英国，米国）ことです。これは私たちの感覚と整合的でしょう。次に，(2) 所得と平均余命には正の相関関係があるものの，それは決して線形的（リニア）ではなく，高所得水準で頭打ちになっているようである，というものです。例えば，ス

ペインとスイスは所得水準に大きな相違がありますが、平均余命はともに83歳です。さらには、(3) 所得が高いからといって、必ずしも平均余命が長いわけではないようです。これは例えば日本をみると明らかで、日本は世界の長寿国のなかでもトップランナーですが、1人あたり所得は必ずしも高いわけではありません。

こうした事実は大変興味深いものですが、少し理論的な整理を行い、さらに拡張的な考察へと進みましょう。カワチ教授らの先行研究では、所得（格差）が健康水準に与える影響について2つの独立したメカニズムが提案されてきました。

> **コラム　格差などを考慮した新しい厚生指標**
>
> 　経済成長論の分野で著名な研究者として知られるスタンフォード大学のチャールズ・ジョーンズ教授とピーター・クレノウ教授は、最近の研究論文（Jones and Klenow, 2016）のなかで、経済主体の効用（厚生）の構成要素を分解し、データに基づいて各国間での比較を試みた画期的な論文を発表しました。分解された構成要素には、消費だけでなく、余命、余暇、そして消費や余暇の不平等度（格差）が含まれます。一般に経済主体の効用水準と1人あたり所得には高い相関がみられますから、ジョーンズ教授らの研究は格差が所得に影響を与え、ひいては健康に影響する可能性を示唆する包括的なフレームワークと位置づけられるでしょう。

■ 所得水準と健康水準

一つ目は、実は上で指摘した (1) と (2) に密接に関連しています。相対的に所得水準が低い場合には、わずかな所得の上昇であっても平均余命の伸長に大きく貢献すると考えられます[4]。しかしながら、所得が上昇するにつれ余命伸長への貢献分は徐々に小さくなり、ある程度所得が高まってしまうと、(2) で指摘したように貢献は頭打ちになると予想されます[5]。具体的に描いてみると図10-1のようになります。

---

[4] 逆に、このゾーンにおいて、経済環境の悪化は健康水準の急激な低下を招くことを意味しています。

[5] この性質を、数学的特徴（凹関数といいます）にちなんで「凹性（concavity）」と呼ぶことがあります。

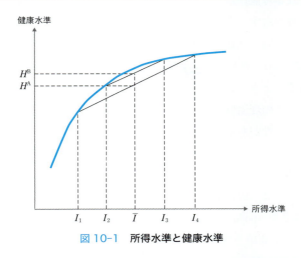

図 10-1　所得水準と健康水準

　もしこの形状が正しいとするならば，この関係性は次のような重要な含意をもたらすことになります。いま A 地域には所得が I_4 の裕福な人と I_1 の貧しい人とが住んでおり，B 地域には所得が I_3 の比較的裕福な人と I_2 の比較的貧しい人とが住んでいるとします。両地域の平均所得はともに $\bar{I}$ だとしましょう[6]。平均所得は同一ですが，明らかに所得格差は B 地域の方が小さい状況です。ここでそれぞれの地域の平均的な健康水準を比べてみましょう。

　図 10-1 より，$H^B > H^A$ となることが確認できます。つまり，所得格差の小さい B 地域の方が平均的な健康水準は高いことになります[7]。健康水準を表す変数として寿命（余命）を考えた場合，所得格差の大きい A 地域よりも B 地域の方が平均的な寿命は長くなることを意味しています。

　健康水準の凹性に起因するこの結果についてまずいえることは，国内的には所得の再分配，国際的には政府開発援助（Official Development Assistance, ODA）等によって，貧困状態にある人々の経済状況の改善が健康の改善もも

---

[6] 例えば，$I_1 = 350$ 万円，$I_2 = 500$ 万円，$I_3 = 700$ 万円，$I_4 = 850$ 万円のような組み合わせのとき，$\bar{I} = 600$ 万円が A 地域と B 地域における平均所得になります。

[7] 他の条件は同一であると仮定します。

たらしてくれる可能性があるということです。このことは人道的な観点からも大きな意義を有するものと考えられます。また，曲線の凹性をさらに深く解釈すると，裕福な人の健康状態を多少犠牲にしたとしても（再分配のための所得徴収のため），貧しい人の健康改善の社会的価値の方が大きいということもできるでしょう。より貧富の格差の小さな平等化した社会ほど健康水準が高いというこの理論仮説は，例えば米国と日本を取り上げて比べてみると，それなりの妥当性があると思われます。

■ 汚染効果

カワチ教授らは，所得格差と健康の関係についての二つ目のメカニズムとして，「汚染効果（pollution effect）」と呼ばれるルートを取り上げています。いわば，格差が健康を害する（汚染する）というものです。日本でいえば，都道府県，市区町村といった地域の経済状況が，そこに居住するある個人の健康水準に影響する効果として出現することになるわけですから，それが存在するとしたら，汚染効果は非常に重要な論点であると考えられます。

先に示した図 10-1 の所得健康曲線については，他の条件を一定として，仮に汚染効果がみられる場合には，曲線全体が下方にシフトすることになります。したがって，まったく同じ所得であっても，所得格差の大きい地域に居住する人は否応なしに健康水準が低下してしまうのです。このようなメカニズムの背景には，主に3つの仮説が提示されており，これらを図 10-2 のようにまとめました（Kawachi *et al.*, 2007；小塩，2016）。

第一は，相対的貧困仮説と呼ばれるものです。自らの社会的地位（social status）から判断して自らが適当と考えられる期待所得と比較して，実際に得ている所得が低い水準にあるとき，その不満から生じる心理的ストレスによって健康が害される，ないしは健康が害されていると主観的に感じる（主観的健康観），というものです。カワチ教授らが指摘しているように，所得格差は，物理的な影響だけでなく社会心理的な影響ももたらすということですから，非常に複雑な影響経路をもつと考えられます。

第二は，社会関係資本（social capital）の弱体化仮説です。第一仮説が主に「個」に関するものだとすると，こちらは「集団」に関するものとして捉え

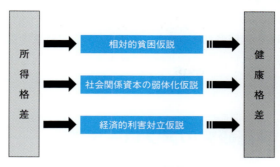

図10-2　汚染効果の原因仮説

ることができます。所得格差の大きい場合，社会的凝集性（結びつき）や社会的連帯感が低下し，他者への信頼を弱め，結果として当該社会構成員各個人の健康に悪影響を及ぼす，との考え方です。この仮説は，例えばわが国が目下直面している高齢世帯や単身世帯の増加が引き起こす問題の一側面を的確に描写するものであり，興味深い仮説であるといえます。

　第三は，上記の第二仮説に密接に関連するもので，経済的利害対立仮説として捉えることができます[8]。次のような状況を考えてみましょう。政府が健康医療関連インフラへの投資を強化する政策方針を打ち出したとします。ここでもし所得格差が大きい地域ならば，低所得者層と高所得者層の間で政策に対する賛否が大きく分かれ，経済的利害対立の発生が考えられます。例えば，高所得者層はすでに自ら多くの健康関連支出を行っていて，もっと他のことにお金を使ってほしいと思い，政策プランに反対する状況などが想定されるでしょう。典型的には，政治的にも経済的にも大きな力を有する高所得者層の意向が強く反映される政策が選択され，低所得者層に恩恵をもたらす資源の配分が乏しくなる可能性があるのです（橋本・盛山，2015）。こうして，所得格差の存在がとりわけ低所得者層の健康状態に悪影響を及ぼすことになります。

8　この仮説は一般的には新唯物論（Neo-materialism）と呼ばれているものになります（橋本・盛山，2015；小塩，2016）。

汚染効果は，主にこれら3つのルート仮説の複合的影響の集まりとして生み出されるものと考えるのが自然でしょう。しかしながら，（地域的な）所得分配の様態が個別経済主体の健康に影響する背景にはさまざまな要因が考えられるため，さらに注意深い考察を必要とする問題であることに留意すべきです。

10.3 実証研究のアプローチ法

　所得格差が健康格差を招くメカニズムを探る実証研究は，先進国，とりわけ米国を中心としてそれなりの蓄積があります[9]。しかしながら，所得分配から健康への関係性を描写する基本的な理論モデルがいまだに確立していないこともあり（例えば，経済成長分析におけるソロー・モデルのような理論モデル），実証研究の対象やアプローチ法も多岐にわたっています。例えば，回帰分析を採用しているものに限定しても，回帰式の右辺に選択される制御変数（説明変数）にはさまざまなものがあり（**第13講**を参照のこと），分析の統一感があるとはいい難く，かなり多様な議論が展開されているというのが率直な印象です。

　当該のテーマを取り扱う実証研究の現在のスタンダードは，いわゆる「多重レベル分析（multilevel analysis）」と呼ばれる回帰分析です。かつては国や地方自治体といったマクロの集計データを利用した分析が多く，また近年はミクロデータ（個票データ）を活用するものもあります（後者については，**13.3節**参照）。しかしながら，前節で述べてきたような問題意識に立つと，マクロデータのみ，ミクロデータのみの分析では問題の本質に迫ることは困難と考えられます。このため，個別経済主体の健康への影響要因を多角的に分析可能な多重レベル分析が必要になってくるわけです。小塩（2009）によると，多重レベル分析は，「個人を取り巻く社会経済的・人口動態的要因やその個人が居住する地域の要因という，レベルが異なる要因に基づいて重層

---

[9] 先駆的な実証研究として位置づけられるのはWilkinson（1992）です。そこでは，所得格差が大きいほど平均寿命が短くなることを，国レベルの分析で明らかにしています。

的に分析する」という点にその特徴をみいだすことができます[10]。以下では，日本を対象とした多重レベル分析に特に焦点を当てて，分析上の問題点等を明らかにした上で，代表的な実証結果を検討していきたいと思います[11]。

■ データセットについて

上でも述べましたが，汚染効果が存在するのか否かを厳密に検証するには，マクロデータ（集計データ），ミクロデータ（個票データ）を個別に用いた分析では不十分であるといえます。わが国では，「全国消費実態調査」や「家計調査」を用いることで都道府県レベルでの分析は可能になりますが，個人属性まで含めて考察することは困難です[12]。一方で，そもそも存在自体が希少性の高いものですが，分析計画に適合したミクロデータに運よくアクセスできる場合であっても，そこから都道府県レベルのマクロ（地域マクロ）での所得格差を捉えることは，データセットのサイズ（規模）から考えて難しいと考えられます[13]。

データ面での制約が比較的厳しい日本では，単一のデータセットに依拠して所得格差と健康水準の多重レベル分析を展開することは，少なくともこれまでは難しい状況にあったといえます。よって，国際比較も可能になるようなもので，分析上高い価値を有する研究を進めるためには，マクロとミクロ

---

[10] 本節の内容に関しては，小塩（2009，2016）の2つの論考に依拠しています。どちらも中〜上級者向けですが，さらなる詳細についてはこれらを参照してください。

[11] 日本について行われた多重レベル分析を用いた先駆的な研究として，Shibuya et al.（2002）があります。厚生労働省「国民生活基礎調査」（1995年調査）を用いた分析ですが，都道府県単位での所得格差をジニ係数（**10.4節**参照）によってとらえた場合，所得格差が健康（健康意識）に影響を与えるという関係を顕著にみいだすことはできませんでした。しかしながら，回帰式に導入される説明変数の選択および組み合わせによっては，この結果が変わることも考えられます。多重レベル分析における変数選択の重要性が認識されるきっかけとなる論文といえるでしょう。

[12] Nakaya and Dorling（2005）は，総務省「全国消費実態調査」（1989年調査）から都道府県単位で所得格差指標を作成し，死亡率との関係を調べています。結果として，都道府県レベルでは，所得格差と死亡率との間に有意な相関は認められませんでした。

[13] 石田（2006）は，日本大学「健康と生活に関する調査」（1999-2000年調査）から構築した高齢者のミクロデータに依拠して，教育年数をはじめとした社会経済的要因と健康との関係性をロジスティック回帰分析という手法を用いて検証しています。これによると，慢性疾患の発症確率や通院確率といった最も重視すべき健康状態を表す基本的な変数に関しては，社会的・経済的な格差は統計的に確認できませんでした。しかしながら，肉体的だるさや主観的健康状態といったいわば広義の健康状態に関しては，社会階層の違いや所得水準の違いで格差があることが明らかにされています。

の適切なデータセットをうまく組み合わせる方法が考えられます。このような視点に立った近年の代表的な研究として，Oshio and Kobayashi（2009）があります。次節では，この研究の内容を中心にして，実証分析の内容をやや詳しく検討していくことにしましょう。

10.4 実証分析の具体例

　本節で取り上げるような実証分析では，アンケート調査に依拠してデータセットが構築されています。この場合，例えば回帰モデルにおいて被説明変数となる健康状態に関しては，「良い」とか「悪い」といったように，いくつかの選択肢から回答者が選ぶ形式になっています。つまり，健康状態は連続変数ではなく離散変数で表現されます。このため，所得格差と健康の実証分析では，しばしば順序ロジットモデルや順序プロビットモデルといった離散選択モデルと呼ばれる推定モデルが用いられます。以下で述べる説明のプロセスで推定結果を大まかに理解することは可能と思いますが，正しい理解のためにはこれらのトピックスを取り上げている計量経済学のテキストを参照してください。すでに紹介しましたが，内容的にも充実しており，説明も平易な山本（2015）をお薦めしておきます。

　ここで中心的に取り上げる Oshio and Kobayashi（2009）では，「国民生活基礎調査」（2004 年調査；データは 1 年前）と「日本版総合的社会調査（JGSS）」（2003 年調査）の 2 つのデータを組み合わせて分析に使用するデータセットを作り上げています。前者からは地域情報を，後者からは健康意識といった個人に関する情報を取得しています。被説明変数となる健康意識（回答者が主観的に判断する健康状態）は，5 段階（1 ～ 5）で回答が得られ，「最も良い」を「1」，「最も悪い」を「5」としています[14]。このことから，推定結果において，回帰式右辺の説明変数の係数推定値がプラスであるとき，

14　健康状態を客観的に数量化することは容易ではありません。よって実際には，自分の主観的な健康感（self-rated health，SRH）を問うことから生成されるカテゴリー変数がしばしば用いられることになります（小塩，2016）。

表 10-2 Oshio and Kobayashi（2009）の推定結果（1）

被説明変数：健康意識（主観的な健康状態）

説明変数	順序ロジット 係数	z 値
世帯所得（対数）	−0.125	−2.04**
ジニ係数	8.911	2.52**
都道府県1人あたり所得（100万円）	0.660	1.50
女性ダミー	0.145	0.99
学歴ダミー（基準グループ＝中学卒）		
高校卒	−0.394	−2.66***
大学卒	−0.249	−1.50

（注）　***，**はそれぞれ1％，5％有意。z値は係数を標準誤差で割ったものです。大まかには，z値の絶対値が2を上回ると，係数の値が統計的に0でないことを意味します。
（出所）　Oshio and Kobayashi（2009）

その説明変数が健康意識に対してマイナスの関係をもつことを意味します。逆に係数がマイナスであるときは，健康意識に対してプラスの関係をもつことになります。推定結果を抜粋したものが表10-2に示されています。

　個人や世帯の所得の多寡に加えて，本章でこれまでに考察してきた理論的背景に基づくと，個人が属する地域の所得状況や所得分配の不平等度（ともにマクロ的指標）が，個人（ミクロ）の健康意識に及ぼす影響が大変興味深いポイントになります。

　はじめに，世帯の所得が高い場合，係数の符号はマイナスかつ5％水準で有意ですから（−0.125），健康意識は高い（主観的健康状態が良い）傾向にあることがわかります。これは極めて自然な結果と考えられます。このことについて少し視点を変えてみることもできます。広い意味でOshio and Kobayashi（2009）の後続研究と位置づけられる小林（2010）の結果は興味深いものでした[15]。小林（2010）はまず世帯所得（等価世帯所得）を四分位に分

15　小林（2010）は，日本と米国を対象に，地域内（都道府県および州）所得格差が個々人の主観的な健康状態評価とどのように関連するかを検証したものです。日本の分析に用いたデータは，「日本版総合的社会調査（JGSS）」（2000年調査）であり，補足的に「全国消費実態調査」（1999年調査）も用いています。小林（2010）の主眼は「日米比較」にありますが，方法論的に

割し，実際の推定においては第4四分位（500万円以上）グループを基準として，第1四分位（220万円未満）グループ，第2四分位（220万円～350万円未満）グループ，第3四分位（350万円～500万円未満）グループをそれぞれダミー変数として考慮しています。結果として，基準となる所得階級と比較して，最も所得の低い第1四分位グループでは，有意に健康状態が悪い確率が高いという結果が得られました（1％水準）。第2四分位と第3四分位のグループは，係数はプラスでしたが，統計的に有意ではありませんでした。以上をまとめると，個人の属する世帯所得は健康状態にある程度関係しており，経済状態が特に厳しい場合に，健康の悪化を招くということになるでしょう。

次に，私たちが一層関心を寄せるポイントについてみていきましょう。すなわち，回答した個人の属する地域の経済状況が，何らかの理由によって個人の健康状態に影響するかどうかということです。2つの指標に着目してみることにします。

一つはジニ係数です。ジニ係数に関しては，読者のなかにもすでにご存知の方がいると思います[16]。ジニ係数は所得分配の不平等度を数量化した最も一般的で最も広く用いられている格差指標です。完全平等の所得分配が実現している場合，ジニ係数は0となります。一方，完全不平等の状態の場合は1をとります。数値が1に近いほど，不平等度は高いと解釈することができます。

表10-2をみるとジニ係数に関する推定値は8.911とプラスであり，5％水準で有意となっていることがわかります。すなわち，所得格差の大きい地域に住んでいることと悪い健康状態とが何らかの理由によって関係している可能性があるということです。小林（2010）でも当然ながらジニ係数は回帰式に含まれており，そこでは係数推定値が3.569（5％水準で有意）であり，Oshio and Kobayashi（2009）と同様の結果が得られています。単純なロジット推定等では，ジニ係数の統計的有意性が失われることもありますが，より

はOshio and Kobayashi（2009）と類似したものになっています。
16　統計学だけでなく医療経済学のテキストでもしばしばジニ係数への言及があります。例えば小塩（2016）ではよくまとまった解説を得ることができます。

精緻な順序ロジット推定や順序プロビット推定を行うと，上記のような係数の統計的有意性が確認されています。

ところで，重要なのは，この「何らかの理由」についてであり，**10.2 節**で3つの仮説を提示したことを思い出してください。相対的貧困仮説，社会関係資本の弱体化仮説，そして経済的利害対立仮説の3つでした。推定結果からどの仮説が説得的か絞り込みたいところですが，ジニ係数の有意性だけでは残念ながらそれは叶いません。つまり，どの仮説の可能性も排除することはできないのです。このように，所得格差と健康格差をつなぐルートを特定する作業は，非常に大きな困難を伴うものであり，実証研究を行う上ではこのことに十分留意して周到な分析計画を練る必要があります。本構の最後に言及しますが，事情（データ）が許せば少し工夫された変数を考慮する必要がありそうです。

続いて，個人の居住する地域の所得平均値の影響もみておきましょう[17]。つまり，周囲がお金持ちだと，自らも健康面でハッピーになれるかどうかという論点です。Oshio and Kobayashi（2009）では，1人あたり所得（対数値）が考慮されています。事前的にはさまざまな可能性を思い描くことはできますが，あまり深い関係はなさそうだと想定されます。係数の推定値は0.660で，やはり統計的に有意な変数ではありませんでした。以前と同様に，小林（2010）での結果についても確認しておきましょう。小林（2010）も0.093とプラスの値を得ていますが，有意な推定値ではありませんでした。

以上より，都道府県といったある程度大きな地域的広がりでの所得平均値と個人の健康の関係は希薄であることがわかりました。ただし，もっと狭い範囲（スモールエリア）での所得平均値は，場合によっては健康水準と関係するかもしれません。なぜなら，所得階層によって居住区域が分断されている状況がしばしばみられるからです。データが利用可能ならば，社会階層ないしは所得階層が健康に与える影響をさらに詳しく分析してみることは重要な課題といえるでしょう。

17　ジニ係数だけでなく所得平均値も考慮することには経済学的にも大きな意味があると考えられます。所得平均値は効率性の指標として捉えることができます。他方でジニ係数は格差の程度を表すことから，公平性の指標と位置づけられるでしょう。これら2つの変数を同時に考慮する場合の意義と問題点については，小塩（2016）を参照してください。

表10-3　Oshio and Kobayashi（2009）の推定結果（2）

被説明変数：健康意識（主観的な健康状態）

説明変数	順序ロジット 係数	z値
ソーシャル・キャピタルに対する個人の関わり方		
クラブ・同好会への所属	−0.270	−1.97**
友人関係に対する満足	−0.945	−5.03***
居住地に関する満足	−0.393	−2.47**
他人への信頼	−0.574	−4.31***
都道府県の健康関連インフラ		
1人あたり医療費（1,000円）	−0.014	−0.63
1平方キロあたり医師数	0.010	0.55
1人あたり健康診断回数	−2.416	−1.11

（注）　***，**はそれぞれ1％，5％有意。
（出所）　Oshio and Kobayashi（2009）

　他の基本的な変数の結果にも簡単に言及しておきます。性別は有意ではありませんでしたが，小林（2010）では女性の方が有意に健康状態は良いとの結果が得られています（5％水準）。学歴は，中学卒を基準として，高校卒は有意に健康状態が良いことがわかります（1％水準）。逆に小林（2010）では，大学卒がマイナスの符号で有意でした（10％水準）。これらより，性別や学歴の健康への影響は明瞭ではなく，交差項やクロス・ダミー変数なども導入しながらさらなる精査が必要と考えられます。

　最後に，汚染効果に関する仮説の妥当性を判断する上で重要な分析結果を紹介しましょう。表10-3は，Oshio and Kobayashi（2009）の同じ順序ロジット推定のなかで得られた結果の抜粋です。

　説明変数について，2つの異なるカテゴリーのものを取り上げています。まず，個人の地域社会への関わりと認識の一端を表すのが上の4つであり，いずれも統計的に有意です。汚染効果のルートに関して，所得格差によって社会的な結びつきが弱まり，そのことが個人の健康にも悪影響を及ぼす可能性を指摘しました（社会関係資本の弱体化仮説）。この実証結果は，仮説の妥当性を強く支持するものと考えられます。なぜなら，社会的な関わりをもち，

それへの満足度が高いほど，主観的な健康状態は良いと解釈できるからです（負で有意）[18]。この結果は政策的に非常に重要な意味をもつと考えられます。所得格差のある状況であっても，人々が社会と結びつく「場」があれば，格差から健康悪化への道をくい止めることができるかもしれません。ここまで明らかになると，政策的な対処法も具体性を帯びてくるでしょう。

　三番目に紹介した経済的利害対立仮説とおそらくは間接的に関係するのが下の3つであり，地域の健康関連インフラの代理変数群と捉えることができます。生命維持や健康管理に必要なインフラが備わっているかどうかは，健康意識ないしは健康状態とも密接に関わると思われます。しかしながら，この分析で使用されたような一般的な変数の場合は，それらの健康への影響は検出されませんでした。

■ **Active Learning**

《理解度チェック》
- □1　汚染効果に関する3つの仮説のうち，経済的利害対立仮説について説明してみましょう。
- □2　本講で取り扱ったテーマの探究に際して，なぜ多重レベル分析が必要となるのか説明してみましょう。

《調べてみよう》
　本講の実証分析のパートで取り上げた小林（2010）は，（公財）医療科学研究所のウェブサイトから入手できます。原論文と本講での説明を参考にして，日本と米国の分析結果を大まかに比較してみてください。
　小林（2010）：http://www.iken.org/publication/its/past/pdf/19-4-4.pdf

---

[18] 経済学者の澤田康幸氏らの東日本大震災に関連したアンケート調査では，人々とのつながりがストレスを軽減する傾向を確認しています。（「人間発見 沢田康幸さん」（『日本経済新聞』2017年9月25日夕刊）；福島県双葉町ウェブサイト「東日本大震災による被害・情報取得経路・復興に関するアンケート」調査結果報告（情報提供））

《Discussion》

本講では所得格差と健康の関連性を議論しました。それでは教育格差と健康の関連性はどうでしょうか。あなたが経験したり聞いたりしたことのある事例をふまえながら議論してみてください。

文献紹介

本講で引用・言及した書籍や論文をまとめておきます。

- 石田浩「健康と格差——少子高齢化の背後にあるもの」, 白波瀬佐和子編『変化する社会の不平等——少子高齢化にひそむ格差』, 東京大学出版会, 2006 年
- 小塩隆士「所得格差と健康——日本における実証研究の展望と課題」『医療経済研究』, Vol. 21(2), pp. 87-97, 2009 年
- 小塩隆士「所得分配と健康」, 橋本英樹・泉田信行編『医療経済学講義［補訂版］』, 東京大学出版会, 2016 年
- 小林美樹「所得格差の大きさと主観的健康状態の関連——マルチレベル分析による日米比較」『医療と社会』, Vol. 19(4), pp. 321-334, 2010 年
- 橋本英樹・盛山和夫「社会階層と健康」, 川上憲人・橋本英樹・近藤尚己編『社会と健康——健康格差解消に向けた統合科学的アプローチ』, 東京大学出版会, 2015 年
- 山本勲『実証分析のための計量経済学——正しい手法と結果の読み方』, 中央経済社, 2015 年
- Jones, C. I. and P. J. Klenow "Beyond GDP? Welfare across Countries and Time," *American Economic Review*, Vol. 106(9), pp. 2426-2457, 2016
- Kawachi, I., Y. Fujisawa, and S. Takao "The Health of Japanes : What Can We Learn from America?," *Journal of the National Institute of Public Health*, Vol. 56(2), pp. 114-121, 2007
- Nakaya, T. and D. Dorling "Geographical Inequalities of Mortality by Income in Two Developed Island Countries: A Cross-National Comparison of Britain and Japan," *Social Science & Medicine*, Vol. 60(12), pp. 2865-2875, 2005
- Oshio, T. and M. Kobayashi "Income Inequality, Area-Level Poverty, Perceived Aversion to Inequality, and Self-Rated Health in Japan," *Social Science & Medicine*, Vol. 69(3), pp. 317-326, 2009
- Shibuya, K., H. Hashimoto, and E. Yano "Individual Income, Income Distribution, and Self Rated Health in Japan: Cross Sectional Analysis of Nationally Representative Sample," *British Medical Journal*, Vol. 324(7328), pp. 16-19, 2002
- Wilkinson, R. G. "Income Distribution and Life Expectancy," *British Medical Journal*, Vol. 304(6820), pp. 165-168, 1992

第11講
健康投資，健康支出，マクロ経済パフォーマンス

■経済成長論では，人的資本が経済成長のエンジンの一つと考えられています。広義の人的資本の一部には，健康投資を通じて蓄積される健康資本が含まれます。つまり，健康水準を高める経済活動は，経済成長を促進する可能性があるのです。ここでは，有名なグロスマン・モデルをやや詳しく考察し，テーマに関連した実証研究を検討します。

11.1 はじめに

第10講の冒頭で述べたように，本講では健康や医療の問題が，どのようにしてマクロ経済の長期的成長と関係をもつのかについて考察していきます。前講との関係では，今度は健康・医療への投資や支出からGDP（GDP成長）へと向かう因果関係を考えます。その前に少し問題を整理しておくことにしましょう。

健康や医療への投資ないしは支出は，ミクロレベルとマクロレベルで考えることができるでしょう。ミクロレベルというのは，個別経済主体の健康投資のことを指します。体調が悪いので病院に行く，フィットネスクラブに通って健康管理をする，不足しがちな栄養素をサプリメントで補う，などといった多様な経済行動が考えられます。これらによって健康が回復したり強化されたりして，個人の効用（満足度）は高まるでしょう。一方で，健康な労働者は生産プロセスにおいて良質な労働力になります。すなわち，他の事情を不変として，健康投資は労働生産性を高めます。労働生産性が経済全体で高まると，経済成長にとっても有益でしょう。

次にマクロレベルではどうでしょうか。公的な医療制度を充実させるための医療支出や公衆衛生改善のための公共インフラ投資がなされると，上と同様に，そうした支出や投資が労働生産性向上に寄与したり，構築されたインフラ自体が生産プロセスのなかで生産力効果を発揮したりする場合もあるでしょう。マクロ経済学のテキストに必ず登場する生産関数を使って，このことを表現してみましょう。特に公共インフラ K_I に注目します。いま，Y を産出量または GDP，K_P を民間資本ストック，L を労働力とすると（技術水準ないしは全要素生産性 TFP（Total Factor Productivity）を表す A は無視します），

$$Y = F(K_P, L, K_I)$$

となります。一般的に表現しましたが，K_I が各生産要素を増やすような形で生産に貢献するものと考えられます。結果として，GDP の増加や成長と健康・医療投資が関係することになります。

ミクロとマクロの両面において，健康支出や健康投資の重要性がおわかりいただけたでしょう。また，高齢社会が進行するわが国では，医療に関係するさまざまなコストがもはや無視できないものであることが広く認識されるようになり，マクロ経済パフォーマンスを論じる際にも，健康・医療の問題は不可欠なものになってきています。

11.2 健康資本投資研究の展開

最近注目を集めているテーマなので意外に思うかもしれませんが，健康資本（health capital）の重要性が指摘されたのはだいぶ昔のことになります。1960 年代，人的資本の研究で有名でノーベル賞も受賞したベッカーをはじめとして，健康状態の改善を通じて人的資本は蓄積されるのだということが主張されます（Becker, 1964；Mushkin, 1962 など）。すなわち，健康（健康資本）と教育こそが人的資本の両輪だと説くのです。せっかくの着想にもかかわらず，ベッカーはしばらく教育の側面に研究上の関心を集中させていきます。

1970年代になると，健康・医療経済学分野で大変影響力のある貢献がなされます。グロスマン・モデルと呼ばれるものです（Grossman, 1972）。そこでは，消費財としての側面と区別して，投資財としての健康・医療が明示的に考慮されます。つまり，健康・医療サービスは単に消費者（患者）行動として需要されるだけでなく，健康投資を通じて生産・蓄積されて健康資本が形成されることになります。これはとても大事な考え方なので，節を改めてやや詳しく解説することにします（**11.3 節**）。

グロスマン・モデルが健康投資の考え方を導入したことを契機として，長期のマクロ経済パフォーマンス，すなわち経済成長との関係性の分析に道が開かれます。とりわけ，途上国の経済発展問題を考える上では重要なピースの一つに位置づけられ，その実際上のインパクトを確かめるべく，実証研究が先行する形で研究が進んでいきました[1]。1980年代後半以降，マクロの長期分析ではポール・ローマーやロバート・ルーカスによる画期的な理論的貢献を礎として，一気に内生的成長理論（endogenous growth theory）の研究が進展します（Romer, 1986；Lucas, 1988）。いま考えると当然の成り行きではありますが，そうした風が人的資本の重要な構成要素である健康資本投資と経済成長の研究をも後押しし，健康・医療経済分野において非常に影響力のある *Journal of Health Economics* 誌に van Zon and Muysken（2001）の著名な論文が掲載されます。

この van Zon and Muysken（2001）のモデルは，ルーカスの人的資本型の内生的成長モデルの拡張と位置づけられ，健康資本の蓄積と狭義の人的資本の蓄積の間のトレード・オフを明らかにし，そのことの長期的成長への影響を詳細に分析しています。構造上とりわけ興味深いのは，健康資本のレベルが経済主体の厚生にプラスの影響を与える点です。これは「健康であれば毎日が楽しい」という一般的な感覚を織り込んだものといえるでしょう。このため，健康資本は財・サービスの生産関数だけでなく，代表的経済主体の効

---

[1] 比較的初期の代表的な実証研究として Knowles and Owen（1995）を，より包括的なものとしては Bloom *et al.*（2004）を挙げておきましょう。グロスマン・モデル以降の理論的な研究については，Ehrlich and Chuma（1990）をはじめとして，しばらくの間はミクロの最適化行動の観点からの研究が進みます。生産性への影響といった，マクロの長期的経済成長の観点からの研究が登場しはじめるのは，主に2000年代に入ってからのことになります。

用関数にも含まれる設定になっています。この研究をきっかけとして，健康資本や公衆衛生インフラを考慮した経済成長理論が登場してきます（Agénor, 2008；Gupta and Barman, 2010；Hosoya, 2014）。

以上，非常に簡単に，時系列に沿って健康資本の理論的研究を紹介してきました。以下では，すでにお知らせしてあるように，最も代表的なグロスマン・モデルを取り上げて，健康資本蓄積のエッセンスを理解してもらおうと思います。

11.3　グロスマン・モデルのスケッチ

人々は病気にかかったときに医療サービスを需要するわけですが，標準的なミクロ経済理論における効用最大化問題のなかで考えると少し困った事態に遭遇します[2]。通常の消費者行動では食事やレジャーを需要し，それによって経済主体の効用は高まります。一方で，医療サービスを需要する場合はどうでしょう。痛い注射を打ったり，苦痛を伴う検査を受けたり，副作用のある化学療法を受けたりと，これら自体からは満足は得られず，不快な思いをすることもしばしばです[3]。また，おいしくない健康食品，煩わしいスポーツクラブ通い，そして定期健診や人間ドックを需要するのも，予防的サービス（preventive care）を買っているという点で，医療サービスを購入することと同様に考えることができるでしょう。端的にいえば，私たちは苦痛を経た結果生み出される「健康」や「健康の改善」から満足を得るのではないでしょうか。

健康や永遠の生命それ自体をどこかで買うことができればよいのですが，残念ながら健康という財は市場では売っていません（市場取引されません）。つまり，健康を手に入れるための派生需要（derived demand）として，私たちの医療需要を捉えることができます。こうした巧みな発想が，グロスマン・

---

[2] 標準的な効用最大化問題に関しては**第4講**で説明していますので，必要な読者はそちらを参照してください。

[3] 大森（2008）は，この側面を捉えて「不思議な消費者」と呼んでいます。

モデルが評価されるゆえんです。

次のパートでは理解しやすいよう簡略化したモデルでグロスマン・モデルを説明しますが、まずは原論文のエッセンスを、大森（2008）を参考にしてまとめておくことにします。

T年間生きる代表的経済主体がいると仮定します。この人は通常の消費財と健康時間（健康水準によって規定されます）から満足を得て、生涯効用の和を最大にするよう行動します。生まれたときから保有している初期保有資産とその利子収入が総資産で、この範囲内で消費財と健康への支出を行います。重要なのが健康への支出の意味です。仮に今期に健康投資をしたとしましょう。すると来期の健康水準が高まり、効用の源泉である健康時間が増えます。

健康投資には、本節冒頭で述べたように、さまざまなものが含まれるでしょう。医療サービスや予防的サービスを購入して健康資本を増加させると、健康の増進が図られ、結果として健康時間が増加するわけです（健康生産モデル）。もちろん、健康資本は単調に増加していくわけではありません。加齢（aging）や病気によって健康資本は減少することもあります。つまり、グロスマン・モデルでは、健康資本の減少を補うものとして、医療や予防的サービスを購入する行動が経済合理的に説明できるのです。

■ 簡略化したモデルの構造

構造的に鍵になるのは、効用関数、健康生産関数、そして予算制約式の3つです。経済主体の効用は健康水準Hとその他の財の量zに依存しますから、$u = U(H, z)$と表すことができます。当然のことですが、Hが高まれば、効用は増加すると想定します。

次に健康の生産プロセスを考えていきましょう。健康水準Hは、次のような健康生産関数によって規定されます。

$$H = H_0 + f(m)$$

H_0は健康の初期保有量であり、もともと個人が有している健康水準と考えることができます。mは医療サービスや予防的サービスの投入であり、この部分で健康を補ったり高めたりする行動が捉えられています。図 11-1

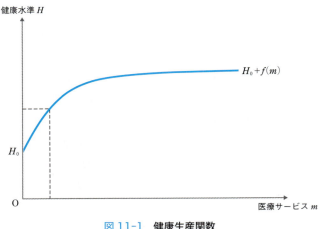

図11-1　健康生産関数

は健康生産関数を図示したものになりますが，健康水準が頭打ちになっているのは，（おそらく）どんな大金持ちでも無限の命は得られないという性質を表しています。

次に経済主体が直面する予算制約式について考えます。リンゴとミカンを医療サービスとその他の財に置き換えるだけなので簡単です。医療といえば医療保険が現実にはありますが，それはこのモデルでは捨象します。Iを所得，p_mを医療サービスの価格，p_zをその他の財の価格とすると，次のように表すことができます。

$$p_m m + p_z z = I$$

以上でセットアップは終了です。結果的に，最適化問題は，

$$\max \quad u = U(H_0 + f(m), z)$$
$$\text{subject to} \quad p_m m + p_z z = I$$

となります。

■ 図を用いてモデルを解く

　分析上の最終的な関心は，(消費財，健康水準) の組み合わせの最適な選択です。この決定の様子を図の第1象限に描くことを試みます。読者の皆さんは鉛筆をもって以下の説明をトレースしてみてください。はじめに，縦軸に健康水準，横軸にその他の財 (合成財としての消費財) の量をとります。このとき第2象限には，健康生産関数を描くと好都合です。しかしながら，ここでちょっとした問題に行き当たります。消費者の実際の選択は (消費財，医療サービス) の選択ですが，これらはそれぞれ第1，第2象限の横軸にとられています。予算制約式に無差別曲線を重ね合わせる通常の最適選択の図示は不可能のように思えます[4]。

　じっくりと (これまでに描いた) 図を眺めると，一つの良いアイディアが浮かんでくるでしょう。第3象限に傾きが1の45度線を引き，横軸にとられている医療サービス量を正確に縦軸に移してあげるのです。この操作により，第4象限に予算制約式を描くことが可能になります。

　以上のプロセスを経て，第1象限に消費財と健康水準に関する資源制約線が図示されます。これは消費理論における予算制約のようなものですが，グロスマン・モデルでは変形曲線と呼ばれています。これを制約として，消費者の選好に基づいた消費財と健康水準の無差別曲線を重ね合わせれば，最適な (消費財*，健康水準*) の組み合わせが決まります[5]。

　少し長い道のりに感じたかもしれませんが，グロスマン・モデルを図の上で「解く」作業が完了しました。図11-2のように描けていればOKです。

　ところで，医療サービスの価格 p_m を変化させることにより，おなじみの右下がりの需要曲線を導出することができます (読者はぜひトライしてみてください)[6]。

■ グロスマン・モデルのワーキング

　図11-2を基本として，経済主体の健康水準が悪化した場合を例にとって

---

[4] 消費者選択の標準的なケースについては，**第4講**を参照してください。
[5] *は最適な値となっていることを意味します。
[6] 不安がある人は**第4講**を読み直してください。

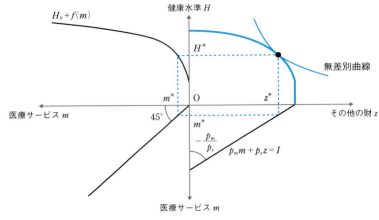

図 11-2　グロスマン・モデルの図解

検討していきましょう。健康の悪化をどのように表現したらよいでしょうか。いま 2 つの状態（state）を考えます。状態 1（H_1）は，健康が保たれている状態と考えます。一方，状態 2（H_2）は，健康が悪化した場合に対応するものとしましょう。グロスマン・モデルでは，健康水準の変化を健康の初期保有量の変化で表すのが一つの特徴となっています。つまり，状態 2 では，健康生産関数が（形状を維持したまま）下方シフトすることになります。

図 11-3 をみてください。まず，健康水準が悪化すると，健康の生産効率も悪化してしまうことが確認できます。同じ医療サービス支出に対して，生み出される健康水準に違いが生じます。状態 2 になると，消費者は消費財の需要量を減らし，医療サービスへの需要を増やす意思決定を行うことになります。図 11-3 にはその様子が明確に示されています。

これまでに得られたことをまとめておきましょう。通常の消費理論では，好み（選好）の変化が起きなければ，無差別曲線のシフトはなく，したがって医療サービス需要も変化しません。対してグロスマン・モデルでは，選好の変化がなくても，健康水準（健康の初期保有量）が変わりさえすれば，医療サービス需要も変化することになります。私たちの実際の行動からすると，

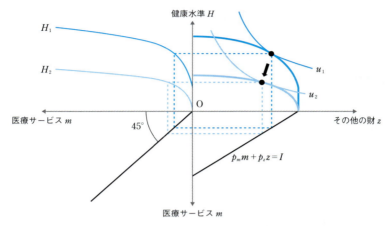

図11-3 グロスマン・モデルにおける健康悪化の影響

グロスマン・モデルによる解釈の方がより説得的に思えるのではないでしょうか。

■ 医療政策への応用

理論的な側面ばかりに注目が集まりがちなグロスマン・モデルですが，基本的かつ重要な医療政策問題を考える上でのヒントも与えてくれます。

いま $H_1 > H_2$ を次のように解釈してみます。

> 状態1（H_1）：健康水準が相対的に高い⇒若壮年者
> 状態2（H_2）：健康水準が相対的に低い⇒高齢者

若壮年者も高齢者も同じ所得を得ており，彼らの選好（効用関数）は同一であると仮定します。しかしながら，健康の初期保有量は異なっており，健康の生産効率も加齢等によって異なっているとした場合，実際に実現する効用水準は明らかに異なったものになるでしょう。

ここでもし社会が公平性という価値をより重要視するならば，高齢者に対して医療費自己負担率を低く設定することは，社会的に許容され得ることだ

と判断できるでしょう。すでに**第2講**で学んだように，日本では高齢者の自己負担率は低く抑えられ，特に75歳以上の後期高齢者では1割負担となっているのが現状です。

■ グロスマン・モデルあれこれ

誕生から現在に至るまで，グロスマン・モデルは理論と実証の両面でさらなる発展を遂げています。そのなかで，不確実性が考慮されていない，死亡をどう捉えるか，など理論の本質に関わる問題点も指摘されてきました。詳細は，例えば泉田（2016）を参照してください。本講ではモデルの応用という観点から，健康投資を通じた健康形成のいくつかの論点を紹介しておきたいと思います[7]。

健康形成の問題を考える場合，影響関係はかなり複雑と考えられますが，その個人自身に影響が帰着する場合とそうでない場合とに分類することができます。前者には，就業と健康の関係や教育と健康の関係などが当てはまるでしょう。後者には，親の健康・経済状態と子どもの健康が典型的に該当します。ここでは教育の影響について少し考えてみます。

教育水準が個人の健康投資行動に影響することは，十分にあり得ることであり，教育は健康と統計的な関係性があるのかどうかがさまざまな形で実証されています。試しに，多くの読者が大学内でアクセス可能と思われる*Journal of Health Economics* 誌や *Economics of Education Review* 誌のなかでキーワード検索をすると，多くの論文をみつけることができます[8]。グロスマン教授自身の包括的な論考（Grossman, 2000）でも述べられているように，教育を受けた年数が長いほど，健康水準が高いという傾向性は強いようです。日本の場合についてですが，本書**第10講**で取り上げた Oshio and Kobayashi（2009）や小林（2010）の結果から，明確というほどではないにせよ，教育水準と健康の間には無視できない関係がありそうです。

ところで，本講では言及してきませんでしたが，現実の健康投資は異時点間にわたる中・長期的な意思決定となるため，動学的なマクロ経済モデルの

---

7 これについても泉田（2016）では明快な分類で手際のよいサーベイがなされています。
8 例えば，Eide and Showalter（2011）や Buckles *et al.*（2016）などに遭遇できるでしょう。

主要パラメータである時間選好率(時間割引率)の役割がとても重要になってきます。時間選好率とは、現在の効用と比較して将来の効用をどの程度重視しているかを表す選好パラメータといえます[9]。したがって、将来を重視するほど(低い時間選好率の値になります)、健康投資や教育投資を増やし、将来の高い所得水準を享受しようと経済主体は考えるでしょう。すると、泉田(2016)が述べているように、健康投資と教育投資が仮に独立でも、時間選好という選好に関する本質的な要因を背景にして、教育と健康が相関をもつことが考えられます。このように、時間選好は異時点間最適化モデルにとって無視できない要因なのです。

本節の最後に、時間選好率に関する新しい考え方について言及しておきましょう。標準的な時間選好率パラメータは、時間を通じて一定で変化しません。もしこのパラメータの可変性を許容したらどうなるでしょう。近年発展著しい行動経済学の分野では、双曲割引(hyperbolic discounting)という可変的なタイプの時間選好率に注目します。典型的には、計画時には低い時間選好率だったものが、実行時には高い時間選好率に変化するというパターンです。このような考え方に立つと、私たちの日常でしばしばみられがちで、健康資本形成に関係する「ダイエットの先延ばし行動」といったことについてうまく説明できることが知られています。河口(2015)は、双曲割引について理論的な考え方と実証分析を詳しく説明しています。

11.4　健康・医療支出や健康資本の考慮

本節では、健康・医療支出や健康資本をモデルに実装する際の標準的な方法について紹介し、次節の実証分析につなげたいと思います。技術的にいくぶん高度な事柄も含まれてしまうため、ここではあくまで分析のイメージをつかんでもらうことが主眼になります。なお、健康・医療と経済成長の関係

---

[9]　さらに厳密には、現在の消費水準と将来の消費水準を同じにした状態で、現在の消費水準を1単位減少させた場合、将来の消費水準をどれだけ増加させれば効用水準が維持されるかを表すパラメータとして説明できます。

について包括的にレビューを行っている論考が，経済成長論全般の基本文献である *Handbook of Economic Growth* に収録されています（Weil，2014）。

　誤解を恐れずにいうと，結果的にかなりの類似性はあるものの，アプローチ法は2つに大別されます。一つは，マンキューら（Mankiw *et al.*, 1992）による，所得収束仮説の検証を目的とした拡張型ソロー・モデルに健康・医療の要素を導入したタイプものです（以下，MRWタイプと略記）。例として，Knowles and Owen（1995），Rivera and Currais（1999），そして McDonald and Roberts（2002）などがあります。もう一つは，生産関数をベースとしたタイプのもので，Bloom *et al.*（2004）などが好例です[10]。11.2節でも少しふれましたが，内生的成長理論への関心の高まりを背景として，その中心要素である人的資本の成長へのインパクトがさまざまな形で実証的に分析されていきます。健康資本も人的資本を構成する一部ですから，当然のように健康資本の成長の説明力にも注目が集まっていったのです。

　この検証は基本的にマクロレベルで行われる作業になりますから，統計分析の手法としてはやはり回帰分析を用いるのが標準的です（13.3節参照）。本書では，経済の移行動学（transition dynamics）を考慮し，長期的成長への影響を検証するのにより適切と考えられるMRWタイプの理論的フレームワークを基礎とした実証分析に焦点を当てることにします。一般的にこのタイプの分析では，回帰式の左辺の1人あたりGDP成長率を，右辺の投資率（物的資本，人的資本，健康資本等への）や投資率以外の人的資本，健康資本関連変数で説明しようとすることを試みます。実証分析結果そのものに関心のある読者は，以下をスキップして11.5節に進んでもらって構いませんが，理論モデルから実証分析への大まかな流れを説明しておきたいと思います。内容的に少し高度なものになりますが，ソロー・モデルを勉強したことがあればぜひチャレンジしてみてください。

　まず，通常の物的な資本 $K(t)$ に加えて人的資本を導入し，それは教育資本 $E(t)$ と健康資本 $H(t)$ から成るものとします。これらはすべてストック変

---

[10] 経済成長の実証分析は少し高度な話題になりますが，比較的読みやすく，本質的なポイントを押さえた優れた展望論文として祝迫（2000）を推奨しておきます。また，所得収束仮説について解説している学部レベルの標準的なテキストとして三野（2013）や福田・照山（2016）があります。

数として定義されます。よって，技術進歩 $A(t)$ を含む標準的なマクロ生産関数は次のように書くことができます。

$$Y(t) = K(t)^\alpha E(t)^\beta H(t)^\eta [A(t)L(t)]^{1-\alpha-\beta-\eta} \tag{11.1}$$

ここからは少し複雑ですが，概略として次のように整理できます。(i) はじめに，(11.1) 式を1人あたり（正確には効率労働1単位あたり）に書き改めます[11]。(ii) 次に，定常状態（長期均衡）を仮定してモデルを展開します。(iii) そして，MRW タイプの特徴である収束式にそれまでに導出した式を当てはめます。(iv) すると，推定式の一歩手前の段階として，1人あたり所得の変化を描写する式が導出されます[12]。

$$\ln y(t) - \ln y(0) = \pi \ln A(0) + gt + \frac{\pi\alpha}{\mu+\beta}\ln s_k + \frac{\pi\beta}{\mu+\beta}\ln e^* + \frac{\pi\eta}{\mu+\beta}\ln s_h$$
$$- \frac{\pi(1-\mu-\beta)}{\mu+\beta}\ln(n+g+\delta) - \pi \ln y(0) \tag{11.2}$$

ただし，$\pi = 1 - \exp(-\lambda t)$，$\mu = 1 - \alpha - \beta - \eta$ です[13]。この (11.2) 式において，左辺は自然対数の差分なので，(近似的な) 1人あたり所得 y の成長率を表すことになります。この所得の成長を右辺で説明します。s_k と s_h はそれぞれ GDP に対する物的資本投資率と健康・医療支出率です。このバージョンでは，教育人的資本に関して，一般的な教育投資支出ではなく平均修学年数 e^* が考慮されます。基本的にこれら3つの要素で経済成長の説明を試みますが，所得収束仮説の妥当性をみる初期時点での所得水準 $y(0)$ の項が含まれています[14]。最後に，$\pi \ln y(0) + gt = a + \varepsilon$ として，定数項 a と確率

---

[11] 経済成長の議論は，通常1人あたり GDP（所得）の伸びに着目します。
[12] 導出の詳細については，Mankiw *et al.* (1992)，Islam (1995)，Knowles and Owen (1995)，Rivera and Currais (1999)，Hosoya (2012) などを参照してください。(11.2) 式は MRW タイプの一つのバージョンです。分析対象やデータに応じて，何パターンか考えられます。興味のある人は各論文をみてください。
[13] λ は長期均衡への収束速度を表します。
[14] 他には，n が人口成長率，g と δ はそれぞれ外生的に与えられる技術進歩率と資本減耗率になります。多くの実証分析では，$g + \delta = 0.02 + 0.03 = 0.05$ と仮定されています。

的誤差項 ε が含まれ最終的な推定式が導出されます。

ちょうど（11.2）式のバージョンに対応する実証分析が Rivera and Currais（1999）で行われていますので，それを次節で簡単に紹介することにします。なお，Knowles and Owen（1995）や Hosoya（2012）もこれと密接に関連する研究ですので，ぜひ参照してみてください。

11.5　実証分析の具体例

それでは Rivera and Currais（1999）の実証分析の一部を取り上げて，健康・医療支出を通じた健康資本形成の経済成長へのインパクトをみてみることにしましょう[15]。この分析は OECD 加盟の 24 ヶ国を対象としたクロスカントリーの実証分析であり，サンプル期間は 1960-1990 年となっています。

表 11-1 は，3 種類の推定結果の抜粋になります。（Ⅰ）はベンチマークの推定で，ソロー・モデルをはじめとした所得収束仮説を直接的に検証するものです。初期時点（1960 年）での所得水準の係数は負で有意ですから，収束仮説を支持する結果となっています。（Ⅱ）では，（Ⅰ）に物的資本投資率，人口成長率，教育水準（修学年数）が追加されています。投資率と教育水準は高い有意性を示しており，とりわけ人的資本の一般的な代理変数である教育水準についての推定結果は，重要なポイントといえます。最後の（Ⅲ）が最も注目すべき推定になります。人的資本の構成要素として，健康や医療に関連する要因である健康・医療支出率を（Ⅱ）に加えた推定式になります。係数の符号は正であり，5％水準で有意となっています。教育水準の有意性も維持され，回帰式全体の当てはまりのよさの尺度である自由度修正済み決定係数もわずかながら向上しています。したがって，（Ⅲ）のような拡張は妥当なものと判断できるでしょう。

結果的に，上で示したフレームワークの下では，健康・医療が経済成長

---

[15] この分析は当該のテーマを扱った比較的初期の分析ですが，現在ではパネル・データや時系列データを用いてより精緻な分析が行われるようになっています。また，推定手法の面でも多くの進展があります。

表11-1 Rivera and Currais (1999) の推定結果

被説明変数：労働者1人あたりGDPの対数差分（経済成長率）

説明変数	絶対的収束性 (Ⅰ)	条件付き収束性 教育 (Ⅱ)	条件付き収束性 教育と健康・医療 (Ⅲ)
定数項	5.55 (5.46)***	4.55 (4.77)***	5.73 (8.51)***
$\ln y(0)$	−0.51 (−4.77)***	−0.53 (−11.42)***	−0.59 (−18.35)***
$\ln(n+g+\delta)$	—	−0.43 (−1.84)*	−0.45 (−2.42)**
$\ln s_k$	—	0.37 (2.58)***	0.33 (2.51)**
$\ln e^*$	—	0.25 (5.21)***	0.20 (4.52)***
$\ln s_h$	—	—	0.22 (2.40)**
自由度修正済み R^2	0.73	0.87	0.88

(注) ***，**，* はそれぞれ1%，5%，10%有意。
(出所) Rivera and Currais (1999)

（労働者1人あたりGDPの伸び）の促進要因であることが確認できました。しかし，**第10講**の冒頭でも指摘したように，経済状態と健康・医療との間の影響関係はかなり複雑なものと思われますから，ここで示されたような結果が本当に正しいのか，さらに精査する必要があるでしょう。また，因果関係が認められる場合でも，成長へのインパクトがどれだけあるかなど，考察すべき課題は数多くあると考えられます。この分野の先端領域では，まさにこうした観点から研究が進められています。英語になってしまいますが，本講を読んで関心をもった読者のために，基本文献を2つ紹介して講を閉じることにします。一つはLópez-Casasnovas *et al.* (2005)，もう一つはすでに本講で取り上げたWeil (2014) です。

■ Active Learning

《理解度チェック》・・・
- □1 政府が医療や公衆衛生に投資すると，どのような効果が期待できるでしょうか。いくつか説明してみましょう。
- □2 私たちが痛い注射を我慢してまで打つのはなぜでしょうか。グロスマン・モデルの文脈に沿って説明してみましょう。
- □3 **11.5節**で取り上げた実証結果に関して，健康・医療支出率を回帰式に加えた場合に，物的資本投資率と教育水準の係数推定値の大きさや統計的有意性に生じた変化を確認してみましょう。

《調べてみよう》・・・
- [1] グロスマン・モデルに依拠して，医療サービス価格が低下した場合の影響を図示してみましょう（**図 11-2** および **図 11-3** を参照してください）。
- [2] **第 13 講**で紹介している OECD Health Statistics を使って，総保健支出・GDP 比率と 1 人あたり GDP（例えば，同じデータセットから取得できる /capita, US$ purchasing power parity のデータを使用してみるとよいでしょう）との相関を調べてみましょう。

《Discussion》・・・

近年よく耳にする「社会保障を成長戦略に」という考え方を私たちはどう捉えればよいでしょうか。専門家のなかにも肯定的な意見と否定的な意見がありますので，それらをふまえて議論してみてください（代表的なものとして，盛山和夫氏や鈴木亘氏の論考があります）。

文献紹介

本講で引用・言及した書籍や論文をまとめておきます。
- 泉田信行「医療サービスの需要」，橋本英樹・泉田信行編『医療経済学講義［補訂版］』，東京大学出版会，2016 年
- 祝迫得夫「経済成長の実証研究──「収束」仮説の検証と多部門モデルの実証研究の必要性」，伊藤隆敏・園部哲史編『経済分析』，第 160 号，2000 年
- 大森正博『医療経済論』，岩波書店，2008 年
- 河口洋行『医療の経済学［第 3 版］──経済学の視点で日本の医療政策を考える』，日本評論社，2015 年

- 小林美樹「所得格差の大きさと主観的健康状態の関連――マルチレベル分析による日米比較」『医療と社会』，Vol. 19(4)，pp. 321-334，2010 年
- 福田慎一・照山博司『マクロ経済学・入門 [第 5 版]』，有斐閣，2016 年
- 三野和雄『マクロ経済学』，培風館，2013 年
- Agénor, P. -R. "Health and Infrastructure in a Model of Endogenous Growth," *Journal of Macroeconomics*, Vol. 30(4), pp. 1407-1422, 2008
- Becker, G. S., *Human Capital: A Theoretical and Empirical Analysis, with Special Reference to Education*, The University of Chicago Press, 1964
- Bloom, D. E., D. Canning, and J. Sevilla "The Effect of Health on Economic Growth: A Production Function Approach," *World Development*, Vol. 32(1), pp. 1-13, 2004
- Buckles, K., A. Hagemann, O. Malamud, M. Morrill, and A. Wozniak "The Effect of College Education on Mortality," *Journal of Health Economics*, Vol. 50, pp. 99-114, 2016
- Ehrlich, I. and H. Chuma "A Model of the Demand for Longevity and the Value of Life Extension," *Journal of Political Economy*, Vol. 98(4), pp. 761-782, 1990
- Eide, E. R. and M. H. Showalter "Estimating the Relation between Health and Education: What Do We Know and What Do We Need to Know?," *Economics of Education Review*, Vol. 30(5), pp. 778-791, 2011
- Grossman, M. "On the Concept of Health Capital and the Demand for Health," *Journal of Political Economy*, Vol. 80(2), pp. 223-255, 1972
- Grossman, M. "The Human Capital Model," in A. J. Culyer and J. P. Newhouse, eds., *Handbook of Health Economics*, Vol. 1A, Elsevier, 2000
- Gupta, M. R. and T. R. Barman "Health, Infrastructure, Environment and Endogenous Growth," *Journal of Macroeconomics*, Vol. 32(2), pp. 657-673, 2010
- Hosoya, K. "Roles of Educational and Health Human Capital Accumulation in Economic Growth," *Tohoku Gakuin University Economic Review*, Vol. 178, pp. 43-53, 2012
- Hosoya, K. "Public Health Infrastructure and Growth: Ways to Improve the Inferior Equilibrium under Multiple Equilibria," *Research in Economics*, Vol. 68(3), pp. 194-207, 2014
- Islam, N. "Growth Empirics: A Panel Data Approach," *Quarterly Journal of Economics*, Vol. 110(4), pp. 1127-1170, 1995
- Knowles, S. and D. Owen "Health Capital and Cross-Country Variation in Income Per Capita in the Mankiw-Romer-Weil Model," *Economics Letters*, Vol. 48(1), pp.

- 99-106, 1995
- López-Casasnovas, G., B. Rivera, and L. Currais, eds., *Health and Economic Growth*, MIT Press, 2005
- Lucas Jr., R. E. "On the Mechanics of Economic Development," *Journal of Monetary Economics*, Vol. 22(1), pp. 3-42, 1988
- McDonald, S. and J. Roberts "Growth and Multiple Forms of Human Capital in an Augmented Solow Model: A Panel Data Investigation," *Economics Letters*, Vol. 74(2), pp. 271-276, 2002
- Mankiw, N. G., D. Romer, and D. N. Weil "A Contribution to the Empirics of Economic Growth," *Quarterly Journal of Economics*, Vol. 107(2), pp. 407-437, 1992
- Mushkin, S. J. "Health as an Investment," *Journal of Political Economy*, Vol. 70(5), pp. 129-157, 1962
- Oshio, T. and M. Kobayashi "Income Inequality, Area-Level Poverty, Perceived Aversion to Inequality, and Self-Rated Health in Japan," *Social Science & Medicine*, Vol. 69(3), pp. 317-326, 2009
- Rivera, B. and L. Currais "Income Variation and Health Expenditure: Evidence for OECD Countries," *Review of Development Economics*, Vol. 3(3), pp. 258-267, 1999
- Romer, P. M. "Increasing Returns and Long-Run Growth," *Journal of Political Economy*, Vol. 94(5), pp. 1002-1037, 1986
- van Zon, A. and J. Muysken "Health and Endogenous Growth," *Journal of Health Economics*, Vol. 20(2), pp. 169-185, 2001
- Weil, N. D. "Health and Economic Growth," in P. Aghion and S. N. Durlauf, eds., *Handbook of Economic Growth*, Vol. 2B, Elsevier, 2014

第12講 医師の労働市場と医師不足の問題

■最近の医療に関わるトピックスのなかで、とりわけ国民の関心を集めているものの一つに、医師不足の問題があります。この講では、労働経済学の基本をふまえ、医師の労働市場や医師不足の問題について検討します。

12.1 労働市場における医師不足問題

　労働市場における需要曲線と供給曲線の枠組みを用いて、医師不足がどのような要因で発生するかを考えてみましょう。図12-1 では、縦軸に賃金率、横軸に労働量をとり、労働需要曲線と労働供給曲線が描かれています。賃金率が低いほど労働需要は増加するので、労働需要曲線は右下がりとなります。一方、労働供給は賃金率が高いほど増加するので、労働供給曲線は右上がりとなります。

　ここで、高齢者人口の増大など何かしらの理由で医療サービスへの需要が高まり、医師への労働需要が高まったとしましょう。このとき、労働需要曲線は D_1 から D_2 へ右にシフトしていきます。すると市場均衡点は E_1 から E_2 へと移ります。どちらの均衡点でも、需要された労働量がきちんと供給されているので、医師の需給に過不足は起きていません。D_1 から D_2 へ需要が増加しても、賃金率の上昇によって需給が調整されるからです。しかし、この価格の調整機能が機能しないとき、どうなるでしょうか。

　ここで労働需要が D_1 から D_2 へシフトしたとき、賃金率が w_1 のまま上昇しない状況を想定してみましょう。すると、労働需要は L_3 の水準である一方、労働供給は L_1 のままとなります。この結果、$L_3 - L_1$ 分だけの超過需要

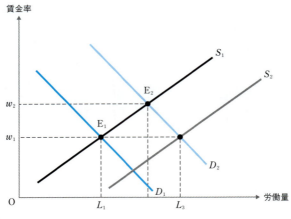

図 12-1　医師の労働市場と医師不足

（供給不足），つまり医師不足が発生することになります。賃金率が w_1 で固定化されるとき，労働供給曲線を S_2 までシフトさせなければ，医師不足は解消されることはありません。

　このように，需要の増大に伴って医師不足が発生する要因として，賃金率の上昇が十分ではないことと，供給の拡大が十分でないことが挙げられます。では，医師の賃金率は硬直的なのでしょうか。

　医師の給与を支払う医療機関の収益は，診療報酬制度によって規定されます。医療費の増大に伴い診療報酬が引き下げられると，収益は増大せず十分に賃金率を引き上げることができないかもしれません。そのため，需要の増大に対して賃金率は上昇していない可能性があります。このため，医師の労働市場では医師不足が生じやすいといえるかもしれません。

　また，需要の増大に伴い賃金率が上昇しなくとも，医師の供給を拡大させることで医師不足は解消できます。しかし，医師の労働供給量は医学部の定員数によって規定されていますし，外国人医師の受け入れも現在規制緩和の流れにあるとはいえ原則認められてはいません。医師数の供給に大きく影響を与える医学部入学定員数の推移について，少しふれておきましょう。

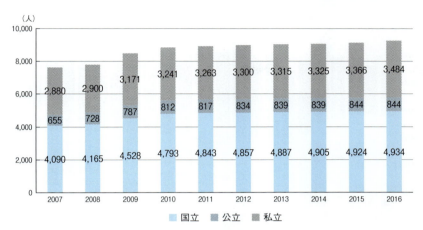

（出所）文部科学省「医学部入学定員の増員計画について」

図 12-2　医学部入学定員の推移

　医学部入学定員数は，医師数の増加が医療費を高めるとの懸念から厳しく制限されてきました。実際，1984 年には 8,280 人だった定員数は，2007 年には 7,625 人まで削減されました。しかし，その後医師不足が社会問題化されたこともあって，2008 年以降定員数の拡大が徐々に図られていきます。

　図 12-2 には，2006 年以降の医学部入学定員数の推移が示されています。医師数の供給を増大させるため，近年では医学部入学定員数を積極的に増加させる傾向が確認できます。

12.2　統計からみる医師不足の現状

　前節では，医師不足の要因として，需要増大に比して賃金率が硬直的であること，医師数の供給に制限があることを説明しました。しかし，実際に医師不足は発生しているのでしょうか。もし発生しているとすれば，どの程度発生しているのでしょうか。こうした問いに答えることは容易ではありませ

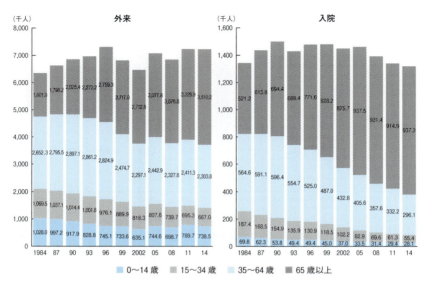

(出所) 厚生労働省「平成26年度 患者調査の概況」より筆者作成

図12-3 患者数の推移

んが，ここではさまざまな統計資料から医師不足の実態を確認していきましょう。

まず，患者数についてその動向を確認してみます。図12-3は，外来と入院の患者数の推移を示しています。高齢化を背景に近年患者数が増加していると思われがちですが，この図からは患者数が入院で大きく減少し，外来でも横ばいであることを確認できます。医師不足の背景に，患者数が大きく関係しているとはいえないかもしれません。ただし，図12-3からは，患者のうち65歳以上の高齢者の占める割合が増加傾向にあることもわかります。高齢者は通常よりも重症化しやすく，治りにくい場合が多いと考えられ，患者数が増加していなくても，治療が長期化しやすい患者が増え，医師の業務量が増大している可能性も考えられます。

次に医師数の動向を確認しましょう。図12-4では，医師数と人口10万人あたり医師数が示されています。上で示した通り，医学部定員数を増員さ

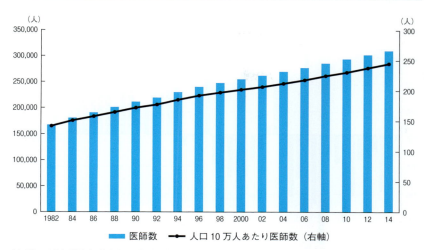
（出所）　厚生労働省「平成 26 年度医師歯科医師薬剤師調査」

図 12-4　医師数の推移

せるなかで医師数が増加し，人口あたりでみても一貫して増加傾向にあることが確認されます。患者数が減少しているなか医師数は増加しているので，医師不足が社会問題化している現実と整合的でないようにみえます。ただし，医師数が増加しているとしても，実際に医師として現場で活動していないものも含まれており，データには注意が必要です。

　一方，医師不足の問題は絶対数が足りないというより，地域によって，あるいは，診療科によって足りないという「偏在の問題」がしばしば指摘されています。つまり，医師の総数の問題ではなく，地域や診療科ごとで適正に配置されていないという配分の問題です。では，医師数は地域によってどの程度バラツキがあるのでしょうか。

　図 12-5 では，都道府県別の人口 10 万人あたりの医師数が示されています。全国平均が 233.6 人であるのに対して，最大の京都府では約 308 人となっており，最小である埼玉県約 153 人の約 2 倍の医師数となっています。また医師の配置は，**第 6 講**でも明らかにされた医療費や病床数と同様に，全

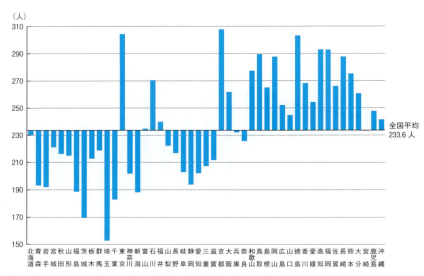

（出所） 厚生労働省「医師歯科医師薬剤師調査（平成26年度）」

図12-5　都道府県別にみた人口10万人あたりの医師数

体的には西日本に多く配分されていることも確認され，医師の地域偏在が生じていることが理解できます。

　最後に，診療科による医師の偏在についても確認しておきましょう。診療科の偏在を明らかにすることは，診療科ごとの需要と供給のギャップの大きさを推計する必要があるため技術的に大変難しい問題です。ここでは各診療科の医師がどのように増減しているかを把握することで，医師の診療科における偏在を検討してみたいと思います。

　図12-6では，2000年の医師数を100としたときの診療科ごとにみた医師数の増減を示しています。データにおける診療科区分が2004年と2008年で変更されていることもあり注意が必要ですが，診療科ごとで医師数の増減傾向が大きく異なることが理解できます。例えば，2000年と比べて神経内科では2016年に医師数が1.62倍となっている一方，内科では0.81倍，外科では0.59倍となっています。このため，内科や外科においては医師が十分に

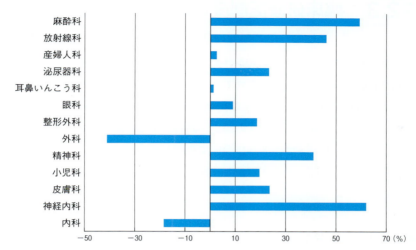

(出所) 厚生労働省「医師・歯科医師・薬剤師調査 各年度版」より筆者作成

図12-6 診療科ごとにみた医師の増減について

確保されていない可能性を考えることができます。

一方、近年、医療不足がしばしば指摘されている産婦人科、小児科においては、2016年は2000年と比べそれぞれ1.02倍、1.2倍と減少していることはありません。しかし、需要と比べて医師数が十分には増加していない可能性もありますし、産婦人科や小児科では女性医師が増加していることも、医師不足の背景として指摘されています[1]。女性医師では、出産や育児のために離職をする場合があるため、女性医師の割合が高まると医師不足に陥りやすいと考えられます。このため、出産、育児をしながら医師を続けられるような労働環境の整備が求められ、女性労働の問題は、医療の世界でも重要な課題となっています[2]。

---

1 医師全体における女性の割合は22.2%ですが、小児科と産婦人科での女性医師の割合は、それぞれ35.6%、42.9%となっています(厚生労働省「医師・歯科医師・薬剤師調査 平成28年度」)。
2 医師の性別に関しては、2018年、東京医科大学の入試試験に絡む問題で社会的な注目を集めました。

12.3 臨床研修医制度と医師の地域偏在

医師不足問題のなかでもとりわけ大きな問題となっているものに，地方での医師不足の問題がよく指摘されています。この地域の医師不足の問題の背景には，2004年から始まった新臨床研修制度が関わっているといわれています。この節では臨床研修制度の歴史，内容，そして臨床研修制度で採用しているマッチング・メカニズムについて説明します。そして，臨床研修制度と地域における医師不足の問題がどう関係するのかを明らかにすることにしましょう。

■ 日本の臨床研修制度の歴史

医師は，医師国家試験に合格し医学部を卒業した後，まずは2年間の卒後臨床研修があります。2004年から始まった新臨床研修制度により，研修を受けることが「義務化」されています。しかし，それ以前には制度はあっても研修はあくまで「努力義務」であり，さまざまな問題点が指摘されていました。

従来の研修制度では，研修内容も各研修病院に任されており，研修として2つ以上の診療科を回る「ローテイト方式」での研修よりも，1つの診療科を集中的に研修し専門力を高める「ストレート方式」での研修が多かったといわれています。このため，医師として高度な専門性を研修できるものの，総合的に患者を診る力を養う研修が不十分でした。

さらには，研修医の身分が法律的に定められていないこともあり，安価な労働力として扱われ，研修医の給料は非常に低いという実態がありました。このため，研修医は研修期間中に当直のアルバイトなどをしなければならず，少ない睡眠時間のなかで研修を受け，研修効果が得にくい環境にあったといわれています[3]。

これらの問題を解消するために，2004年から新臨床研修制度が始まりまし

---

[3] 1998年には，関西医科大学で当時26歳の研修医が過労死で亡くなるという事件も発生しています。

た。この新しい制度では，医師としての人格を涵養し，一般的な診療全般の理解を深め，患者を全人的に診る基本的な診療能力を高めることを理念としています。

新しい制度では，研修内容が曖昧であった従来の制度から，医師として学ばなければならない内容を必修科目として指定し，研修内容の質的保証を試みています。また研修医は，研修に専念するためアルバイトは法律で禁止し，給与を含め研修医の待遇について大幅な改善が図られています。

また，この制度ではマッチングというしくみが導入されました。これは，研修医が研修に行きたい病院の希望を提示し，研修病院が受け入れるか否かを決め，病院が受け入れたら研修先が決まるというしくみです。

このしくみには，競争原理が組み込まれています。研修希望の病院の人気が高い場合，研修医は研修病院側に選んでもらうためには，自身の能力を示すための努力をしなければなりません。また病院の方も，研修内容やプログラムに特徴を出すなど，魅力のある環境を提示しなければ，研修医を獲得することはできないでしょう。このように，研修医と研修病院の双方が，研修に向け努力を高めるインセンティブが組み込まれているのです。

■ マッチング・メカニズム

次に，新臨床研修制度で用いられているマッチング・メカニズムについて説明しましょう。ここでマッチングとは，人と人，人と組織，組織と組織などを組み合わせることを意味しています。そして，マッチング・メカニズムは，この組み合わせを実現させる「しくみ」を指します。例えば，じゃんけんでペアを決めるのも，マッチング・メカニズムの一つです。ただ，じゃんけんで適当にマッチングさせても，みんなが納得できるよい組み合わせは期待できません。ところで，そもそもみんなが納得できるよいマッチングとは，どのようなものでしょうか。

マッチングの理論では，「安定的である」という考えが，望ましいマッチングの条件と考えられています。ここで安定的なマッチングとは，「マッチングの結果，ペアとなった相手よりも，より好ましい相手が他にいる」ということが「双方で」起きない状態と定義されます。つまり，「マッチングさ

れた相手から両想いによって逸脱することがない」状態です。例を用いて，わかりやすく，マッチングの問題について考えてみましょう。

■ マッチングの例 [4]

　男性3名（イチロー，ジロー，サブロー）と女性3名（花子，桃子，桜子）のお見合いを考えてみましょう。ここで，男性3名と女性3名の好みの順番が以下のように示されているとします。この男女6人で，極力相思相愛に近いカップルを作ることがマッチングの目的です。

男性の好みの順番

	イチロー	ジロー	サブロー
1位	花子	花子	桜子
2位	桃子	桜子	花子
3位	桜子	桃子	桃子

女性の好みの順番

	花子	桃子	桜子
1位	サブロー	サブロー	ジロー
2位	イチロー	イチロー	サブロー
3位	ジロー	ジロー	イチロー

　ここで，適当なマッチングを考えてみましょう。男性が一方的に女性を指定し，女性はそれを拒否できないような，かなり強制的なマッチング・メカニズムを考えてみましょう。男性が，イチロー，ジロー，サブローの順番に女性を指名できるとしましょう。まず，当然ながら，イチローは1位の花子を指名します。次に，ジローはすでに指名された花子を諦め，桜子を指名することになります。そして最後に，サブローが残された桃子を指名することになります。その結果，（イチロー，花子），（ジロー，桜子），（サブロー，桃子）のペアが確定します。このマッチング結果は，意外にも女性にとってはそこまで悪くない組み合わせになっています。果たして，このマッチング結果は安定的でしょうか？

　このマッチング結果は安定的ではないことが，以下のように確認できます。サブローにとっては，マッチングした桃子よりも花子の方が好ましい相手です。ここで花子の好みに注目してみましょう。すると花子にとって，マッチングしたイチローよりも，サブローの方が好ましい相手であることがわかり

---

[4] ここでの例は，大阪大学の安田洋祐先生がウェブサイトで公開しているスライドを参考にしています。「研修医マッチングの経済学」(http://blog.livedoor.jp/yagena/archives/50536286.html)（2018年7月閲覧）

ます。すると、サブローと花子は、今のマッチングした相手から乗り換えることについて、お互いが同意するに違いありません。このように、このマッチング結果は崩れてしまうので、不安定なマッチングであるといえるのです。

では、どのようなしくみによって望ましい安定的なマッチングが実現するのでしょう。実は、非常に簡単なメカニズムによって安定的なマッチングを実現できることが知られています。そのメカニズムのことを、考案者の名前をとって、ゲール=シャプレー・メカニズム（以下、GS メカニズム）と呼びます[5]。

■ GS メカニズム

GS メカニズムは、以下の手順でマッチングさせるしくみを指します。

> **Step1**：男性が好みの女性にアプローチします[6]。
> **Step2**：アプローチを受けた女性はその男性を「とりあえず保留」にします。しかし、より好ましい男性からアプローチを受けた場合には、保留していた男性を拒否し、より好ましい男性を保留します。
> **Step3**：拒否された男性は、次に好みの女性にアプローチします。

ここで女性は、毎回ベストな男性を保留し、残りは拒否することに注意してください。そして拒否される男性がいなくなるまでこのプロセスを続ければ、マッチング終了です。なお、男性も女性もここでは1人でいるよりは、ペアになる方が好ましいと仮定します。それでは、この GS メカニズムを用いて先ほどのお見合いを考えてみましょう。

---

[5] GS メカニズムやマッチング理論の詳細ついては、例えば坂井・藤中・若山 (2008) を参照してください。

[6] 男性からアプローチするマッチング・メカニズムを、男性最適マッチングと呼びます。女性の方からアプローチするマッチング・メカニズムも同様に考えられ、女性最適マッチングと呼びます。

① イチロー，ジロー，サブローがそれぞれ第1希望の女性にアプローチします。すると，花子のもとにはイチローとジローからアプローチがあり，花子はより望ましいイチローを保留することになります。

	イチロー	ジロー	サブロー
1位	花子	花子	桜子
2位	桃子	桜子	花子
3位	桜子	桃子	桃子

	花子	桃子	桜子
1位	サブロー	サブロー	ジロー
2位	イチロー	イチロー	サブロー
3位	ジロー	ジロー	イチロー

② 次にジローは花子を諦め，第2希望の桜子にアプローチをかけることになります。すると，桜子は保留していたサブローよりも望ましいジローからアプローチを受けたので，当然ながらサブローを拒否し，ジローを保留します。

	イチロー	ジロー	サブロー
1位	花子	花子	桜子
2位	桃子	桜子	花子
3位	桜子	桃子	桃子

	花子	桃子	桜子
1位	サブロー	サブロー	ジロー
2位	イチロー	イチロー	サブロー
3位	ジロー	ジロー	イチロー

③ 次に，サブローは桜子を諦め，第2希望の花子にアプローチします。花子はイチローを保留していましたが，イチローよりも好ましいサブローからアプローチされたので，当然，イチローを拒否します。

	イチロー	ジロー	サブロー
1位	花子	花子	桜子
2位	桃子	桜子	花子
3位	桜子	桃子	桃子

	花子	桃子	桜子
1位	サブロー	サブロー	ジロー
2位	イチロー	イチロー	サブロー
3位	ジロー	ジロー	イチロー

④ 花子に拒否されたイチローは，第2希望の桃子にアプローチをします。桃子は誰からもアプローチがなかったので，イチローを拒否することはありませんので，ここでマッチングは終了となります。この結果，（イチロー，桃子），（ジロー，桜子），（サブロー，花子）のペアが成立することになります。

	イチロー	ジロー	サブロー
1位	花子	花子	桜子
2位	桃子	桜子	花子
3位	桜子	桃子	桃子

	花子	桃子	桜子
1位	サブロー	サブロー	ジロー
2位	イチロー	イチロー	サブロー
3位	ジロー	ジロー	イチロー

このマッチング結果は，安定性が満たされています。例えば，イチローが花子とペアになりたいと思っても花子はマッチングされたサブローの方が好ましいので，マッチング結果から逸脱することはありません。このようは状況が，ジロー，サブロー，桃子で生じていますので，やはり安定的であることが確認できます。

また GS メカニズムでは，上の例では男性が自分の好みを偽るようなインセンティブもないことが知られています。相手がどんな好みをもっているのかを予想して，自分の好みを自分の都合のいいようにわざわざ変えるような戦略性は，少なくとも男性には生じないという好ましい性質も満たしています[7]。その意味で，GS メカニズムは非常にシンプルでありながら，望ましい性質を満たしたメカニズムと評価できます[8]。

■ 新しい臨床研修制度の問題

このように，GS メカニズムを用いたマッチングは，大変望ましい結果を保証するので，研修医，病院双方にとって好ましいものになると予想されます。しかし，この新しい臨床研修制度の導入が，「地域における医療崩壊の問題」を惹起したともいわれています。

日本の医療の世界では，「医局」と呼ばれる組織が非常に強い影響を与えているといわれています。ここで医局とは，大学医学部の研究室を主に指します。医局には，大学の教員である教授，准教授，講師，助教に加え，大学院生や研修医，さらには OB/OG が所属することになります。

医局は，大学病院での医師業務，医学研究の活動，そして学生，研修医らへの教育活動を行う組織ですが，さらに医局に所属する医師を地域の関連病院に派遣する「医師派遣機能」の役割をもっています[9]。このような医局の医師派遣機能が発揮されているからこそ，僻地と呼ばれるような地域にも医師

---

[7] このような性質を耐戦略性と呼びます。
[8] 実際の新臨床研修制度におけるマッチングの仕組みや実際のマッチング結果について，医師臨床研修マッチング協議会のウェブサイト（https://www.jrmp.jp/）で詳しく紹介しています。より理解が深まりますので，ぜひ参照してください。
[9] 医局内において医師は勤務先も自由に選べないほど，医師に対して医局は強い権限をもっていたといわれています。こうした医局の封建的な実情やその問題については，例えば小松 (2006) を参照するとよいでしょう。

がきちんと派遣され，地域の医療機関が維持されてきたといえるのです。

　この医局の医師派遣機能は，医局と関連病院の双方にとってメリットのあるしくみです。医局にとって関連病院への派遣は，医局所属の医師の現場研修という教育プログラムとして機能します。また，研究に必要な症例を関連病院から収集することもできます。さらに，関連病院との結びつきを強めることで，患者の紹介を受けることもできるのです。

　一方，関連病院も医局から紹介されることで，一定水準のスキルをもった医師を常に確保することができます。もし医局が医師を派遣しない場合，病院は独自に採用活動をしなければなりません。すると，どのような医師が応募してくれるかもわからず，医師確保にかかるコストは膨大になるかもしれません。その意味で，医局の派遣機能は，関連病院にとって有益なしくみであるといえます。

　しかし，関連病院にとってはデメリットもあります。医師は医局からの支配を受ける一方，勤務先病院への帰属意識は希薄になるので，病院による医師のマネジメントが難しくなります。また，医局を敵に回すと医師の確保が難しくなるので，関連病院は医局の植民地でしかなく，病院の独自運営が困難になる可能性もあります。しかし，これまで医局制度が維持されてきたことを考えると，デメリットを上回る大きなメリットが双方にあったものと考えることができるでしょう。

　しかし，新臨床研修制度の導入によって，こうした医局の医師派遣機能が低下したといわれています。2004年に新臨床研修制度が始まる以前，医師は出身の大学病院で研修を行うことが一般的でした。つまり，医局のなかで研修を受けるという形だったのです。しかし2004年の新臨床研修制度では，上述した通り，医師と研修病院のマッチングが行われることになったので，医師が医局から離れ，自由に研修先の病院を選べる制度へ移行したのです。

　この結果，研修先として，大学病院ではない一般の研修病院を選択する研修医が増加しました。図12-7では，研修先病院のうち，研修病院と大学病院の割合の推移が示されています。新しい研修制度が始まる以前の2003年には，約73%の研修医が大学病院で研修していたのが，2004年の新臨床研修制度を契機に大学病院での研修の割合が減少していき，2016年には約

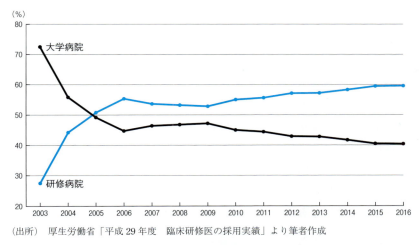

(出所) 厚生労働省「平成29年度 臨床研修医の採用実績」より筆者作成

図 12-7 研修先病院の採用割合の推移

40%にまで低下しています。現在の研修先としては，大学病院よりも一般の研修病院が中心となっている実態が理解できます。

　この研修先の病院の変化が，医局に対して重大な影響を与えることになります。もともと多くの研修医が大学病院の医局に属することになっていたのが，新研修制度に移行して後は，研修医が大学病院つまり医局に集まらなくなりました。このため，医局所属の医師数は，大幅に減少することになります。大学病院を維持するために必要な医師数を下回るようであれば，地方の関連病院へ派遣していた医師を呼び戻さなければなりません。医局は関連病院へ医師を派遣するどころか，医師を引き揚げざるを得なくなったのです。

　こうした医師の引き揚げの問題は，特に地方部で深刻化したといわれています。新しい研修制度の下，研修医は特定の大都市部に集中する傾向が強まり，地方の大学病院ほど研修医が集まらなくなったからです。この結果，地方の病院では医師が不足する事態となり，医療崩壊とまで呼ばれるほど医療体制が厳しくなったといわれています。

　こうした問題を受け，臨床研修制度は2010年から都道府県別に研修医の

定員に上限を設けるような措置を講じています。その結果，研修医の研修先地域のうち，大都市部の6都府県（東京，神奈川，愛知，京都，大阪，福岡）の割合が2009年では48.6％だったのが，2016年では42.6％にまで低下し，研修医が各地域に分散するようになっています。

　このように，新臨床研修制度の導入に伴って，地方における医師不足の問題が生じました。臨床研修制度も地域定員制を設け，一定の成果は得ているといえますが，やはり現在でも医師の地域偏在の問題は深刻であることがしばしば社会問題として取り上げられています。だからといって，かつてのように医局の医師派遣機能を強化すべきでしょうか。

　医師の自由意思を剥奪して医局に縛りつけることは，医師のモチベーションを下げる可能性もあります。医師の自由意思を尊重しながら，地域の医師の配分を適正化するための方法はいかなるものでしょうか。非常に難しい課題ですが，経済学的な分析が必要な重要な問題といえるでしょう。

12.4　医師不足問題のさらなる経済学的検討⋯

　これまでさまざまなデータや制度の説明をしてきましたが，もし医師不足が起きているとすれば，経済学的には価格調整をすればよいという考え方が基本となります。この節では，この医師不足と価格調整の問題についてふれておきましょう。

　診療科や地域に偏在が起きているならば，不足している診療科や地域での診療報酬を引き上げることで，医師不足の問題は解消に向かうはずです。というのも，診療報酬を引き上げれば，患者の自己負担も高まるので，受診が抑制され需要の低下が生じるからです。一方，診療報酬の引き上げは医療機関の収益の改善により，医師の賃金上昇につながり，医師不足領域での医師数の増加を期待できることになります。このため，診療報酬の適切な設計が医師不足問題にとっても重要であることが理解できるでしょう。そしてそのためには，診療科や地域ごとでどの程度超過需要が生じているのか，医療サービスにおける需給ギャップを正確に把握がすることが必要となるのです。

しかし，賃金の上昇を通じて医師不足が解消されるかは，一概には明らかではないと考えられます。その理由としては，2つの考え方があります。

　第一に，「**準固定費用**」と呼ばれる新規採用に関わるコストの存在です。労働供給の不足を補う方法は，大きく2つあります。一つは，賃金を引き上げ，労働者を新規採用することです。もう一つは，雇用量は変更せずに，既存の労働者の労働時間を高めて補うというものです。どちらを選択するかの意思決定には，コストの大小が関わってきます。

　通常，新規採用する場合，求人募集や面接の実施など金銭的にも時間的にもコストが生じます。また，採用後も研修が必要で，一人前の労働力として機能するまでに時間もかかります。人を採用する場合，単に人件費の増大だけでなく，さまざまな費用が伴います。このように，雇用量を増加させるときにのみ発生する費用を準固定費用と呼びます[10]。準固定費用が大きい場合，新規採用を行うよりも，研修などの必要のない既存のスタッフの労働時間を拡大させ対応する方が合理的となるのです。

　医療の世界でも，新規採用よりも既存スタッフの労働量を調整することで，超過需要に対応している可能性があります。実際，医師の勤務労働時間は，他の業種と比べて著しく長いことがしばしば指摘されており，医師の働き方については現在重要な課題となっています。

　第二に，「**非効率賃金仮説**」と呼ばれる考え方です。まず逆の考え方である効率賃金仮説から説明しましょう。**効率賃金仮説**とは，情報の非対称性の存在から労働者が怠けているか否かを識別するのが困難なとき，標準的な賃金よりもあえて高い賃金水準を設定し，怠けることを防ぐことができるとするものです。相場よりも高い賃金を得ている労働者にとって，その職場は大変魅力的なものとなるので，解雇されないよう怠けることはしないと考えられるのです。なお，この効率賃金仮説は，賃金を下げるべき状況下であっても賃金が下がらない現象（**賃金の下方硬直性**）が起こり得ることを説明する仮説の一つとなっています。

　医療の世界では，この効率賃金仮説が当てはまらないことが指摘されてい

10　準固定費用については，例えば樋口（2010）の説明が参考になります。

ます。その理由として，医師をはじめとした医療従事者は，他の業界と比べて，賃金水準以上に仕事そのものに大きなやりがいを感じて働いていることが大きく関係しています。

やりがいといった非金銭的な動機が大きい労働者の場合，賃金のみを目的とする労働者と比べ，同一賃金の下でより高い生産性を発揮すると考えられます。仮に医療機関において賃金が引き上げられると，医療の現場に賃金水準に強く関心をもつ労働者が多く参入してくることになりますから，医療サービスの全体的な生産性が低下することになります。さらには，賃金水準の引き上げによって賃金水準に強く関心をもつ労働者が職場にあふれると，非金銭的な動機をもつ労働者のやる気を阻害する可能性もあります。このように，賃金を引き上げることでかえって生産性が低下したり，情熱をもった医師らのやる気を減退させたりする可能性があるとする考え方が非効率的賃金仮説です。金銭的なインセンティブのみで医療を管理することの問題もきちんと念頭に置いて検討していかなければならないのです。

医療は，私たちの健康的な生活を支える基盤産業であり，そこで働く医師をはじめとした医療従事者は高い倫理性が求められ，金銭的動機のみに基づいた個人を前提にして制度を設計することは大きな危険性が伴います。医師不足の問題を含め，より望ましい医療を実現するための医療制度のあり方を検討するには，これまでの経済学の枠組みを超えた分析が必要であり，これからますます重要となる学問的な課題となっているのです。

■ Active Learning

《理解度チェック》
- □1 労働市場における需要曲線と供給曲線を用いて，医師不足の問題が起きる要因について整理してください。
- □2 新しい臨床研修制度によって医師の地域偏在が生じる理由について，説明してください。
- □3 準固定費用と非効率賃金仮説の考え方から，医師不足を説明してください。

《調べてみよう》

　厚生労働省の「医師・歯科医師・薬剤師調査」を用いて，女性の医師数の割合を確認してみましょう。そして，女性医師が増加することによって考えなければならない課題を検討してください。

《Discussion》

[1] 医師をはじめとした医療従事者が，仕事そのものにやりがいを感じて労働している場合，診療報酬といった金銭的なインセンティブを用いて医療を管理することの問題点を検討してください。

[2] 医師の診療科における偏在や地域における偏在を解消する方法について，検討してください。

文献紹介

- 小松秀樹『医療崩壊――「立ち去り型サボタージュ」とは何か』，朝日新聞社，2006年
- 坂井豊貴・藤中裕二・若山琢磨『メカニズムデザイン――資源配分制度の設計とインセンティブ』，ミネルヴァ書房，2008年
- 樋口美雄「経済学から見た労働時間政策」『RIETI Discussion Paper Series』10-J-010，2010年
- 山田篤裕「医療スタッフの労働市場」，橋本英樹・泉田信行編『医療経済学講義［補訂版］』，東京大学出版会，2016年
- 吉田あつし『日本の医療のなにが問題か』，NTT出版，2009年

第13講 医療データの特徴とその分析

■ 厚生労働省は医療・介護制度のためにさまざまな統計をとっており，公開も行っています。この講では医療・介護に関わる統計データについて解説します。また医療の標準化・経営の効率化のために DPC と呼ばれるデータが整備・活用されており，その特徴についても説明します。さらにデータを分析する統計手法について，簡単に紹介します。

13.1　厚生労働省が公表する統計

■ 厚生労働省の統計

　医療と介護の実態を客観的な数値で探ろうとした場合には，どのように調べればよいでしょうか？　**第1講**で国民医療費を取り上げましたが，厚生労働省では他にもさまざまな統計を収集しており，毎年（統計によっては毎月）公表されています。それらについて厚生労働省のウェブサイト[1]で確認してみましょう。

　厚生労働省では大きく14分野の統計をとっています。具体的には 1. 人口・世帯（出生・死亡や人口の移動などによる人口変動や世帯の活動など），2. 保健衛生（医療施設や労働者，健康の保持など），3. 社会福祉（貧困者や保護を必要とする児童・母子家庭・障害者といった社会的障害をもつ人びとに対する援護・育成など），4. 介護・高齢者福祉（高齢者の日常生活の助けを目的とする建物などの設備や労働者など），5. 社会保険（国民生活の保障を目的とする公的保

---

[1]　「厚生労働統計調査・業務統計等体系図（分野別・対象別一覧表）」(http://www.mhlw.go.jp/toukei/itiran/bunya_taisyoubetu.html)（2018年6月閲覧）

険に関するデータ），6. 社会保障等（国民生活の保障に関するデータ），7. 雇用（若者，女性，高齢者，障害者などの労働に関するデータ），8. 賃金（賃金の動きや男女，年齢別賃金など），9. 労働時間（労働時間の動きや男女，年齢別労働時間など），10. 福利厚生（事業主が労働者向けに行う健康増進や生活の充実のための制度に関するデータ），11. 人材開発（人材育成に関するデータ），12. 労働災害・労働安全衛生・労働保険（労働者保護のために行われている災害発生状況の把握，安全衛生管理，防止対策，公的保険に関するデータ），13. 労使関係（労働者あるいは労働組合と使用者との関係や労働組合に関するデータ），14. その他，となります。ここでは医療や介護に関わってくる統計である 2. 保健衛生，4. 介護・高齢者福祉，5. 社会保険について，詳しくみていきましょう。

　それらをまとめたのが図13-1 ～ 13-3 です。図13-1 は保健衛生，図13-2 は介護・高齢者福祉，図13-3 は社会保険に関する統計となります。この図は筆者が簡略にまとめたものですが，医療や介護に限定しただけでも，多くの統計があることがわかるでしょう。

■ 統計の使用方法

　政府は国民の生命と財産を守るために存在しますので，「食中毒統計調査」や「感染症発生動向調査」などは，まさに生命を守るための統計といえそうです。それでは，他の統計はどのように使われているのでしょうか？ **第8講**と**第9講**で学んだように，医療の価格である診療報酬と薬価は公定価格です。この価格を決める際には，合理的な根拠が必要となります。そこで「社会医療診療行為別統計」や「医療給付実態調査」，「患者調査」などによってどのような治療がなされ，どのような薬剤が使用されているのかを把握します。また「医療経済実態調査（医療機関等調査）」で医療機関の経営実態を把握しつつ，「病院報告」，「医療施設調査」などの情報も加味しながら，診療報酬を決定します。政治的な要素が反映されることも多々ありますが，前段階として客観的な事実を把握するためにこうしたデータが用いられています。同様に，「医薬品価格調査」はまさに薬価を決めるための根拠となりますし，介護系の統計は介護報酬を決める根拠となります。さらに「国民医療費」については，将来の医療保険財政の見通しの推計の根拠とされています。

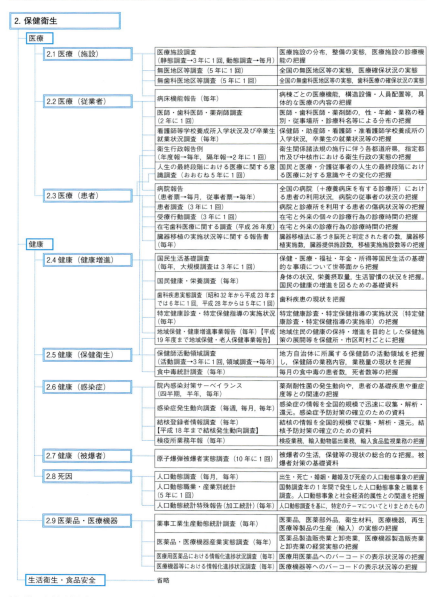

図 13-1　厚生労働省の統計の概要（保健衛生）

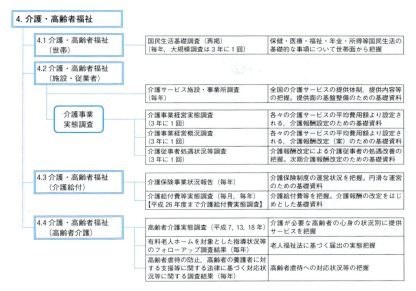

(出所) 厚生労働省ウェブサイト資料より筆者作成

図 13-2　厚生労働省の統計の概要（介護・高齢者福祉）

　これらの統計は（一部非公表のものもありますが）公表されており，誰でも利用できますので，各統計の詳細については厚生労働省のウェブサイトで確認してみてください。本書に掲載されている多くの図は，この厚生労働省のデータを用いて作成したものですし，皆さんが論文を執筆するときにも使用することができます。また GDP などの国民経済計算に関わる統計は内閣府，人口統計については総務省，人口の将来推計については国立社会保障・人口問題研究所のウェブサイトからダウンロードできます。医療・介護の分析をする際には，これらの省庁のデータも参照しましょう。

■ 海外の医療統計

　さらに各国比較をしたい場合には，先進諸国に限りますが，OECD Health Statistics[2] があります。総保健医療支出・GDP 比率，平均余命，乳児

図13-3　厚生労働省の統計の概要（社会保険）

死亡率，罹患率（がん，伝染病など）などについて，国ごと・年別にデータを閲覧・ダウンロードでき，ウェブブラウザ上で図も作成してくれます。ここでは喫煙率やアルコール消費量など，健康に関わる指標も入手できます。ただし，**第14講**で議論するように，医療制度は各国で異なっており，総保健医療支出をどこまで含めるかも，国によって変わってきます。**第1講**で説明したように，日本では国民医療費がメインでしたが，2016年より介護保険の一部もこれに入れられることになり，総保健医療支出/GDP比率がOECD加盟国のなかでも高くなってしまいました。データを利用する際には制度と統計をきちんと把握した上で，各国の比較をするのが望ましいでしょう。

13.2 医療におけるミクロ（個票）データ

■ 治療現場でのデータ集積

皆さんが病院に行くと，体温や血圧を測ったり，採血をしたりすることがあるでしょう。患者の体調を正確に把握するために，医師はさまざまな検査をし，客観的な数値に基づいて治療を行います。また数値情報だけでなく，レントゲンやCTなどに代表される画像・動画情報，音情報・図形情報・波形情報や，ときには患者の主訴，医師の所見や医療専門職の判断を含んだテキストベースの情報なども利用されます。介護でも同様のデータが使われていますので，医療や介護の現場はデータにあふれたものであるといえそうです。

それではこれらのデータは，どのように利用されているのでしょうか？治療以外にも，集計化するなど個人が特定化されないよう加工した上で，医学の発展のために医師やコメディカルが学会発表で使用することがありますが，そのときには事前に研究目的で検査データを使用してもよいか，本人の同意書をとります。医療の情報は究極の個人情報ですから，これは絶対に悪用されてはなりません。医師やコメディカルには厳格な守秘義務が課されて

2　https://stats.oecd.org/index.aspx?DataSetCode=HEALTH_STAT（2018年6月閲覧）

います。

　現代の多くの病院では，コンピュータ化によって，収集した医療のデータは測定器具がネットワークでつながっていれば病院内外のサーバーに収集され，それを医師が診察室にある電子カルテで閲覧し，所見をパソコンで打ち込みできるようになっています。また治療や薬の処方もパソコンに打ち込めば，そのオーダーは担当部署に送られ，即座に診療報酬の点数が計算できるようにもなりました。つまり，皆さんが病院で受診すると，治療や検査で取られたさまざまなデータは病院のサーバーに収まっているのです。別の病院に行けば，そこでもまた治療や検査のデータが収集されることになります。

　それでは，ある病気で2つの病院に行ったときに，まったく同じ検査をする場合はどうなるでしょうか？　ある病院の患者のデータは守秘義務が課され，その病院できちんと管理しなければいけませんので，これを別の病院にわたすことはできません。しかし電子情報となっていますので，皆さんがあたかもSNSでやりとりするように，治療や検査の情報を送ることが可能であることはわかるでしょう。そこで都道府県によっては，患者の同意があれば，治療や検査の電子情報を病院間でやりとりできるしくみを作っています。将来的には，もしかしたら自分の治療や検査の情報を，全国どこの医療機関でも端末から閲覧可能となり，治療に利用されるようになるかもしれません。そのためには個人情報の管理に関する対策が必要となりますので，その実現までにはもう少し時間がかかるでしょう。

■ DPCデータ

　医療においてデータがどのように集積されるか，どのように維持・管理していくかについては医療情報学という領域で扱っていますので，興味のある方はそちらも参考にしてください。ここでは皆さんが病院で診察を受けたら，その内容は即座にデータとして集積され，その情報をもとに医師が診断・治療をするとだけ知っておいてください。

　では，こうした情報を，政策的に利用することはできないのでしょうか？　優秀な医師がそうしたデータを活用すれば，医学研究が飛躍的に進むかもしれません。ところが個人情報の取り扱いの問題もあり，カルテの内容を政府

が集めて政策的に利用しているという話は聞いたことがありません。実際には政府は，それよりも粗いデータをDPCという形で集積しています。

DPCについては**第8講**でも説明しましたが，ここでは情報の観点から改めて説明しましょう。DPCはDiagnosis Procedure Combinationの略で，日本版の診断群分類です。実は医学の世界では，病気を分類するのは難しいことです。WHO（World Health Organization；世界保健機関）は，国際疾病分類（International Classification of Disease, ICD）で病名を定義しています。この分類で例えば「胃がん」を考えてみましょう。胃がんといっても初期のものから末期のものまでさまざまですし，その時期に応じて採用すべき治療方法も異なります。さらに，皆さんが仮に胃がんで「入院」して「手術」をする場合に，どのようなことが行われるでしょうか？ 入院前の外来で検査をして，医師が疾病を特定化し，一人ひとりにあった適切な術式を選び，入院を勧めるでしょう。治療とは基本的には「オーダーメイド」で，患者が異なれば当然手術のやり方も異なってきます。つまり，医師の診断によって「胃がん」と病名が特定化されても，実はその中身には大きなバラツキが存在するのです。皆さんが読んでいるこの教科書は，「経済学」もしくは「社会医学」のなかの「医療経済学」の分野となり，さらにレベルについても「入門」とすぐに分類できるでしょう。しかし医療はそのようなことができず，正確に分類をしようとすると，いくら分類方法があっても足りないこととなります。それでは困るので，WHOはICDという分類方法を作ったのですが，これでもまだ足りないため，手術方法や投薬の有無，さらに投入された医療資源（入院期間中に最も投入された人的・物的資源）をもとに，日本ではもう少し臨床に配慮した分類方法を作り出し，これがDPCと呼ばれるものとなります。

DPCで診断群を決めるには複雑なプロセスがあるので，ここではごく簡単にその概要だけを説明します。カルテから医療従事者（医師や看護師でもいいのですが，診療情報管理士という資格をもつ人や，トレーニングを積んだ事務職員が中心です）が，ICD（2018年現在バージョン10が使われています）をもとにして，医療資源を最も投入した傷病名を決定します。さらに，実施した処置・手術を決定し，これに副傷病名，補助療法，重症などの要素を加味

して，14桁のコード（DPCコードといいます）を決定します。例えば，カルテを読んで，「消化器系疾患，肝臓・胆道・膵臓疾患」ということがわかれば「06」，次に「胃の悪性腫瘍」ということがわかれば「0020」，「胃全摘手術」であれば「01」，最後にそれ以外の手術・処置等がなければ「0」をつけて，この場合のコードは「060020xx01x0xx」となります（本来であれば薬剤情報なども使います。またコード上の「x」は「該当なし」や廃止されたものです）。このようにしてDPCコードはカルテをベースにして，医療資源が最も使われた傷病名をもとにしてコードを割り振るもので，現在約2,500のコードがあります。DPCに基づく支払い方法（DPC/PDPS）については第8講を復習してください。

■ DPCデータの活用方法

このDPCコードはどのような意味をもつのでしょうか？ 実はDPCはわが国で初の，分析可能な全国統一形式の患者臨床情報と診療行為のデータなのです。診断内容がDPCコードで統一的に分類されますので，そこに患者情報（患者基本情報，病名・術式・各種のスコア・ステージ分類）や診療行為情報（診療行為，医薬品，医療材料，実施日，回数・数量，診療科，病棟，保険種別）をつけることで，分析の幅が広がります。医療においてこれは大きな成果です。DPCコードが同じであれば，ほぼ同じような病状であると考えてよいはずですので，治療が標準化されていれば，手術で使われる医療資源や入院日数にも大きな違いは出ないはずです（これはあくまでも極端な例で，現実には同じDPCコード内でもバラツキが存在しますし，医師がトレーニングを受けた病院によって手術方法に違いが出ます）。こうした標準化のため，厚生労働省はDPCコードごとの「成績」を公表しています。例えば，民間のウェブサイトですが「病院情報局」（https://hospia.jp/dpc）をみると，DPCコードごとの患者数や平均入院日数（平均在院日数といいます）が公表されていますし，病院の地域ごとの占有率（医療圏シェアといいます）なども公表されています。さらに，国際的に日本の平均在院日数は長いといわれており，その短縮を目指して，DPCコードに基づいた平均在院日数を根拠にして，これを短くした医療機関の売上（正確には医業収益といいます）をアップさせるよう

な政策を採用しています（厳密には特定のDPCコードのみの平均在院日数を短くした場合には，売上が減少することもあります）。

　つまりオーダーメイドと思われていた医療においても，DPCコードによってデータをすべて国が収集できるようになり，治療実態が明らかとされながら，医療機関同士での競争にも使われているのです。DPCデータの生データは公表されていませんが，その集計結果は公表されており，何よりも政府が積極的に収集することで，政策的にも使用されているのです。

　さらに厚生労働省は，レセプト情報・特定健診等情報データベース（National Database of Health Insurance Claims and Specific Health Checkups of Japan，NDB）を「高齢者の医療の確保に関する法律」に基づいて構築しています。これは，各医療機関から審査支払機関に一度提出された診療報酬明細書（レセプト）が，厚生労働省へ提出されてから匿名化された上でデータベース化されたもので，介護報酬明細書（介護レセプト）も含まれています。先ほど述べたDPCデータとは異なり，どのような治療方法を採用したなどの細かい情報はわかりませんが，入院だけでなく，外来・歯科・調剤も含んだ非常に大きなデータベースです。

　皆さんが普段何気なく使っているスマートフォンには，GPS（位置情報）機能や「おサイフケータイ」機能があるかと思います。この情報が収集されれば，いつどこでいくらの消費をしたか明らかとされてしまうわけですが，これと同じようなことを医療や介護でやることは，原理的には可能となっています。もちろん個人情報は絶対に漏洩させてはなりませんが，DPCデータやNDB，さらに原理的には可能なカルテの情報を，私たちの豊かな生活のためのみに用いて，誠実に分析してもらえるならば，医療や介護を取り巻く環境がさらによくなるかもしれません。

13.3　ミクロデータの分析方法

■ 平均値の差の検定

　この講では，医療経済学で用いるデータについて説明してきましたが，以

下ではデータの分析方法について説明していきます。ここでは統計的な分析方法を主に解説します。

　統計学では，ごく一部の情報（標本，サンプルといいます）を使って全体（母集団といいます）を推測していきます。そのなかでも検定という方法を用いて比較をすることがしばしばあります。例えば，抗がん剤の効果を科学的に検証したい場合には，患者を2つのグループに分けて，Aグループには抗がん剤を投与し，Bグループには投与せずに比較します。実はこのときに，暗黙に以下のような想定（仮定）をおいています。それは，AグループとBグループの患者は，「抗がん剤を投与された」という1点を除いて，「同質」であるということです。これはかなり厳しい仮定です。ショウジョウバエやラットでいえば，抗がん剤を投与する以外は，月齢，エサ，その他の生育環境だけでなく，遺伝子レベルで同じ条件であるということを意味します。AグループとBグループがまったく同一でないと，仮にAグループの平均余命が上昇したという効果がみられたとしても，それが「抗がん剤投与」という介入の結果なのか，それともそれ以外の要因によるものなのかを識別できないからです。

　しかし，対象を可能な限り同質なものにして比較したとしても，例えばAグループのある人は投与後10年間生存し，別の人は不幸にも1年後に亡くなり，また別の人は3年後に亡くなるかもしれません。このように，同質なものをそろえたにもかかわらず，それだけでは説明できない誤差が生じてしまう可能性も考えられます。こうした誤差によって統計データの山（分布）が形成されます。グラフ化すると個々のデータ（観測値といいます）の分布は左右のバラツキ（誤差）として表されます。こうしたバラツキはランダムであるため，統計学では確率変数と呼んでいます。

　それでは，バラツキが存在するとして，どうすれば「平均的には」抗がん剤には効果がある，ということができるのでしょうか？　これを調べるのが検定です。結論からいってしまえば，「平均値の差」を調べるのですが，要するに分布がどの程度ずれているかを調べるということです。例えば抗がん剤を投与したAグループの平均余命が5.5日で，偽の薬（プラセボといいます）を投与したBグループが5日であったとしましょう（実際には平均余命

の単位で「日」を使いませんので,あくまでも例です)。またさらに分布の範囲を広げた仮定として,別の抗がん剤では投与したCグループの平均余命が1,200日であり,プラセボのDグループが1,100日であったときに,平均に差があるといえるでしょうか?

　こうした議論では,平均値の数字をじっとみていても正しい答えはわかりません。平均値はあくまでも全体を足しあわせて均した値であり,実際のデータの分布にはバラツキがありますので,そうした情報も盛り込んで考えなければいけません。例えば,Aグループは平均が5.5で5.45から5.55の間にびっしりと並んでおり,Bグループは平均5で4.95から5.05の間にびっしりと並んでいたとしましょう(平均値の周辺に個々の観測値が密集しており,データのバラツキが小さい,ということです)。これに対して,Cグループは平均1,200で700から1,700の間に並んでおり,Dグループは平均1,100で600から1,600の間に並んでいるとしましょう(平均値と比較して個々の観測値には差があり,バラツキが大きいということです)。前者の場合は,AグループとBグループで分布(山)がまったく異なりますので,明らかに平均は異なるといえそうです(Aグループでは5.5の周辺に,Bグループでは5の周辺に観測値の山が形成されます)。ところが後者の場合は,CグループとDグループで分布(山)に重なりが多く,たまたまCグループとDグループの平均が1,100と1,200になったといえそうです(どちらも観測値は広範にランダムに散らばった形となるでしょう)。実はこれが統計学における**検定**の要点で,分布の重なりを考慮しつつ,2つの平均値に差があるかを確かめています。

■回帰分析

　それでは,経済分析でもしばしば使われる回帰分析とは,どのような分析手法なのでしょうか? 前項で検定について解説した際に,そこでは抗がん剤の効果を検証するにあたって,AグループとBグループで抗がん剤の投与の有無という1点を除いて,遺伝子レベルで同一の人を集め,可能な限り栄養状態,生育環境,教育環境などが同じであることが想定(仮定)されていると述べました。しかし,現実的にはそのような同質的な患者をそろえる

ことは不可能でしょう。たとえ可能な限り同質な人を集めようとして身長や体重，さらには年齢などを近づけたとしても，やはりどうしても多少の違いは生じてしまいます。それでは，多少の違いが混ざった場合には，どのように比較すればよいのでしょうか？ 方法の一つは多少の違いをなくすため，さらにできるだけ患者の同質性を高めるべく，サンプルを細かく分割していけばよいことになります。例えば，年齢が65歳などに限定して比較をすればよいでしょう。さらに同質性を高めるためこのサンプルをもっと細かく分割し，例えば年齢が65歳，身長が175センチ，体重が70キロとしたらどうなるでしょうか？ そのようなサンプルはおそらく数人しかいないでしょう。つまりサンプル分割のための条件を厳しく設定しすぎると，統計的な比較ができなくなってしまいます。

ここで回帰分析という統計手法が登場します。以下では抗がん剤の投与の有無以外に，喫煙の有無で，平均余命に差があるかどうか調べる状況を想定しましょう。まずは，喫煙の有無を考えずに，サンプル分割をせず抗がん剤の投与のみの場合を，回帰分析で記述すると，

$$\text{平均余命} = \beta_0 + \beta_1 x_1 + \varepsilon$$

となります。係数 β_0 は「2つのグループに共通する平均余命」であり，x_1 は「投与されたグループが1をとる変数（この場合は投与の有無のみを検討していますので，有 = 1，無 = 0 となります）」，β_1 は「投与されたグループの平均余命の上昇効果」となります。β_0，β_1 は確率変数を要約した数値で，パラメータ（母数）と呼ばれます。さらに ε は誤差項と呼ばれ，「2つのグループに共通する平均余命」や「投与されたグループの平均余命の上昇効果」では説明できない部分となり，患者ごとのバラツキ（散らばり）に相当する部分となります（先の例で挙げていた，身長，体重，年齢，栄養状態，生育環境など，すべてがここに含まれます）。このバラツキは説明できない部分ですので，平均0と仮定してよいでしょう。

いま，平均余命のデータと抗がん剤投与の有無のデータはありますので，何らかの方法で上の式のパラメータ β_0 と β_1 を求めることができれば，抗がん剤の効果＝平均値の差の検定ができます。つまり β_1 という「投与された

グループの平均余命の上昇効果」が「有意に 0 と異なるか」を調べることで，抗がん剤の効果を測定できるのです。ここで「有意に 0 と異なるか」という表現は，極めて統計学的な言い方ですが，簡単にいってしまうと「β_1 というパラメータが 0 となる（つまり薬に効果がない）確率は低いか」ということです（「有意に 0 と異ならない」ことを帰無仮説，「有意に 0 と異なる」ことを対立仮説と呼びます）。「β_1 というパラメータが 0 となる確率がそれなりにある」ならば，「投与されたグループの平均余命の上昇効果」は統計的にはないかもしれないと結論づけられ，逆に「β_1 というパラメータが 0 となる確率がほぼない」ならば，「投与されたグループの平均余命の上昇効果」が統計的に認められると解釈します。

パラメータ β_0 と β_1 の求め方については，統計学の教科書を参照してもらいたいのですが，最小 2 乗法という手法で簡単に求めることができます。イメージとしては，グラフの縦軸に平均余命（y），横軸（x_1）に投与の有無をとると，β_0 は切片となります。先ほど述べた通り変数 x_1 は 0 か 1 しかとらないので，$x_1 = 0$，つまり投与なしの場合には，切片の近辺に平均余命が散らばり，投与ありの場合には，$x_1 = 1$ の近辺に平均余命が散らばることになります。最小 2 乗法は，この $x_1 = 0$ と $x_1 = 1$ の上にある平均余命 y のバラツキに対して，「可能な限り乖離（直線と各標本の距離）が小さくなるよう」直線を引き，切片 β_0 と傾き β_1 を求める方法です。

それでは，抗がん剤の投与の有無以外に，喫煙の有無も考慮したい場合には，先の式をどのように変形すればよいのでしょうか？ ここで，x_2 を「喫煙していない場合に 1 をとる変数」，β_2 を「喫煙していないグループの平均余命の上昇効果」としましょう。すると，抗がん剤の投与の有無と，喫煙の有無を考慮した回帰分析の式は，以下のように書くことができます。

$$\text{平均余命} = \beta_0 + \beta_1 x_1 + \beta_2 x_2 + \varepsilon$$

つまり，平均余命は β_0 がすべてのグループの平均となり，抗がん剤の有無によって β_1 だけ上昇し，喫煙していないことによってさらに β_2 上昇する可能性があることを意味します。

それでは，抗がん剤を与えられ，かつ喫煙していない人の効果はどのよう

に測定されるのでしょうか？ 実は上の式ではこれが表現されていません。x_1 も x_2 も 0 と 1 をとる変数なので，$x_1 \times x_2$ という新たな変数を作成すると，これは「投与されたグループが 1 をとる変数」と「喫煙していない場合に 1 をとる変数」を掛けあわせたものとなりますので，「抗がん剤を投与されて，かつ喫煙していない場合に 1 をとる変数」を意味します。「抗がん剤を投与されて，かつ喫煙していないグループの平均余命の上昇効果」を β_3 としますと，式はさらに以下のようになります。

$$平均余命 = \beta_0 + \beta_1 x_1 + \beta_2 x_2 + \beta_3 (x_1 \times x_2) + \varepsilon$$

これが実は測定したい効果となり，言葉で書き直すと，

平均余命 ＝ すべてのグループに共通する平均余命
　　　　 ＋投与されたグループの平均余命の上昇効果
　　　　 ＋喫煙していないグループの平均余命の上昇効果
　　　　 ＋投与されていて，かつ喫煙していないグループの
　　　　　平均余命の上昇効果
　　　　 ＋測定誤差

となります。

　つまり，平均値の差の検定をたくさんの集団に分けながらやりたい場合には，ここで説明した回帰分析の手法を用いると，実はたやすく行うことができます。回帰分析は「さまざまな状況を制御しながら平均値の差の検定にもち込む方法」，「あたかもサンプル分割をしたようにして平均値の差の検定にもち込む方法」とも解釈でき，平均値の差の検定を含んだより一般的な方法です。

　さらに回帰分析にはもう一つの長所があります。先述の回帰分析の式のなかに，「所得（給与）」というデータが入ったとしましょう。つまり，平均余命について，抗がん剤投与と喫煙のほかに，所得水準が関係しているかどうかを分析してみます。

　サンプル分割をするならば，所得の高いグループと低いグループに分けることになりますが，所得が 100 万円，235 万円，1,250 万円，503 万円と，さ

まざまな値を取っているとしたら，これを「恣意的な基準」で所得の高いグループと低いグループに分けてもよいでしょうか？ 分類の基準を設定しなければいけませんし，その基準が科学的に妥当であるかもチェックしなくてはいけないでしょう。

何よりも連続的なデータを，むりやり2つのグループに分けてしまうのは，情報が圧縮されてしまい，もったいないともいえます（もちろん医学での高血圧などの診断では，そのような情報圧縮が起きても誤りがないようにきちんと検証されています）。

このようなときは，回帰分析の式を以下のように変更して対処できます。

$$\text{平均余命} = \beta_0 + \beta_1 x_1 + \beta_2 x_2 + \beta_3 (x_1 \times x_2) + \beta_4 \text{所得（円）} + \varepsilon$$

つまり単純に，連続的なデータの所得をそのまま使うことが可能なのです。このときに所得の係数のβ_4は，「所得が1円増えたときの，平均余命の上昇効果」を表します。これと同じ理屈でいえば，抗がん剤の投与についても，「有」と「無」の2つのグループでなくてもよく，普通はやりませんが，例えば投与量（mg）に変えてもよいことになります。

■ ランダム化比較試験

ここまでの議論で，平均値の差の検定では「抗がん剤を投与された」という1点を除いて，「同質にそろえる」ことが前提でした。抗がん剤を投与されたこと自体が外生的なもの（患者が自分で制御できないもの）であるので，それ以外を同質にそろえた上で，それでもなお投与の有無によって違いが生じない＝抗がん剤に効果がないかどうかを検証していたのです。

このような前提を保証し，抗がん剤の投与が実験室的な環境となるように，薬の治験ではさまざまな工夫を凝らしています。それが二重盲検法と呼ばれる方法です。例えば200人の患者がいたときに，100人に対して真の抗がん剤を与え，残りの100人には偽薬を与えますが，誰に与えるかは投与する医師にはわからないようにします。これがわかるのは，投与の権利がない別の第三者（コンピュータでもOK）で，この第三者がランダムに選択するようにします。なぜこのようなことをするかといえば，たとえランダムであるとし

ても医師が投与する患者を知ってしまうと，投与した患者への薬の効果を高く評価してしまうかもしれないからです。このような人為的なミスをなくして，純粋に科学的な測定をするために，患者からも医師からも薬の真偽がわからなくなるようなしくみを作っています。このような純粋に実験的な方法を実験計画法のなかのランダム化比較試験と呼んでいます。さらに抗がん剤を投与されたグループを処置群（treatment group）とか介入群（intervention group）と呼び，抗がん剤を投与されなかったグループを対照群（control group）と呼んでいます。このような厳密な手続きをとることで，「抗がん剤は延命効果をもつ」という「因果関係」がわかるのです。さらにいえば，このランダム化比較試験を実行すれば，抗がん剤を投入したという1点だけが異なりますので，多少のバラツキがあっても，つまり多少同質でなかったとしても，その効果を測定することができるのです。先ほどの同質性の前提を外すことができましたので，ランダム化比較試験は非常に強力な道具なのです。

これは平均値の差の検定を一般化した回帰分析でも同じことです。回帰分析では「抗がん剤を投与された」以外に，例えば「性差」や「喫煙の有無」や「年齢」などの変数を入れて，サンプルをあたかも分割するように分析を行っていきます。この変数自体が外生的なものであれば，平均値の差の比較と同じような結果を得ることが期待できるでしょう。この考え方を理解してしまえば，実は他の回帰分析も容易に理解できます。例えば，医学系の研究ではよくロジスティック回帰分析という分析手法を使います（ほぼ同じような分析手法にプロビット回帰分析があります）。これは，調べたいものが，生存期間のように連続的な値でなくて，0と1しか取らないときに用いる方法です。平均値の差の検定に即して説明するならば，ある薬による治療結果が「完治」と「完治せず」の2つしかない状況です。ここで「完治」を1とおいて，「完治せず」を0とすると，ある薬の投与の有無によって「完治」の「割合」がどの程度上昇するかを調べることができます。これが最も単純化されたロジスティック回帰分析の理解の方法で，比率の差の検定とも呼ばれます。さらにある薬の投与の有無だけでなく，もう少しさまざまな要因を調べたいと思ったら，先ほどの回帰分析と同じフレームワークが使えて，例えば

表 13-1　回帰分析の種類

調べたい変数	名　称	特　徴
連続的な値	平均値の差の検定 ＝回帰分析の特殊形	薬の投与の有無のみのように，患者が自分で制御できないものが1つのみの場合に使います。
	回帰分析 ＝重回帰分析	薬の投与の有無以外に，性別，年齢，過去の喫煙暦のように，患者が現在自分で制御できないものが複数ある場合に使います。さらに性別，年齢，過去の喫煙暦などの「説明変数」は離散的な値でなくて，連続的な値でも大丈夫です。
離散（0と1など）的な値	比率の差の検定	薬の投与の有無のみのように，患者が自分で制御できないものが1つのみの場合に使います。
	ロジスティック回帰分析	薬の投与の有無以外に，性別，年齢，過去の喫煙暦のように，患者が現在自分で制御できないものが複数ある場合に使います。さらに性別，年齢，過去の喫煙暦などの「説明変数」は離散的な値でなくて，連続的な値でも大丈夫です。

（出所）　西内（2013）より筆者作成

「性差」や「喫煙の有無」や「年齢」などの変数を入れながら，あたかもサンプルを分割するようにすればよいことになります。

　また調べたいものが 0, 1, 2, …, 5 のような順序変数になっている場合には，ロジスティック（プロビット）回帰分析を拡張した，順序ロジスティック（プロビット）回帰分析を使用します[3]。さらに，データが個人ごと＋時間（時系列）の情報をもっているような場合もあるでしょう。例えば，個人ごとに 2017 年 1 月～12 月の医療費を分析するような場合です。このとき，個人という切り口と時間という切り口を一切考慮せずに，バラバラで分析してしまうと，時間を通じた変化を見逃すことになります。この場合には，パネル・データ分析という手法を用います。さらに上級のテキストで学ぶべきことなので，ここではそのエッセンスしか説明しませんが，パネル・データ分析のなかの固定効果モデルでは，回帰分析の枠組みでいえば，A さん，B さん，C さんなどの個人ごとに 1 をとる変数を作成して，分析するようなイ

---

[3] 第 10 講に分析の事例があります。

メージです。このように個人ごとに1をとる変数があれば，その個人の特有の効果を時間とは別のものとして分析できます。このパネル・データ分析は，個人と時間という2つの階層で分析を行います。そのため社会学の分野では多重レベル分析と呼ばれることもあります。

　ここまでの議論をまとめると，表13-1のようになります。ちょっとした違いによって名称が変更されているので初めてみると混乱しますが，単に場合分けだけですので，まとめて覚えてしまうと統計学の理解が進むかと思います（西内（2013）の170頁にある図表2.5とほぼ同様の議論です。ちなみに（単）回帰分析と重回帰分析は数学的には同じですので，ここではあえて分けてはいません）。

■ サンプル・セレクション・バイアス

　ここまでの議論では，対象のデータが基本的には同質で，そうでないものについては外生的な（データ外にある）要因であるという仮定を置いていました。これが満たされない場合には，統計学的には極めて大きな問題となるサンプル・セレクション・バイアスが発生します。

　例えば，抗がん剤の投与に関して，二重盲検法を採用しないとどうなるでしょうか？　投与の有無に関して医師にすべて任せてしまうと，もしかしたら医師が無意識に「抗がん剤が効きそうな患者」に投与してしまうかもしれません。また，たとえ医師が抗がん剤を投与する患者をランダムに選択したつもりでも，投与をした患者がわかっていると，検査の値を無意識によいものと判断することがあるかもしれません。これが典型的なサンプル・セレクションの問題で，「抗がん剤の投与」という行為自体に「人間の意思」が入ったものとなってしまいます。この場合，「抗がん剤の投与」で延命効果が認められたようにみえても，「人間の意思」が反映されないように調整して再検査すると，その効果がなくなってしまうこともあります。

　もう少しこのサンプル・セレクション・バイアスをきちんと説明すると，以下のようになります。抗がん剤の投与の有無以外がいわゆる，「純粋に実験室的な環境（検証する要因以外すべて同じ条件）」であれば，投与によって延命の効果がみられたとすれば，その原因は「投与」以外には考えられませ

ん。しかし，投与の有無では説明できないこと，たとえば，投与されたにもかかわらず不幸にもすぐに亡くなってしまったり，投与の効果があって延命したというバラツキは，神のみぞ知る確率変数となります。投与されずにすぐに亡くなってしまったり，投与されていないにもかかわらず長く生きられたというバラツキも同様です。つまり，「抗がん剤の投与」という行為と，神のみぞ知るバラツキの間には何の関連性（相関）もありません。

ところが，投与の有無を医師が判断してしまうと，この前提が崩れてしまいます。投与する際に，医師は自らの経験などを無意識的に参考にする可能性もあるでしょう。医師の判断があったとしても，実際には投与した患者のなかには，運悪くすぐに亡くなってしまう人も，延命効果があって長生きできる人も発生しますが，そのバラツキという確率変数と「投与の有無」の間には医師の判断という関連性が出てきてしまいます（相関がある）。つまりバラツキが，神のみぞ知るということにならず，神以外にも誰かの意思が介在したという状況に陥ってしまうのです。この場合には，純粋に実験室的な環境から乖離してしまい，抗がん剤の効果を「過大に」（もしくは過少に）評価してしまうことになります。

経済学で用いられるようなデータは，人の意思が入ってきたり，予期できない因子が入ってくることもあり，因果関係を明らかにしにくい非実験的データでしょう（このようなデータを筆者は「汚いデータ」と呼んでいます）。このようなデータを利用すると，いま述べたサンプル・セレクション・バイアスの問題を避けることはできないでしょう。それではどのようにしてこの問題に対処すればよいのでしょうか？　本書では詳しく説明しませんが，統計学や計量経済学では傾向スコア・マッチングや操作変数法などの手法が使われます（他にも「回帰非連続デザイン」や「差の差の分析」などもあります）[4]。基本的なアイディアは単純で，汚いデータを補正して実験室的な環境に戻してあげるというものです。例えば，傾向スコア・マッチングでは，似たようなデータを探してきて比較すれば，サンプル・セレクション・バイアスを消し去ることができるのではないかと考えます。サンプル分割に似ていると考え

4　操作変数については，**第6講**にも言及があります。

てよいでしょう。これに対して操作変数法は，サンプル分割を一歩進め回帰分析にしたもので，サンプル・セレクション・バイアスを生み出す確率変数（ここでの例では医師の行動など）を，抗がん剤を調べたときの変数とは別の変数で回帰し，医師の行動を補正した上で，抗がん剤の純粋な効果を抽出するものです。

　ここで紹介した統計学的手法は非常に高度で，また数学的にも難解ですので，読者によっては敷居が高いかもしれません（もちろん筆者も統計学に悩まされます）。しかし，そのアイディアは非常に単純なところにあったりもしますので，難解な専門書と入門書を交互に読むことで，よりスムーズに理解できるようになるでしょう。本を読みながら，エクセルや統計ソフトでデータの分析を行い，また本に戻りながら理解を深めて，統計学のテクニックを修得してください。

■ Active Learning

《理解度チェック》・・
- □ 1　厚生労働省の統計のなかで医療・介護に関わるものを挙げてみてください。
- □ 2　DPCデータがなぜ必要とされ，どのように役に立っているのか，その特徴をまとめてください。
- □ 3　平均値の差はどのようなものなのか，説明してください。
- □ 4　ランダム化比較試験とはどのような方法なのでしょうか。その特徴をまとめてください。またその限界も述べてください。

《調べてみよう》・・
- [1]　厚生労働省のウェブサイト（https://www.mhlw.go.jp/）の「統計情報・白書」→「各種統計調査」→「厚生労働統計一覧」の，「2.保健衛生」→「医療施設調査」→「統計表一覧」→「平成27年医療施設（動態）調査」→「上巻2015年」と進んでください。このページから，「J3　病院数・病床数，年次・開設者別」のCSVファイルをダウンロードして，国立病院，公的医療機関，社会保険関係団体，医療法人の構成割合の年次推移を示すグラフを作成しましょう。それぞれどのような傾向をもっているか，確認をしてください。

[2] OECD Health Statisticsから総保健医療支出/GDP比率をダウンロードし，各国の経年変化を確認できる図を作成してください。また最新のデータを用いて，総保健支出・GDP比率と平均余命を2次元平面上にプロットしてください。2つのデータに相関関係があるか確認してみましょう。

[3] 厚生労働省のウェブサイトから「後期高齢者医療毎月事業状況報告」を探し，都道府県別の後期高齢者1人あたりの医療費をダウンロードしてください。また「医療施設調査（平成27年度）」から，都道府県別の人口10万にあたりの病床数もダウロードしてください。1人あたりの医療費を被説明変数に，病床数を説明変数にして回帰分析をしてみましょう。係数は有意になるかも確認しましょう（**第1講**や**第6講**の《調べてみよう》も参照してみてください）。

《Discussion》

病院情報局のウェブサイト（https://hospia.jp/）から，あなたの住んでいる2次医療圏を選択してください。そのなかからDPC対象病院を3つ選択して，疾患別（例えば，循環器系，耳鼻咽喉科系など）の医療圏シェアを確認してください。その上で，その病院がどのような経営戦略をとっているのか，類推してみてください。

文献紹介

統計学や計量経済学の優れた文献はたくさんありますが，統計学がどうしても苦手だという人には，以下の文献をお薦めします。
- 西内啓『統計学が最強の学問である』，ダイヤモンド社，2013年

政府も医療・介護のデータを公開していますが，それ以外に以下のようなウェブサイトでも有用な情報を閲覧できます。
- 日本医師会　地域医療情報システム：http://jmap.jp/
  （都道府県・2次医療圏ごとの医療機関情報だけでなく，将来推計人口なども閲覧できます。）
- 病院情報局：https://hospia.jp/
  （DPCデータに基づき全国の急性期病院の診療実績をまとめています。）
- ウェルネス：https://www.wellness.co.jp/
  （こちらの「コンテンツ」で2次医療圏データベースが公開されています。）

第14講
主要国の医療環境とTPP

■世界には大きく3つの医療保障制度があります。その特徴を紹介しながら，ドイツ・フランス，英国，米国の4つの国の医療制度を，わが国との違いに留意しながら説明します。また自由貿易協定が日本の医療に与える影響についても，特許制度を絡めながら紹介します。

14.1 世界の医療保障制度の類型

■3つの医療保障制度

わが国の医療（介護も）は社会保険方式で運営されており，日本に住んでいる人は強制的に保険に加入させられ，保険料を納めることで保険証を受け取り，これを医療機関に持参することで医療保険でのサービスを受けることができることを**第2講**で説明しました。それでは世界の国々は，どのような医療保障制度になっているのでしょうか？

世界の国々の医療保障制度は，文化や歴史と密接に関連しているため独自のものばかりですが，その基本設計は大きく3つに分けることができます。

1. 社会保険方式
2. 国民保健サービス方式
3. 私的（民間）保険方式

それぞれについて，大雑把に特徴を述べると以下のようになります。一つ目の社会保険方式とは，わが国のように，職域・地域・国民全体での強制的な皆保険を採用するやり方です。財源は，雇用者と被用者が負担する社会保

険料で，原則この保険料を使って運営します。医療機関は，自治体と民間，双方が運営することが多く，これは日本でも公立病院，公的病院，民間の医療法人が存在することを思い浮かべれば理解できるでしょう。政府は医療サービスに必要な財源や支払いを統制する役割を果たし，日本の場合は診療報酬や薬価という公定価格による統制を行っています。この方式を採用している主な国は，日本，ドイツ，フランスです。

二つ目の国民保健サービス方式は，その国の居住者に医療サービスを提供するため，国が医療サービスの生産を決定する方式です。名称が「保健」であり，決して「保険」ではありません。社会保険方式との違いは，財源が租税（税金）となることで，保険よりもむしろ公的扶助や社会福祉制度に近い位置づけです。そのため，安価（ときには無料）で医療サービスを受けることができます。予算で管理されるために国の関与が強く，病院が国有，医療職が公務員に近い扱いになることもあります。この方式を採用している主な国は，英国とカナダです。

三つ目の私的（民間）保険方式とは，被保険者・保険者・医療機関の契約をベースに，医療サービスの生産を市場が決定する方法で，米国で採用されています。企業ごと，もしくは各自が民間の医療保険会社と契約し，そこで支払った保険料によって保険が運営されます。日本でいえば自動車の任意保険に入るようなイメージです。強制性はなく，原理上は「保険に加入しない自由」も存在します。市場をベースにしますので，医療機関は民間であってもよく，儲けを追求する株式会社病院が存在することもあります。

ここでは議論をわかりやすくするために，医療制度を3つに分けましたが，**第3講**で学んだように日本の後期高齢者医療制度の財源の半分は税であり，純粋な社会保険方式とはいえないと思うかもしれません。その指摘は正しいもので，ここで挙げた国も，例えば米国であっても社会保険のようなものが一部にあったりします。どれかに純粋に当てはまるものではなく，多くの国では3つの方式の折衷案を採用しています。この分類方法は，医療制度の「成り立ち」でなされたものと捉えてください。

いま述べた3つの医療制度を大雑把にまとめたものが，図14-1です。この図では，権利性の強さ，公的保険の適用人口，財政方式，供給方式，政府

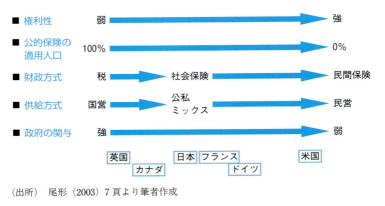

図14-1　医療制度の国際比較

の関与の軸でもって各国を分類しています。大雑把にみて3つのグループに分かれていることが確認できるでしょう。後で詳しく説明しますが，完全に3つの方式で分かれているわけではありませんので，その分かれ目が必ずしもはっきりしているわけではありませんが，それでも英国と米国がまったく異なることは確認できるでしょう。

　それでは3つの方式ではどれが最も望ましいのでしょうか？　もちろん，3つの方式が並存していることから，それぞれについて長所・短所が存在します。

　社会保険方式は保険料の対価として医療サービスを受けますので，権利性が強いものです。しかし強制加入ですので，健康な人は保険料を支払うだけとなり，制度の維持には社会の連帯が必要です。また応益負担を原則とするために，自己負担は安価とはいえません。

　国民保健サービス方式は，福祉に近い位置づけになりますので，応能負担として安価で医療サービスを受けられます。しかし予算管理の弊害として，予算がなくなったら手術を翌年にすることもあったり，かかりつけ医への診療が義務づけられるなど，最低限の医療しか保障されていないこともあります。

私的（民間）保険方式は，所得が高ければ最高の医療保険に加入し，最高の医療サービスを受けることができますし，病気にならないと強く確信しているならば保険に加入しないこともできます。つまり，自己決定の原則が徹底されます。しかし，医療が必要な高齢者や低所得者は保険料を支払うことが難しくなり，保険に加入できません。保険料も高く，保険によって受けられる医療サービスも異なりますので，弱者にとって非常に厳しい方式かもしれません。

以上のように大きく3つの方式を概観しました。もう少し詳細に検討するために，ドイツ・フランス，英国，米国の医療制度を以下で検討しましょう。

14.2　社会保険方式：ドイツ・フランス

■ ドイツの医療制度

ドイツの医療制度は社会保険方式で，国民皆保険であり，わが国とよく似た特徴をもっています。ドイツの医療保険は，地域ごと，産業ごと，職業ごとの組合管掌方式を採用しており，日本の健康保険組合にあたるものを疾病金庫と呼んでいます。これから疾病金庫という言葉を使いますが，わかりにくい人は健康保険組合と頭のなかで置き換えてください。ドイツの社会保険方式は，基本的にはわが国と似ているのですが，実は大きな違いがあります。それは，公的医療保険に加入しているのは国民全体の86％で，国民全員が社会保険に強制加入させられるわけではないことです。高所得者は社会保険の代わりに，民間保険に加入してもよく，国民の14％は民間保険だけに加入しています。

ドイツの疾病金庫の財源は，原則的には保険料であり，公費（税）負担は極力ない形で運営されています。被保険者は疾病金庫の選択が可能（自由選択）で，かつては安い保険料を求め，医療保険を変更する人もいましたが，現在では保険料は統一されました。疾病金庫の間での健全な競争を促進させるために，連邦政府が保険料を一括管理し，補助金を加えた医療基金を設立し，リスク調整（性，年齢，所得，罹患率で調整）した上で，疾病金庫に交付

金を配分する形をとっています。このようなしくみは，財政調整と呼ばれています。しかし，保険料が同じであれば，どの疾病金庫を選択しても大して差がありませんので，リスクが低い若者は安い民間の医療保険に加入した方が保険料を下げられます。そのため若者の民間保険への流出が生じ，将来は民間医療保険と疾病金庫の間での財政調整が必要になるのではないかともいわれています。

　次に，患者側の支払いについて説明します。かつては外来に関しては無料でしたが，現在は四半期ごとの定額負担になっています。また入院については28日を上限に日額定額負担，薬剤は10％負担（月額上限あり）です。給付範囲は，外来，入院，訪問看護とわが国と同様ですが，予防サービスも保険でカバーされることに違いがあります。また正常分娩は保険範囲外ですが，わが国と同様に別途公的補助金の対象となっています。

　医療供給体制は，外来は一般診療保険医が担当します。入院は専門医が担当し，役割分担がなされています。民間病院は小規模で病床の15％を占めており，公的・公益病院は大規模のものが多く，病床の85％を占めています。医療機関に支払われるお金は，政府が統制しています。外来に関しては，家庭医・専門医などのサービスごとの包括支払い制度をとっており，診療報酬総額は，被保険者の罹患率に基づく医療ニーズに応じて決定されます。入院については，診断群分類をベースにした1入院ごとの包括支払いとなっており，通常経費（人件費，医療材料費，薬剤費）だけでなく，病院の減価償却費・投資経費も疾病金庫から支払われます。薬価については自由価格でしたが，1989年より，薬効別にグループを設定し，グループごとに上限を決める参照価格制が導入されました。

■ フランスの医療制度

　フランスもわが国やドイツ同様に社会保険方式を採用していますが，2階構造となっていることに特徴があります。1階（基礎）部分は，基本無料の法定基礎給付制度です。これは，被用者保険，自営業者向け保険，農業従事者向け保険，特殊制度（公務員など）保険の4つから成り立っており，人口の80％をカバーしています。残りの20％は民間の個人保険か，無保険者と

なっており，無保険者は県政府の責任で医療扶助を提供されています。

2階部分は補足制度と呼ばれているもので，主に非営利・民間の共済組合（日本の組合健康保険に近い）が運営しています。この2階部分による給付は，自己負担が必要ですが，実質的には窓口負担なしで受けることができます。両者ともに当初の財源は保険料でしたが，現在は税（一般社会保障税）に移され，労働所得と資産所得に定率で課税されます。税によって賄われているため，純粋に社会保険方式とはいえないかもしれませんが，その成り立ちから社会保険方式に分類されます。

次に，患者の負担を述べましょう。外来は，いったん窓口で全額を支払い，申請後に保険で償還（返還）される償還払い制度が採用されており，実質的には自己負担なしで利用できます。入院については，入院定額負担金を除いて自己負担がありません。このように，わが国よりも安価に医療を利用できますが，その代わりに高い付加価値税（消費税）を支払っており，食料品は5.5％ですが，生活必需品以外には19.6％の消費税が課されています。さらに，かかりつけ医制度も導入されており，かかりつけ医への受診は強制されていませんが，紹介状なしに他の医療サービスを利用すると，協定価格以外の付加料金は全額自己負担することになります。歯科・眼科なども保険でカバーされており，わが国とは異なり正常分娩も給付対象になります。

供給体制は，医師については一般開業医と専門医で免許が別になっており，一般開業医はクリニックでの外来を担当し，専門医は病院を担当する分業制をとっています。24時間受け入れ可能と認可された病院は，公的病院として認められており，公立病院と一部の民間病院がこれに該当します。公立病院は大規模，民間病院は比較的小規模な傾向があるようです。

支払制度は，外来に関しては開業医の医療費は保険者と医師労働組合の間で締結される協約料金表で決定されます。DPCやDRGのような医療行為分類（CCAM）が導入され，外来の支払いも包括支払いに移行する計画があります。入院に関しては医療行為分類（CCAM）による1入院あたりの包括支払いが導入されており，薬価については既存の薬剤または治療法と比較した，治療上の改善度を考慮して決定されます。

ドイツ・フランスともに純粋に社会保険方式とはいえないかもしれませんが、保険の運営方法や、政府の医療への関与などには、わが国と共通点があります。医療保険改革のときには参考にされることもありますので、社会保険方式を採用している国々の動向に着目することは重要なことでしょう。

14.3　国民保健サービス方式：英国

■ 英国の医療制度

英国の公的医療制度は、NHS（National Health Service）と呼ばれ英国に居住する全住民が対象とされます。かつては、「ゆりかごから墓場まで」をスローガンに掲げ、政府が国民の健康を守る（まさに保健）ことを目指しました。保険ではなく福祉に近い側面をもっていますので、財源のうちの75％は租税（保険料は20％）で、予算管理が徹底されます。そのため、生命へ直接影響がないとされる疾患（膝関節症に対する膝人工関節置換術や白内障手術など）に対しては、専門医への診察・入院治療を受けるまで数ヶ月単位で待たされることもあります。これはウェイティング・リストと呼ばれており、待つことを避けるため手術までの待ち時間が短く手術担当医などの選択もできる民間医療保険を利用する人や、外国で手術を受ける人もいます。原則無料で医療が受けられますが、外来処方薬（1処方あたり定額）、歯科診療（原則8割）、視力検査と長期治療の一部（全額）には、自己負担が求められます。

NHSでは地域の住民は必ず診療所に登録し、病気になったときには登録した一般医（General Practitioner, GP。かかりつけ医のこと）に受診します。通常はここで治療を受け帰宅させられることが大半ですが、重症だと認められると、病院専門医サービスに行くことになります。これはGPからの紹介がないと受診できません。つまりGPはプライマリケアを担当しつつ、大病院にいきなり受診させないための、ゲートキーパー（門番）の役割を果たしているのです。入院については、かつてはNHSが病院を所有しており、国立病院が大半でしたが、現在は日本の独立行政法人のような形に移行してお

り，国の関与が薄まってきているようです。

　診療所は，NHS本体とは独立した地域ごとの公益組織と診療内容と診療報酬に関する契約を交すことで，NHSに基づいた無料の医療サービスを提供できるようになります。外来の支払いについては，登録人口や罹患率などのニーズに基づいて計算された包括的報酬が，診療所に支払われます。その後診療所は，各GPに対して提供するサービスの内容に応じて報酬を支払います。さらに健康管理や施設運営で質の高いサービスを提供した場合の成果報酬（QOF）も導入することで，GPに質も含めての競争を促すしくみを作っています。入院に関してはサービス提供実績によって，診断群分類（Healthcare Resource Groups，HRG）ごとに算出された標準価格表に基づいて支払いが行われます。さらに薬価については，製薬会社に年間上限利益率を設定することで，薬剤費の抑制を図っています。

　英国も純粋な国民保健サービス方式とはいえないのですが，それでもまだその特徴がそれなりに残っているといえます。それは租税で運営されていることと，福祉としての側面を出すためサービスを原則無料で提供していること，その代わりにゲートキーパーを置くことで受診に一定の歯止めをかけているところ，民間の医療機関よりも国立の病院がメインであるところ，などです。手術してくれないことで悪名高き英国の医療制度ですが，それは福祉的な特徴，つまり最低限の医療を国民に提供する姿勢からもたらされるのかもしれません。

14.4　私的（民間）保険方式：米国

■ 雇用主提供保険

　14.1節で説明しましたが，米国の医療制度は民間医療保険中心で，保険の自己決定，つまり保険に入る自由，入らない自由も存在することを原則に掲げています。しかし多くは雇用主提供保険，つまり雇用する側が従業員に対して民間の医療保険を提供する形をとります。例えば，米国の一流IT企業に勤めたら，その企業が契約する医療保険に加入しますが，退職したらその

医療保険も使えなくなります。働き場所で医療保険も違いますし，給付内容も異なります。被保険者が限定されることもあり，扶養家族を含むケースもあれば，被用者本人のみの場合もあります。後者の場合，家族は別に医療保険に加入しなければなりません。歴史的には，企業・組織が優秀な従業員を囲い込むために，「福利厚生」の一環として医療保険を提供してきたため，企業によっては65歳未満早期退職者の医療保険の面倒もみることがあります（ビッグ3と呼ばれる自動車会社など）。

　米国の医療保険がどのような形で提供されているのか，もう少し詳しく説明しましょう。日本では民間の損害保険会社がさまざまな保険を販売していますが，これと同じような形で米国ではさまざまな民間医療保険会社が雇用主提供保険を販売しています。医療保険の具体的な商品名でなく，給付方法の違いから，HMO（Health Maintenance Organization）と，PPO（Preferred Provider Organization）の2つが主に使われます。前者のHMOタイプの医療保険は，以下のような手順で利用できます。どんな病気やケガもまずは主治医に相談し，主治医は症状に応じて，保険が使える専門医を紹介します。つまり，日本のようにいきなり大病院で受診することはできず，主治医への受診が必要になります。さらに，HMOのネットワーク以外の病院だと保険が適用されないこともあります。これに対して後者のPPOタイプの医療保険は，ネットワーク外の医師でも保険が適用されますが，自己負担がHMOより高いことが多いようです。退職したり失業して雇用主提供保険を失ったり，自営業の場合は，個人で民間医療保険に加入します。しかし後で説明するオバマ・ケア以前は，高額の保険料により保険に加入できないことが，しばしば発生しました。

　ただしそもそもの医療費が高いので，一度病気になってしまうと，保険を使っても破産する人も存在します。外務省のウェブサイトによると，ニューヨーク市のマンハッタン区では，表14-1の医療費となります（これは市外よりも2〜3倍も高く，かなり高い部類だと考えてください）。日本では初診料は282点（2,820円）ですから，米国ではちょっと体調が悪いときに病院に行くことさえも大変となります。もちろん保険に加入していれば自己負担はこの金額の数割（保険によって異なります）で済みますが，それでも高いこと

表 14-1　ニューヨーク市の医療費

医療の種類	医療費
一般の初診料	150〜300 ドル
専門医への受診	200〜500 ドル
入院した場合の室料	数千ドル
急性虫垂炎で入院し手術後腹膜炎を併発したケース（8日入院）	7万ドル
上腕骨骨折での入院手術（1日入院）	1万5千ドル
貧血による入院（2日入院，保存療法施行）	2万ドル
自然気胸のドレナージ処置（6日入院，手術なし）	8万ドル

（出所）　外務省「世界の医療事情　アメリカ合衆国（ニューヨーク）」

には変わりありません．また表の金額は，あくまでも手術などの技術に対する医療費で，これ以外に施設利用料，血液検査代，画像検査代，薬品代などが請求されます．つまり表よりもさらに高い医療費となり，医療で破産する人が米国では頻繁に出てくるというのも納得できるでしょう．

■ メディケア・メディケイド

それでは低所得者や失業者，高齢者などはどのような保険に加入すればよいのでしょうか？　民間の医療保険会社にとってはリスクの高い層となりますので，加入を拒否されるかもしれません．事実，2008年には米国の全人口の17.4％は無保険者との報告もあります．無保険者のなかのごくわずかは，自分を健康だとみなし保険は必要ないと思っている人かもしれませんが，大部分は社会的弱者であるために保険に加入できない人です．このような人が多くなることは，社会的に問題となります．そこで米国では，高齢者と低所得者向けにメディケアやメディケイドといった「最低限」の保障を用意し，さらにそれでも無保険者となる人もいるので，後で述べるオバマ・ケアによって保険に入ってもらおうとしています．

メディケアとは，連邦政府が管理・運営する，主に「高齢者向けの公的医療保険」のことです．対象者は，65歳以上の高齢者と65歳未満の身体障

害者・末期腎臓疾患患者となります。制度が若干複雑なのですが，給付内容に応じて，パートAからパートDまで4つに分かれます。メディケアのパートAとは，入院時，在宅ケア，高齢看護サービス，終末期ケアなどをカバーする保険です。強制加入となりますが，社会保障税を10年以上負担（課税所得の1.45％の支払い）しなければ，受給資格を得ることができません。わが国の国民年金（25年以上の保険料支払い）が，医療保険のようになったと考えるとわかりやすいかもしれません。

　パートBからパートDは，オプション的な位置づけです。パートAだけだと外来には保険が使えませんので，これに対応するためにパートBがあり，外来診療，予防医療，救急サービスに適用されます。年間免責額の147ドルを超過した部分に対して，医療費の20％を自己負担します。強制加入ではなく任意加入ですが，パートA加入者の93％が加入しており，毎月保険料を支払う（平均104.90ドル）必要があります。パートCはメディケア・アドバンテージ・プランと呼ばれ，パートAとパートBを含めた医療保険を，民間保険会社が代行して提供するものです。自己負担額などが低く設定されていることがあり，メディケアと民間の医療保険の長所をあわせた保険で，パートA加入者の27％が加入しています。パートDは処方薬にも適用されるもので，パートCのなかにはパートDも含んでいる保険が多いといわれています。ここまで述べたように，米国の高齢者向け医療保険は，最低限の医療保障（パートA）を強制にし，外来（パートB）や処方薬（パートD）はオプションとして選ばせ，さらに希望があれば民間に代行させる保険（パートC）に入ってもよいとの選択肢を与えています。

　それではもう一つのメディケイドとは何でしょうか？　高齢者向けのメディケアと混乱しますが，メディケイドとは低所得者・貧困者向けの公的医療保険です。メディケアとは異なり，連邦政府と州政府で共同支払いすることが，メディケイドの財政面の特徴です。州政府が所轄となるため，かつては給付対象も州によって差があり，医師の受診回数を制限したり，禁煙プログラムや通院のための交通費の補助をしたりする州もありましたが，オバマ・ケア成立以降は統一されました。さらに障害のない成人，補助者のいる児童にも拡大されましたが，税収が低迷していることで，財政は逼迫してい

ます。

■ オバマ・ケア

　ここまでで説明したように，米国の医療保険は民間保険会社が中心ですが，なぜ社会保険方式や国民保健サービス方式を採用しなかったのでしょうか？これには歴史的な背景が絡んでいます。米国では1929年の大恐慌以降に民間非営利保険が設立され，これが病院や医師の確実な収入源となるため，積極的に普及が促進されました。年金や失業保険などの社会保障法は第2次世界大戦前に施行されましたが，医療に関しては「医療の社会主義化」を嫌う米国医師会が強く抵抗したため，社会保障法に含まれませんでした。第2次世界大戦後のトルーマン大統領時代にも，「国民皆保険」構想がありましたが，米国医師会の抵抗と，民間非営利保険や営利の民間医療保険が普及していたため，実現されませんでした。

　その後，民間の医療保険会社が膨大な利益を背景に政治的な発言力をもち始め，国民皆保険構想が出されるたびに，業界の代弁者の政治家に献金し，反対をさせました。つまり米国では，民間の医療保険で十分だと思っていて，そのまま放っておいたところ，民間医療保険業界があまりにも大きくなりすぎてしまい，彼らが損をする形での国民皆保険制度が実現できなくなってしまったのです。若くて元気でお金のある人ならば民間医療保険でもよいでしょうが，社会的弱者は民間の医療保険に入ることができません。そこで「最低限」の医療保障として，高齢者向けのメディケア，低所得者向けのメディケイドを整備したわけです。

　ところが，メディケア・メディケイドでもカバーされない人が出てきます。例えば，自営業で細々と稼いでいるが民間の医療保険は高くて入れない人や，きちんと働いているが既往症（これまでにかかったことのある病気で現在は治癒しているもの）があり民間医療保険への加入を拒否された人などです。このような社会的弱者は，わが国であれば強制加入であるため医療保険に入れますが，米国では加入できませんでした。そこでなされたのが，2010年から実施された米国の医療制度改革，通称オバマ・ケア（当時のバラク・オバマ政権が推進した制度であることからこう呼ばれています）です。

これは，今ある民間医療保険を最大限活用することに特徴があります。具体的には，どんな人でも民間の保険を買いやすくするしくみを作り，医療保険に入らなければ確定申告時に罰金を課すことにしたのです。これで医療保険に入りたくない人も，事実上の強制加入となりました。では，保険に入りたくても加入を拒否される人をどのように救済したのでしょうか？　それは，民間医療保険会社に対して，リスクの高い（高医療費の）個人への加入拒否を禁止したのです。具体的には，年齢，居住地区が同じであれば，同等の保険料に設定させ，年齢や以前の健康状態で差をつけることが禁止し，保険が標準でカバーする保障範囲を政府が決めました。さらにすべての州に医療保険取引所を開設し，低所得者は取引所で保険を購入するときに補助金が受けられるようにし，50人以上の従業員がいる企業に医療保険の提供義務を課しました（違反したら罰金）。このように，個人が医療保険を買いやすくするしくみ，買わざるを得ないしくみ，民間医療保険会社が加入を拒否できないしくみを作ったことが，オバマ・ケアの特徴です。いうなれば，罰則付きの民間医療保険強制加入制度というところでしょうか。このオバマ・ケアにより米国の無保険者4,400万人（全人口の16％）のうち，1,500万人が加入できるようになり，無保険者は2,900万人（9％）まで減少したといわれています。

　しかし，このオバマ・ケアですべてがうまくいったわけではありません。リスクの高い個人を引き受けることになった医療保険会社は，保険料を引き上げる措置をとりました。なぜならば，保障内容を政府に決められて，加入の拒否もできないため，リスクの高い個人が加入することで，支払いが増えるからです。このことは従来の民間医療保険に加入していた人に負担を強いるものでしたし，民間の医療保険会社にとっても大きな不満でした。そこで，2017年1月に就任したドナルド・トランプ大統領は就任初日にオバマ・ケアを見直す大統領令に署名をしました。そして同年5月に下院でオバマ・ケアの代替案である米国医療保険法が可決されました。さらに上院でも可決されれば廃止が決まりましたが，与党の共和党が52/100名確保している上院で過半数を確保することができず，2017年8月に改革案は否決されました。これでしばらくはオバマ・ケアが存続されそうです。しかし，米国民の少なくない人は，オバマ・ケアに反対しているという事実は理解すべきでしょう。

ここまでで説明したように，米国の医療制度は完全に私的（民間）医療保険方式ではなく，一部には社会保険方式を取り入れていますが，それでもそのベースにあるのは私的（民間）医療保険方式です。そのため，元気でお金持ちの若者であれば医療保険に入りやすく，またお金に糸目をつけなければ世界最高水準の医療を受けられます。しかしその一方，社会的弱者は医療保険に入ることもできないという，徹底的な市場原理が貫かれています。

14.5　自由貿易協定と医療

■ TPPとは？

　2017年1月，米国のドナルド・トランプ大統領は発足に向けて交渉中だったTPP（Trans-Pacific Partnership，環太平洋連携協定）からの脱退を正式に宣言しました。TPPは加盟国間で経済を活発化させる協定で，具体的にはモノの移動＝貿易を活発化させるために，関税が大幅に引き下げられる協定です。米国が脱退したことで，2018年6月現在，オーストラリア，ブルネイ，カナダ，チリ，日本，マレーシア，メキシコ，ニュージーランド，ペルー，シンガポール，ベトナムの11ヶ国で合意に至っています。この協定によって，例えば日本は得意分野である自動車の輸出が増えるでしょうし，オーストラリアなどから安い牛肉，ベトナムから米が関税なしで輸入されることになるかもしれません。単純に考えれば，それはどの国も自国の得意な産業にとってはチャンスが拡大し，自国の苦手な産業では存亡の危機となることを意味しています。どの国にも少なからずTPPに反対している人がいるのですが，それでも合意に至ったのは，この協定によって自国がより豊かになると各国政府が判断したからでしょう。TPPと医療は無関係に思われるかもしれませんが，そうではありません。米国が脱退したことで，医療への影響は軽くなることが予想されますが，この節ではTPPや自由貿易協定が医療に及ぼす影響についてみていきましょう。

■ TPP が医療に与える影響

　TPP がわが国の医療にもたらす影響として議論されているのは，まず医療制度・医療保険制度に与える問題で，次に医薬品・特定保険医療材料[1]の問題です。一つ目の医療制度・医療保険制度に与える問題については，以下の 5 つの問題・懸念がわが国で議論されています。

　第一に混合診療の解禁の問題です。**第 2 講**で学んだように，混合診療は 1 つでも医療保険で認められていない治療方法や薬などがあると，その治療全部で保険が認められません。この点は TPP の交渉初期から日本に警戒感がありましたが，交渉の段階では大きく議論されませんでした。米国が脱退したことでこのまま混合診療は解禁されないものと考えられますが，国が管理する混合診療の評価療養は，日本以外の国ではほとんど導入されていません。日本以外の国では混合診療で大きな問題が生じていないので，これを解禁すべしと押し切られる可能性もあります。

　第二に，混合診療の解禁と民間医療保険の増大を通じた公的な保険給付範囲の縮小です。すでに現時点でも日本においては民間の保険会社による医療保険が存在し，所得によって受けられる先進医療には差があります。米国の医療保険会社が参入することでこれが拡大することが予想されましたが，米国の脱退によって現状のままで済む可能性が高いでしょう。

　第三に，外国人医師・看護師の流入，労働市場の自由化に伴う僻地医療の崩壊に対する懸念です。外国人医師・看護師が解禁されても，言葉の問題があり，日本で雇用されるのは困難ですが，意思疎通に問題ない範囲で雇用される可能性があります。その場合には医師不足・看護師不足などが解消されるので望ましいといえるかもしれませんが，いずれにしても限定的でしょう。僻地医療の崩壊については，**第 12 講**でも解説したように，労働市場が完全には自由化していない現時点でもすでに深刻な問題ですので，そもそも TPP によってのみ生じるものではないでしょう。

　第四に株式会社病院を認めさせられることに対する懸念です。営利を目的とする病院が出現することで，医療の非営利性が脅かされると危惧されてい

1　保険請求できる医療材料です。注射針に代表される医薬品医療機器等法上の医療材料は，通常は保険請求できませんが，条件を満たすと可能になります。

ましたが，これについてはTPP交渉時に米国も論点にしませんでしたので，大きな問題はないと考えられます。

　第五に，診療報酬制度が崩壊するとの懸念です。TPPを導入することで，社会保険方式の崩壊を危惧する人もいましたが，TPPはモノの移動の自由化についての協定であり，他国の医療制度を変更させ，さらには解体させることを目的とするものではありません。

■ 自由貿易協定と医薬品

　上記の問題は，米国がTPPから脱退したからといって，すぐに安心できるものでもありません。なぜならばTPPの代わりに，日本が米国と個別に自由貿易協定を結ぶことになるかもしれず，その場合にはこうした問題がそのまま議論に上がるかもしれないのです。トランプ政権は日本による貿易赤字を名指しして批判しており，とりわけ自動車会社には米国に投資するよう求めました。米国にとっては，日本からの自動車の輸入を減らし（とはいえ，1980年代に日本の自動車会社は米国に工場を作っており，現地生産という形で米国に貢献しています），米国の得意分野である食肉（米国の牛肉・豚肉の輸出先の第1位は日本です）や医療分野での市場開放を求めるかもしれないのです。そうすると上記の議論がそのままこれから米国と個別に交渉する項目となります。

　とりわけ，米国は世界のメガ・ファーマ（巨大製薬企業）を多数抱えています。2017年のデータでは，医薬品の世界売上10位以内に入っている米国の製薬企業は6社もありますが，日本で一番売上の大きい武田薬品工業でも単独では18位に入る程度です（表9-4参照）。つまり，米国にとっては製薬企業の利益を増やすことは米国の国益にかなうこととなります。それではどのようにしたら，米国の製薬企業が得をするようになるでしょうか？　これが先に述べたTPPの二つ目の問題である医薬品・特定保険医療材料の話につながります。

■ 米国の特許戦略

　これを考えるにあたっては，製薬企業の特徴をつかまなければなりません。

第9講でも述べたように，薬の問題はつまるところ特許の問題です。

米国の製薬会社は自国の薬市場が大きいこともあり，規模をひたすら大きくして，潤沢な開発資金で新しい薬を開発し，特許で守られた独占的販売から膨大な利益を上げる構造となっています。それではどのようにすれば，自国以外の市場でもこれを実現できるでしょうか？　それは米国にとって有利な特許制度・特許戦略，つまり製薬会社が開発した新薬の特許をあたかも永続させるような条約を日本（自由貿易協定の相手国）と結べばよいのです。これは常緑樹のようにいつまでも枯れない状態を模して，特許のエバー・グリーン戦略と呼ばれています。このような特許制度であれば，ジェネリック医薬品は出てきませんし，米国の製薬会社の開発した薬は，独占的に販売できるので，薬効の似た薬がなければ競合することもなく，仕切価格・納入価格を高く保ち続けることができます。そうなれば第9講で学んだように日本の薬価が永久に高いままとなりますので，私たちの薬の負担も大きくなるでしょう。相対的に規模の小さい日本の製薬会社は，新薬開発で米国の製薬会社と対等に競争していくことは困難であり，また特許のためジェネリック医薬品を製造することもできないことになります。仮に条約を結んだ後で日本の政府がこのような事態を重く考えて，特許法を事後的に変更（例えば日本だけ特許期間を10年にするなど）しようとしても，米国の企業から損害賠償請求を起こされたら敗訴の可能性が高く，日本の政府が米国の企業に膨大な賠償金を支払う羽目になります。

■ バイオ医薬品と特許

さらに最近では，いわゆるバイオ医薬品の特許問題・データ保護期間の問題が関わってきます。バイオ医薬品とはたんぱく質由来，もしくは生物由来の高分子化合物で，インターフェロン，成長ホルモン，インスリン，リツキシマブ（悪性リンパ腫のための薬），ニボルマブ（抗がん剤）などがあります。従来の薬は低分子化合物で，ジェネリック医薬品として原理的には同一のものが製造可能です。例えば，高脂血症の薬のリピトールや，高血圧の薬のディオバンなどは，特許が切れたことから多くの企業がジェネリック医薬品の生産に乗り出し，薬価も大幅に下がりました。一方，バイオ医薬品の製造

には，大腸菌にインターフェロン産生遺伝子を組み込んで，インターフェロンを生成するなど，高度な技術が必要です。さらに，培養によるものなので，同じ製法でもまったく同一のものとはならず，ジェネリック医薬品は「類似」のもの（バイオ・シミラー（同等品）と呼ばれます）となります。つまり，バイオ医薬品は製造に高度な技術を要することに加え培養法が未確立，培養法の特許が海外メーカーに抑えられている，品質管理が困難，多額の設備投資が必要など，ジェネリック医薬品の製造には多くの参入障壁があるのです。

　当然，バイオ医薬品は米国の製薬会社が懸命に開発していますので，自由貿易協定を結ぶ際に，米国は自国の製薬会社の製造の特許を押さえ，さらにバイオ・シミラーを製造するために必要なデータの保護期間を長期にすることで，実質的なバイオ・シミラーつぶしを図ることも予想されます。医薬品の特許と，バイオ医薬品のデータ保護期間の問題が，TPPで懸念されていたことですし，今後日本と米国が自由貿易協定を結ぶ際に問題とされる可能性は高いでしょう。

■ Active Learning

《理解度チェック》
- □ 1　社会保険方式，国民保健サービス方式，私的（民間）保険方式3つの医療制度の特徴をまとめましょう。
- □ 2　ドイツおよびフランスと，わが国の医療制度の類似点と相違点をまとめましょう。
- □ 3　英国の医療制度の長所と短所をまとめましょう。

《調べてみよう》
- [1]　オバマ・ケアに対して不平・不満を述べているのは，米国のどのような人たちでしょうか？　インターネットなどでオバマ・ケアに対して否定的な意見がないか調べてみましょう。
- [2]　米国と韓国の自由貿易協定（2012年3月発効）によって，医療分野でどのような問題が起きているでしょうか。調べてみましょう。

《Discussion》

[1] ドイツと同じように，日本も社会保険の強制加入を廃止して，社会保険と民間保険のどちらかを選択して加入できるようにしたら，どのような問題が起きるでしょうか？ 若者，中高年，高齢者の行動を予想し，この行動が社会保険の財政に与える影響を記述してください。

[2] フランスと同じように，日本も外来で償還払い制度を採用したとしましょう。このとき医療機関側にはどのようなメリットもしくはデメリットがあるか，記述してください。

[3] オバマ・ケアにおいて，仮に民間の医療保険会社が加入を拒否できるとすると，どのような状況になるか，説明してください。また，民間の医療保険会社が加入を拒否できず，保険料の引き上げも禁止されたとすると，どのような状況になるでしょうか？ あわせて説明してください。

文献紹介

本講で引用・言及した書籍や論文をまとめておきます。これらは初学者にとっては専門用語が多くて難しいかもしれませんが，各国の医療制度の変遷を学ぶことができます。

- 尾形裕也「社会保険医療制度の国際比較（収斂と発散）――ISSA Initiative における研究動向を踏まえて」『海外社会保障研究』，No. 145，pp. 5-13，2003 年
- 田近栄治・尾形裕也編『次世代型医療制度改革』，ミネルヴァ書房，2009 年
- 田中滋・二木立編『医療制度改革の国際比較（講座 医療経済・政策学 第6巻）』，勁草書房，2007 年
- 長谷川千春「アメリカの医療保障システム――雇用主提供医療保険の空洞化とオバマ医療保険改革」『海外社会保障研究』，No. 171，pp. 16-32，2010 年
- 藤田伍一「医療改革の動向」，藤田伍一・塩野谷祐一編『アメリカ（先進諸国の社会保障 7）』，東京大学出版会，2000 年

第15講
不確実な将来と向き合う
：医療制度をどう改革するか

■日本の公的医療保険制度は，諸外国と比較しても高いパフォーマンスを示しているといえます。ところが，急速な人口の高齢化などにより，そうした優れた制度の持続可能性が危ぶまれています。改善すべき問題は大小さまざまありますが，ここでは最も本質的と考えられる財政方式のあるべき姿を中心に考察し，本書を締めくくりたいと思います。

15.1　はじめに

　本書では医療をとりまく経済の実態と医療経済学のバランスを重視してさまざまなトピックスを検討してきました。その締めくくりとして，やはり医療制度改革の議論を避けては通れないでしょう。最終講となる**第15講**では，まずこれまでの医療制度改革に関する議論を紹介します。これにより，制度を改革することがいかに難しいことなのかを読者の皆さんは理解されることでしょう。次に，数ある論点のなかでもとりわけ優先順位の高い国保と高齢者医療の問題を検討します。ここまでは，ある意味で現行の制度の基本的枠組みを所与とした上で改革の方向性を模索します。もちろん，基本的枠組みとは，賦課方式的な財政方式のことを指します。

　ところで，賦課方式の財政運営が効率的になされるための鍵となるのは，人口動態にあるといっても過言ではありません。現在から2065年までの人口動態を観察することによって，賦課方式が選択されることの妥当性を考えます。そして最後に，賦課方式一辺倒の現行制度を脱却した場合の一つの可能性について議論してみます。

15.2 新旧の医療制度改革の論点
：鴇田（2001）と小塩ほか（2014）

　制度改革の議論は折々になされてきましたが，とりわけ少子高齢化が進展し，社会保障制度の持続可能性が本格的に危ぶまれだした2000年頃から議論が活発化してきたといえます。ここでは制度改革の方向性を示唆した2つの代表的な文献である鴇田（2001）と小塩ほか（2014）を取り上げ，論点を整理しながら検討していくことにします。具体的な項目を表15-1にまとめました。

　このなかで，A-④とB-④，B-⑤は次節のテーマに深く関係しますので，そこで取り上げたいと思います。

　はじめに，A-①とB-①は基本的に同じ論点といえます。つまり，約15年という決して短くない時間が流れても，問題の改善が図られていないことを表しています。健康保険事業の運営主体である保険者が求められる本来の役割を果たすとすれば，それは自らの被保険者である患者と医療機関の間に立ち，被保険者の利益を守る視点で行動することです。治療実績をはじめとした患者に有益な情報の収集・提供，医療機関との直接交渉などは医療の専門家である保険者にしか果たせない役割であり，それによって患者が直面する情報の非対称性は軽減されます。制度の中身しだいでは，診療報酬を医療機関と直接交渉することも考えられます。いずれにせよ，医療サービス市場

表15-1　新旧の代表的な研究が示唆する改革の方向性

鴇田（2001）	小塩ほか（2014）
A-①保険者機能の活用	B-①保険者機能の強化
A-②規制緩和	B-②保険給付範囲の見直し
A-③情報技術の活用	B-③給付付き税額控除による保険料負担の軽減
A-④高齢者医療制度改革	B-④リスク構造調整と医療の予算化
	B-⑤包括払いの徹底

が十分に機能するために，保険者が患者の公正な代理人として仕事をすることが求められます。

　また，医療サービスの特殊性を考慮すると，政策当局がどのような規制を行うかは，その国の医療保険制度の「かたち」を左右する重要なポイントになります（A-②）。鴇田（2001）が特に重要だと考えたのは，薬価を公的に規制すること（薬価基準制度）により資源配分が不適切となっていること，規制が病院間の健全な競争を妨げていることの2点でした。薬価に関しては今日に至るまで議論が続いていますが，例えば薬価差益が新薬シフトを助長してしまうことを抑制するために，参照価格制度の導入などが検討されています。薬効の高い薬には高い薬価をつけ，特許が切れたら一気に価格を下げるといったメリハリのある制度への移行が薬価制度改革の基本的な潮流といえるでしょう。

　病院間での競争という点では，病院の機能分化を強化する（これ自体は望ましいと考えられます）という新たな視点が重視されるなかで，逆に規制は強まってきたといえます。近年では，2次医療圏を基本ユニットとした「地域医療構想」が各都道府県で策定され，病院機能の違いをふまえた地域医療提供体制を行政の目線でコントロールしようという動きがみられます。

コラム　病院間での役割分担と医療資源配分の効率化

　病院の機能分化に関する一般的な考え方も紹介しておきましょう。通常は病院（病床）を3～4つの機能階層に再編整理する形になります。図15-1は井伊雅子氏の論考で提示された典型例になります（『日本経済新聞』2012年8月

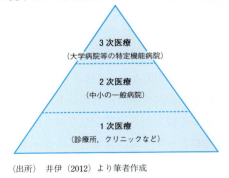

（出所）井伊（2012）より筆者作成

図15-1　病院の機能分化

> 1日朝刊）。
> 　医療サービスへの入口となるのが**プライマリケア**（風邪などのよくある急性のものから高血圧などの生活習慣病などまで，広範な医療ニーズをカバー）を行う1次医療です。ちなみに英国をはじめ機能分化が進んだ国では，1次医療を担うのは<u>一般家庭医</u>と呼ばれる専門的なトレーニングを積んだ医師たちです。日本流にいえば，総合的知識・経験をもった「かかりつけ医」に対応するでしょうか。2次医療は手術や入院を要する病気や専門外来など，3次医療は命に関わるような重大かつ緊急性の高い病気を担うことになります。とりわけ，質の高い1次医療を普及させることで医療の資源配分が格段に効率化され，医療財政にとっても大きなメリットが期待できます。

　しかしながら，病院の機能分化が進むことと，患者にとって益をもたらす健全な競争環境が維持されることは，冷静に区別すべき問題と思われます。いずれにせよ，これまでに数々の非効率を生み出してきたお役所的な発想を脱却し，真に患者の目線に立ってこうした問題を考えることが重要です。

　さらに，医療に限らず，<u>情報をいかに集め活用するかは，現代社会が直面する最重要課題</u>と考えられます（A-③）。鴇田（2001）は，「日本の医療市場でとくに顕著な欠陥は，医療情報がほとんど活用されていないことである。<u>本来最も情報化の必要な医療の世界で，最も遅れていることはきわめて逆説的</u>である」と痛烈な批判を浴びせています。新聞や週刊誌などが特集する病院ランキングなど一般の耳目を集める情報の量は確かに増したかもしれませんが，困難に直面している患者の受診や治療にとって本当に有益な情報の共有・活用は，2018年の現時点でもあまり進展していないのが実情です。

　特に<u>診療カルテの標準化と電子化が徹底されていない</u>ことは，日本の医療の質の改善にとって大きな弱点といえるでしょう。最近では，<u>日本医師会</u>の「日医標準レセプトソフト・**ORCA**」と連携する形で電子カルテが部分的に普及する動きもみられますが，大きな潮流となるにはまだ時間がかかりそうです。情報セキュリティの観点から慎重な取り組みは必要ですが，電子カルテのみならず，私たちにとってすでにおなじみのカード化された保険証にカルテ情報や検査歴，服薬情報などを記録することは技術的にはたやすいことと考えられます。このような取り組みがなされれば，<u>患者の厚生を著しく改

善でき，蓄積された患者情報は「公共財」として公共の利益を増進するはずですが，現時点でその道筋を見通すことは困難です。

　情報技術の導入がなかなか進まない背景として，その利活用がピア・レビュー（同僚審査）の要素を必然的に含んでしまうことが考えられます。医師会や厚生労働省のスタンスが変わらない限り，現状からの転換はおそらく困難でしょう。なお，本節の最初に取り上げた保険者機能を高めようとする場合にも，情報技術の活用は不可欠のものと考えられます。

　次に，小塩ほか（2014）で取り上げられたもののうち，B-②（保険給付範囲の見直し）について考えていきましょう。比較的新しい論考ということもあり，より現代的な視点から非常に重要な提言がなされています。現在の公的医療保険制度の基本的な枠組みを維持し，制度を持続可能なものとするには，徴収する保険料（場合によっては税）を増やすか，給付をカットするか，その両方のあわせ技しかないといえます。

　少子高齢社会の程度が急速に進行するなかで，現行の賦課方式を前提とすると，負担の担い手である比較的少数の壮年層にボリュームのある高齢者層を支えてもらうことになります。その場合，担い手による高額の保険料負担は不可避であり，さらにその水準は上昇していくと予想されます。「社会保障制度改革国民会議（2012～13年）」の資料に基づくと，2050年に20～64歳の人1.2人で65歳以上の人1人を支えることが指摘されています。支える側には非就業者なども含まれますから，実質上1人で1人を担ぐ「肩車型」の賦課方式構造になるわけです。さらに衝撃的なのは，人口構造的に予想すると，支える側の双肩にかかる負担のピークは2080年代頃であり，2110年頃になっても依然として肩車する状態が続くという点です[1]。常識的に考えて，高額の保険料負担を長期にわたって若い人たちに求め続けるのは難しいでしょう。つまり，保険料負担を増やすという方向性での制度改革は，それだけをみれば極めて困難な道筋と考えられます。

　こうした視点に立つと，公的医療保険の給付範囲の見直しが避けられなくなる可能性が高いといえます。先に述べたことと関連しますが，特許切れの

---

[1] 例えば，後ほど言及する「日本の将来推計人口」（平成29年推計）等の最新の人口データや鈴木（2009）を参照してみてください。

表 15-2　高度医療と負担のあり方に関する天野氏の見解

- 高機能な医療は高価格であるのは当たり前である。
- 日本は，医療は保険で安く手に入るという考え方が社会通念化している。
- 医師の立場からみると，世界トップレベルの医療を日本の医療保険のレベルで提供することは本来的に難しい。
- 日本の国民皆保険制度は間違いなく優れた制度である。
- しかし，トップレベルの医療技術をそこに組み込もうとするところに無理が生じている。
- 保険でカバーできる範囲はある程度限定されるべき。
- 支払った保険料に応じ，医療内容をランクづけする方法が考えられるが，制度は根本的に変わらざるを得ない。
- 制度そのものを変えるか，制度は維持しそのなかでカバー範囲を変えるか2つの選択肢しかないだろう。

　医薬品を後発医薬品（ジェネリック医薬品）と価格面で同等に扱うことやドラッグストア等で入手可能な市販薬を保険適用外とするなど，保険でカバーする範囲を再考することは重要な論点といえるでしょう。その際，最近さまざまな場面で耳にする「費用対効果」という視点が，重要な判断基準の一つとなることは自然なことと思われます。このような「線引き論」は，かねてより医療経済学者を中心に主張されてきましたが，最近では考えを同じくする医療関係者も多くなってきています[2]。例えば，著名な心臓外科医として知られる天野篤氏は，高度医療と負担のあり方に関して興味深い見解を表明しています（『日本経済新聞』2017年10月9日朝刊）。この要点は表15-2のようにまとめることができます。

　一言で述べると，日本の医療は明らかに「転換点」にあると，読むことができます。優れた公的医療保険制度であるのは確かですが，何でもかんでも保険で賄う時代ではないということです。特に興味深いのは，一律に保険料負担を上げるのではなく，負担の多寡と医療内容を対応させるというアイ

---

[2]　日本経済新聞社などが実施した医師を対象としたアンケート（『日本経済新聞』2017年6月30日電子版［有料会員限定］）によると，半数超の医師が現状の皆保険制度は持続できないと思っていることがわかりました。自由記述欄でその理由を尋ねると，「医療が高度化して薬剤などが高額になっている」といったコメントが多かったとのことでした。医師たちのこのような認識をふまえると，給付範囲の見直しは真剣に議論すべき問題と考えられます。

ディアでしょう。「命の値づけなど言語道断」と批判するのは簡単ですが，一種の応益負担と考えることもできるでしょう。先に述べたように，賦課方式の下で否応なしに高額の負担が押しつけられるという構造はそれこそ持続可能ではないはずですから，支える側の負担軽減のためにもこうした新たな主張は傾聴に値するものと考えられます。

いずれにしても，財政制約等を念頭に置きながら保険給付範囲を再考する場合には，従前以上にその場その場で適切な医療が効果的に提供される必要があります。医療資源の効率的な配分に際しては，先に取り上げた病院の機能分化は不可欠な要素と考えられます。

最後に，B-③（給付付き税額控除の導入）について検討しましょう。近年，非正規の労働者や低所得者層が徐々に増加してきており，彼らが医療保険料を負担できず，結果的に制度の枠外に押し出されてしまうことが問題視されています。どの段階かで間違いなく公的な支援が必要なのですが，小塩ほか（2014）はモラル・ハザードを回避すべく，給付面ではなく保険料の負担面での支援を提案しています。給付面での支援は，不必要な受診や過剰受診を誘発するおそれがあり，支援策としては効率性の観点から適切ではないと考えられるからです。

15.3 国保と高齢者をどうするか

■ 国保の立て直し

現行制度が抱える最大の難点は，日本の医療の問題点が顕著に表れている市町村国保と高齢者の医療にあるといっても過言ではないと思います。国保の財源の半ばは，すでに述べているように公費（税）で賄われており，国保の財政的な脆弱性を象徴しています。社会保険であるにもかかわらず，半分が税で支えられているということは，実質的に「保険」とは呼べない状況に陥っているといえます。このような状況に直面せざるを得ないのは，被用者保険と比較して（自営業者以上に）無職者が多く，そのため平均所得は低く，疾病リスクも相対的に高い人々が多いためです[3]。これは国保の努力が足りな

いといったことで片づけられる問題ではなく，明らかに構造的な問題です。なお，所得と疾病リスクに関する特性は，前期および後期の高齢者医療の制度機構と共通した特徴であるといえます。

■ リスク構造調整

地域保険と被用者保険が縦割り的に並立していますので，所得の分布は所与とせざるを得ません。すると問題の核心は，各保険間で明らかに異なるリスクをどのように全体として調整するかということになるでしょう。小塩ほか（2014）では，この具体的方策について議論しています（B-④）。「リスク構造調整」と呼ばれるこのアイディアは，諸条件を調整した後，各保険の運営主体である保険者に効率化のインセンティブを付与するように制度設計を行う点が最大の特徴です。まず医療費の推計にあたって，加入者の年齢や所得といった保険者の責任に帰せないファクターに配慮して各保険者の標準的医療費を推計します。国保のように低所得者が多く平均年齢も高い場合，他と比較して高額な医療費として計算されます。以上を要約すると，次のような2つの関係式によってこのしくみを特徴づけることができます。

> 推計された標準的医療費の合計額 ＞ 保険料収入の合計額
> 　　　　　　　⇒差額は保険者へ補填される　　　　（15.1）
> 実際に発生した医療費の合計額 ＞ 推計された標準的医療費の合計額
> 　　　　　　　⇒差額（赤字）は保険者自らが処理　　（15.2）

まず（15.1）式より，社会経済状況をふまえつつ算定された医学的に妥当な経費を賄えるだけの保険料収入が得られないときは，差額分が公費により補填されることになります。仮に黒字が出た場合は，効率化の努力を評価して保険者はそれを受け取ることができます。次に（15.2）式によって，保険者の財政的な規律づけがなされることになります。すなわち，リスク構造調整を施した上でもなお発生する赤字分は，保険者自らの責任において処理し

3　組合健保などと比較すると，年齢構成も当然のように高くなっています。また，中小企業の社員とその家族で構成される協会けんぽについても，医療費の増加が続くことにより，公費負担に依存する財政構造が常態化しています。

なければなりません。このように，リスク構造調整は，保険者の効率的組織運営のインセンティブを引き出すように設計されるのが理想的と考えられます。こうした新たな制度の下では，現行のような「消極的な保険者」を脱却する必要があるでしょう。被保険者の利益を第一に考え，医療機関とも積極的に交渉を行う姿勢が求められます。

■ リスク構造調整に付随する論点

ここまで注意深く読まれてきた方はお気づきと思いますが，リスク構造調整を実施する上での最も重要な前提条件は，診療報酬体系が標準化されていることです。そうでないと，「標準的医療費」を推定・算出することができないからです。出来高払いを基本とする現在主流となっている支払方式は，このような観点においても修正を迫られることになります。いわゆる診断群分類に基づく包括払い（DPC/PDPS等）の支払方式への制度全体としての移行は必須の課題といえます（B-⑤）。

またこれに関連して，提供される医療サービスはあくまで「標準的」なものですから，患者のニーズによっては追加負担によってより質の高い医療サービスが提供される場合も考えられます。そのため，リスク構造調整を採用する際には，いわゆる混合診療の取り扱いについてもしっかりと準備しておく必要があるでしょう。

公的保険のセーフティー・ネットとしての機能を維持する上では，保険者が高リスク者の保険加入を拒否する問題を回避する必要がありますし（リスク・セレクション），仮に自分が加入する保険を自由に選べるようなしくみになった場合でも強制加入は当然必須のものとなります[4]。

リスク構造調整という考え方の本質的な部分は，岩本（1996）による先駆的な研究によって指摘されてきたものと重なります[5]。現行の制度では，75歳以上の後期高齢者部分を除くと，国保と被用者保険のいわば職業別の縦割り方式で現役世代をカバーし，それを前期高齢者（65～74歳）まで突き抜

---

[4] 保険者を選択できる一方で，加入は強制とする場合，自動車の自賠責保険のようなものをイメージすることができます。

[5] 現在においても，岩本（1996）は新たな医療制度を構想する上での基本文献と位置づけられます。インターネットを通じて入手可能ですから，興味のある方はぜひご一読ください。

けさせた部分では保険者間の財政調整のしくみとしてリスク構造調整に類似した調整方式が採用されています。つまり，本講で紹介・検討してきたアイディアは，国保が抱える構造的なリスクに対処すべく，前期高齢者部分のみならず現役世代部分にもリスク構造調整を採用し制度の安定化を図り，その持続可能性を高めようとするものとみることができます。このような改革案に対しては，かつてからそうであったように，財政状態が比較的安定的な組合健保などからの猛烈な抵抗が予想されます。公的医療保険成立の歴史的経緯等もふまえると，そうした抵抗もやむを得ないのかもしれませんが，岩本（1996）が述べているように，弱者救済という発想を転換して，保険原理にシンプルに従った改革案であることを広く理解してもらう必要があります。

■ 国保の最新動向

　市町村が運営主体だった国保が，2018年4月から都道府県と共同運営することになりました。制度開始以来の大改革ですが，その理由はここまで読まれてきた読者には明らかでしょう。高額な医療費がかかる高齢者が増えたことによって保険財政が悪化の一途をたどっていますが，広域化によって財政基盤の立て直しを図ろうとしているのです。

　この共同運営にあたって，保険料の統一問題のゆくえが最も気になるところでしょう。建前としては，各都道府県で保険料が統一されるべきなのでしょうが，実際に生じている市町村での医療費や保険料の格差を合理的な理由なしに統一すれば大きな禍根を残し，本来の目的である制度の維持可能性にとってもマイナスでしょう。統一されるにせよ，過渡的に実情にあわせる（違いを許容する）にせよ，加入者への説明責任を尽くさねばなりません。保険原理に基づいた合理的説明のヒントは，やはりリスク構造調整の考え方にあるのではないでしょうか。今後，どのように事態が推移していくのか，私たちはよく注視していく必要があります。

■ 高齢者医療

　高齢者医療に生じている問題は，かなりの部分が国保で生じている問題と重なり合いますが，固有の論点として重要なものもいくつかあります[6]。まず，受益者負担の経済原則をあまりにも逸脱した現行の自己負担の低さはすみやかに是正されるべきです。これを「政治の道具」に使ってはいけません。健康長寿のインセンティブを喚起する上でも，過度の「特別扱い」は改めるべきです。

　高齢者の医療には，若壮年者と比べて際立った特徴があります。急性疾患が多くを占める若壮年者に対し，高齢者は慢性疾患が圧倒的に多く，それゆえに，加齢による身体機能の低下も相まって，必要とされる医療と介護の区分は決して明瞭なものではありません。つまり，高齢者の医療や介護では不適切な資源配分がなされる危険性が高いといえるでしょう。高齢者をカバーする望ましい医療と介護のあり方を検討することは決して容易なことではありませんが，高齢者の生活環境の質的向上を図る上では避けては通れない大変重要な課題です。

　近年は「終末期医療」という言葉を耳にする機会も増えました。これは主として，高齢者医療にとって非常に切実な問題です。高齢者医療の費用対効果が芳しくないのは自明のことですから，この点ばかりにあまり注目するのもいかがなものかと思います。それよりも，患者本人や家族にとって有意義な選択肢を整え（ホスピスの整備・拡充等），医学や医療倫理の観点からも許容され得る場合，患者本位の「選択」を社会がきちんと受け入れることが必要ではないでしょうか。

　国保と高齢者医療に関連する本質的な問題をポイントごとに簡単に検討してきましたが，いずれにせよ，国保と高齢者医療を「保険」という観点から抜本的に再構築する必要があることは間違いありません。

---

[6] 高齢者医療改革の方向性を考える上での読みやすい基本文献として小塩（2013，第8章）を推奨しておきます。

15.4 人口動態の確認

　前節までは，現行の社会保障制度の基本的枠組み（実質的には賦課方式となっている財政方式）を維持した状態で，どういった改革を行うべきかを議論してきました。実はこうした議論の際に不可欠な視点は，将来にわたる人口動態の見極め方にあるといえます。日本が人口減少社会に入ったとの報道をよく耳にする読者もおられるでしょう。この状況がこれからどうなっていくかは，医療をはじめとした社会保障全般にとって非常に重要な影響を及ぼすと考えられます。

　国立社会保障・人口問題研究所は定期的に将来人口の動向に関する推計（「日本の将来推計人口」）を行っています。この推計は「国勢調査」に基づいており，2017年（平成29年）に公表された推計結果が最新のものになります。これに依拠して，2020年から2065年までの総人口および人口増加率の推移を表したのが図15-2になります。この長期推計結果より，2050年代前半に総人口が1億人を割り込むことが予想されています。また，2065年には，それが8,800万人程度になっています。これは戦後の高度成長期あたりと同じくらいの人口規模です。同様に人口増加率も低調な状態が続き，マイナスの伸び率が常態化することが確認できます。

　高齢化率の動向と世代構成の変化についても改めて確認しておきましょう。図15-3に示した「社会保障制度改革国民会議」の資料によると，2060年には高齢化率（総人口に占める65歳以上人口の割合）が約40%になると予想されています。また，2010年と2060年を比較すると，社会保障の担い手の大半を占める15〜64歳人口のボリュームが激減するというショッキングな数字が示されています（約45%減）。

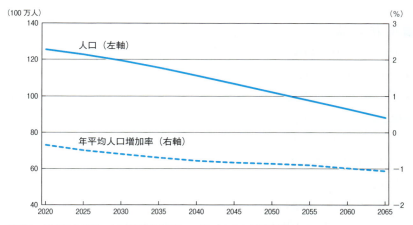

（出所）国立社会保障・人口問題研究所ウェブサイトより筆者作成

図15-2　これからの人口の動き（2020～2065年）

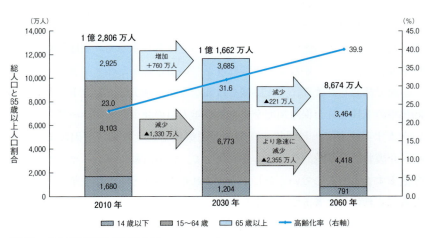

（出所）社会保障制度改革国民会議

図15-3　高齢化率と人口の世代構成

15.5 賦課方式一辺倒を脱却した医療制度の姿[7]

■ 現状認識

　近年では，政治の側も社会保障制度の持続可能性への危機感を高めています。まず 2008 年自民党・公明党政権下で「社会保障国民会議」の設置にはじまり，2012 年民主党政権下での自・公との 3 党合意による「社会保障と税の一体改革」では，社会保障財源としてひとまず消費税を 2 段階で増税することが決まりました。改革の中身の議論は「社会保障制度改革国民会議」（2012 ～ 13 年）に委ねられました。その最終報告は主に医療・介護の供給体制の改革を強調しているものの，財政方式をはじめとした制度の基本骨格に関しては現行の方式を今後も維持するものと読み取れます。

　このように，制度の抜本的な改革の兆しは残念ながら現時点ではみえてきません。しかし，世代会計に基づく受益と負担の世代間格差の状況やこれまで述べてきたような根本的な財源不足から，現行の賦課方式がもはや限界にきていることは間違いありません。給付と負担のアンバランスを税金で穴埋めし，将来世代にツケ回ししている現状は，決してフェアではなく，「世代間の助け合い」の一言で片づけられるものではありません。制度の持続可能性を大きく揺るがしかねない事態に及んでいると皆が認識すべきです。

　前節で確認したように，人口減少は残念ながら確実なトレンドであり，高齢化率の上昇と社会保障制度を支える壮年人口の減少が速いペースで進んでいきます。一方で，長寿化・高齢化と医療技術進歩の複合要因によって医療・介護費用の持続的な増加も避けがたく，経済活動に与えるインパクトも今後ますます増大していくでしょう。これらを与件として，改革の方向性をなるべく具体的に考えていきましょう。

■ 現実的な着地点

　加齢とともに病気がちになることは本来的な意味でのリスクではなく，将

---

[7] 本節の内容は，宮川ほか（2017）の第 12 章で筆者が展開した議論を基本的に踏襲しています。

図15-4 新たなしくみのイメージ

来に向けて若いうちから資金を積み立てて備えることが可能です。よって，実質的に年金と類似した現在の賦課方式的な制度を改めることは，人口動態等をふまえると，妥当な判断と思われます。そこで，教科書的には，医療においても人口動態に中立な積立方式への転換が候補として浮上してきます。しかしながら，年金と同様に，さまざまな政治的障害が予想され，既得権益の享受者からの猛烈な抵抗も必至です。よって，純粋な積立方式への移行は非常に難しいといわざるを得ません。本講を終えるにあたり，政治的，社会的にも何とか合意できそうな，実現可能性のある改革試案を提示します。

　高齢者医療や国保の現状を考えると，もはや明確な形での税方式の導入もやむを得ない状況でしょう。目的税としての「社会連帯税」で基礎的な医療（および介護）のニーズをカバーすることは，大方の納得を得られるのではないでしょうか[8]。いわば新しい公助の領域です。

　次に，賦課方式からの代替案となる積立方式には，個人ベースの「個人勘定積立」（自助）と同世代でリスク分散を行う「世代勘定積立」（共助）とがあります。個人勘定積立（医療貯蓄勘定ともいいます）は，健康に関する自己管理の経済的インセンティブを付与するもので，これからの時代に合致した枠組みと思われます。他方，世代勘定積立は新しい医療保険制度の中核をなす部分です。同世代でも，例えば長命の人とそうでない人，健康な人とそうでない人，要介護リスクの高い人とそうでない人が混在しますから，比較的境

---

[8] 詳しくは佐藤（2013）を参照してください。

遇の似た世代内でリスク分散することには，一定の合理性があるでしょう。こうしたタイプの異なる積立方式を組み合わせるやり方は，若い世代の同意も得られやすいのではないでしょうか。

　個人勘定の積立方式が税によるセーフティー・ネットと世代勘定の積立方式の上に乗り，公的医療保険制度全般をカバーするようなイメージです。これを図 15-4 に示しています。主に社会連帯税，世代勘定積立で基礎的な医療ニーズに関する支出を賄い，本人や家族が望む高度先進医療などには個人勘定積立分を充てます。これにより，社会保険料負担はいまより確実に軽減されるでしょう。しかしながら，高齢化が進展した社会では，税方式の公助部分に賦課方式的構造が色濃く反映されることはやむを得ず，このことはしっかり認識しておくべきです。

　いずれにしても，財政方式の大転換を視野に入れ，社会的な議論をいますぐにでも開始して，社会全体としての合意形成を図る必要があります。そのためには，何よりも政治システムや政治プロセスへの国民的理解が不可欠なものとなります。

■ Active Learning

《理解度チェック》・・・
- □1　国保と高齢者医療に共通する特徴について説明してみましょう。
- □2　賦課方式の何が問題なのでしょうか。簡潔に説明してみましょう。
- □3　個人勘定の積立方式と世代勘定の積立方式について説明してみましょう。

《調べてみよう》・・
- [1]　年金論議の場において積立方式への移行を考える場合にしばしば論点となるのが「二重の負担」問題です。まずこの意味するところについて調べてみましょう。
- [2]　次に，二重の負担によって制度の移行は本当にできないのか，鈴木（2009）などを参考にしながら多角的に検討してみましょう。

《Discussion》

[1] あなたは現行の賦課方式的な財政方式についてどのように思いますか。本構の内容を参考にして,考えを整理しながら議論してみましょう。

[2] 仮に税を明示的に財源に据える場合,どのようなデメリットが考えられるでしょうか(やや難しい問題ですので,じっくり考えてみてください)。

[3] 終末期医療の問題について議論してみましょう。議論のベースとしては,河口(2015)の第11章などを参照するとよいでしょう。

文献紹介

本講で引用・言及した書籍や論文をまとめておきます。

- 岩本康志「試案・医療保険制度一元化」『日本経済研究』,No. 33,pp. 119-144,1996 年
- 小塩隆士『社会保障の経済学［第 4 版］』,日本評論社,2013 年
- 小塩隆士・田近栄治・府川哲夫『日本の社会保障政策──課題と改革』,東京大学出版会,2014 年
- 河口洋行『医療の経済学［第 3 版］──経済学の視点で日本の医療政策を考える』,日本評論社,2015 年
- 佐藤主光「社会保険料を社会連帯税へ」『週刊エコノミスト』(5 月 28 日号),pp. 52-53,毎日新聞社,2013 年
- 鈴木亘『だまされないための年金・医療・介護入門』,東洋経済新報社,2009 年
- 鴇田忠彦「日本の医療政策──公共経済学的側面」『経済研究』,Vol. 52(3),pp. 205-219,2001 年
- 宮川努・細野薫・細谷圭・川上淳之『日本経済論』,中央経済社,2017 年

索　引

あ　行

アローアンス　166
アンケート調査　182

医学部定員の管理　107
医学部入学定員数　208
医局　219
医師数　210
異時点間最適化モデル　199
医師の新規参入　104
医師の地域偏在　214
医師の偏在　212
医師派遣機能　219
医師不足　207
医師誘発需要仮説　100
1次医療圏　146
イチロー・カワチ（河内一郎）　174
一般家庭医　270
一般病床　125
一般用医薬品　154
医薬分業　161
医療機関　13
医療計画制度　146
医療サービスへの支出額　77
医療情報学　232
医療貯蓄勘定　281
医療の機能分化　117
医療の標準化　146
医療法　120
医療崩壊　219
医療保険　6
医療用医薬品　154
院外処方　161

因果関係　106, 242
インセンティブ・システム　87
院内処方　161

ウェイティング・リスト　254

エバー・グリーン戦略　264
エバンズ・モデル　110

応益負担　273
オーソライズド・ジェネリック（AG）　170
汚染効果　178
オバマ・ケア　259

か　行

回帰分析　238, 240
介護医療院　55
介護療養型医療施設　55
介護費　20
介護保険制度　50
介護老人保健施設　55
開設主体　127
介入群　242
回復期リハビリテーション病棟　126
外部性　2, 137
価格消費曲線　72
価格未妥結仮納入　172
かかりつけ医　253, 254
学歴　186
過剰受診　273
価値財（メリット財）　3
株式会社病院　262
可変費用　74

患者数　210
患者申出療養　39
完全保険　82
過熱する医学部信仰　108

基準病床数　147
基準病床数制度　147
期待効用　82
機能分化　6
基本チェックリスト　54
帰無仮説　239
逆選択（逆淘汰）　4, 84, 85
客観的な交換比率　70
急性期医療　122
給付　12, 80
給付付き税額控除　273
給付範囲の見直し　271
協会けんぽ　29
供給者誘発需要　100
供給独占　110
共済組合　28
強制加入　27
居宅サービス　56
金銭給付　37

クリーム・スキミング　151
グロスマン・モデル　191
クロヨン問題　32

ケアプラン　58
ケアマネージャー　58
傾向スコア・マッチング　245
経済的規制　136
経済的利害対立仮説　179
ゲートキーパー　254
ゲール゠シャプレー・メカニズム　217
限界効用　64
限界効用逓減の法則　64
限界代替率　66
限界代替率逓減の法則　66
原価計算方式　156
現金給付　80

健康意識　182
健康格差　174
健康時間　193
健康資本　190
健康水準　177
　──の凹性　177
　──の変化　196
健康生産モデル　193
健康投資　189
健康保険組合　28
検定　236
限度額適用認定証　42
現物給付　34, 36, 80, 140

広域連合　48, 52
高額医療・高額介護合算療養費制度　42
高額療養費制度　40, 91
後期高齢者医療制度　28, 44, 47
後期高齢者医療制度　5
公共インフラ投資　190
公共財　1, 137
厚生損失　75
構造設備基準　139
公的医療保険制度　12
行動経済学　199
後発医薬品（後発薬）　170
公費　7
幸福感　174
公平性　9
効用関数　64, 81
効用最大化問題　68
効率性　9
効率賃金仮説　223
高齢化率　16, 279
国保　30, 273
国保組合　31
国民医療費　16, 227
国民皆保険　27, 33, 90
　──制度　3, 5
国民健康保険　30
国民所得　19
国民保健サービス方式　249, 250

誤差項　238
個人勘定積立　281
雇用主提供保険　255
混合診療　38, 97, 262
　——の禁止　38, 149

さ 行

サービス付き高齢者向け住宅　60
最小 2 乗法　239
在宅復帰　59
最適消費の条件　112
差額負担　38
3 次医療圏　146
参照価格制度　172, 269
サンプル・セレクション・バイアス
　244

ジェネリック医薬品　168, 264
時間選好率　199
識別問題　101
仕切価格　155
事後のモラル・ハザード　93
市場環境　104
市場の失敗　103, 136
施設サービス　55
自然実験　109
事前のモラル・ハザード　92
疾病金庫　251
私的（民間）保険方式　249, 251
ジニ係数　184
自賠責保険　275
支払許容額　73
社会医療法人　134, 151
社会疫学　174
社会関係資本の弱体化仮説　178
社会経済要因　174
社会的規制　136
社会的厚生　75
社会的地位　178
社会的入院　51
社会的余剰　75
社会保険方式　248, 250

社会保障国民会議　280
社会保障制度改革国民会議　280
社会保障と税の一体改革　280
社会連帯税　281
弱者救済　276
奢侈品（ぜいたく品）　76
囚人のジレンマ　132
自由診療（保険外診療）　97
自由貿易協定　263
終末期　23
終末期医療　277
受益者負担　49, 53
主観的な健康感　182
主観的な交換比率　70
主体的均衡　70
需要曲線　70
需要の価格弾力性　76, 95
需要法則　72
準公共財　1
準固定費用　223
順序プロビットモデル　182
順序ロジスティック（プロビット）回帰
　分析　243
順序ロジットモデル　182
紹介状制度　121
償還払い　34, 40
償還払い制度　253
上市　167
消費計画　69
消費者主権　70
消費者余剰　73
消費の非競合性　137
消費の非排除性　137
情報格差　100
情報の非対称性　4, 84, 99
女性医師　213
処置群　242
所得収束仮説　200
所得水準　175
所得の再分配　177
人員配置基準　6, 125, 139
人口減少社会　278

人口動態　267
審査支払機関　13, 35
侵襲性　3
新専門医制度　139
診断群分類　233
人的資本　190
新薬シフト　269
新唯物論　179
診療所　120
診療報酬制度　5, 85
診療報酬明細書　35
新臨床研修制度　214

スティグマ　51

制御された実験　106
政策医療　129
生産関数　200
生産者余剰　74
性別　186
税方式　281
セーフティー・ネット　6
世代会計　280
世代勘定積立　281
選定療養　39
先発医薬品（先発薬）　170
専門財　3

総価取引　172
相関　23
双曲割引　199
操作変数法　245
相対的貧困仮説　178
総保健医療支出　20
総保健支出　229
総余剰　75
措置　51

た　行

第1号被保険者　51
第1次ベビーブーマー　16
第2号被保険者　51

対立仮説　239
多重レベル分析　180, 244
短期入所系サービス　57

地域医療構想　148, 269
　──整合会議　148
地域医療支援病院　123
地域完結型医療　122
地域支援事業　60
地域定員制　222
地域包括ケアシステム　60
地域包括ケア病棟　126
地域包括支援センター　60
地域保険　28, 30
地域密着型サービス　59
治験　241
賃金の下方硬直性　223

通所系サービス　57
積立方式　281

定額負担　40
定常状態　201
定率負担　39
出来高払い　103, 141
電子カルテ　270

投資財　191
等量消費性　137
独占的競争　110
特定機能病院　123, 142
特別養護老人ホーム　55
特許　169
ドラッグ・ラグ　39, 141, 168

な　行

内生的成長理論　191
ナッシュ均衡　132

2次医療圏　146
二重盲検法　241
2015年問題　16

2025年問題　16
2段階モデル　109
日本医療機能評価機構　86

納入価格　155

は　行

バイオ医薬品　264
バイオ・シミラー　265
パターナリズム（父権主義）　3
パネル・データ分析　243

ピア・レビュー　271
非営利原則　151
非効率賃金仮説　223
必需品　76
被保険者　12, 13, 29, 80
被保険者証　12, 30
病院　120
　──の機能分化　269
病院完結型医療　122
病院機能評価　86
評価療養　39
被用者（職域）保険　28
標準的医療費　275
病床規制　107, 147
病床機能報告　148
　──制度　126

不確実性　4, 79
賦課方式　7, 281
不適切な資源配分　277
不必要な受診　273
扶養家族　30
プライマリケア　270
フリー・アクセス　5, 121
プリンパル＝エージェント問題　86
プロビット回帰分析　242
分布　236, 237

平均在院日数　234
平均値の差の検定　235, 238

平均余命　175
ヘルスケア・ポイント制度　95
変形曲線　195

防衛的医療　108
包括（定額）払い方式　107, 141
訪問系サービス　57
保険　6, 11, 80
保険医療機関　34
保険外負担　38
保険外併用療養費（制度）　39, 97, 150
保険原理　80, 276
保険者　12, 13, 80
　──の機能強化　101
保険料　11, 80
ホスピス　277

ま　行

マクガイア・モデル　110
マクロデータ　180
マッチング　215
慢性期医療　122

ミクロデータ（個票データ）　180, 231
未承認薬　168
見せかけの関係性　107
密接な代替財　76

無差別曲線　65
無保険者　257

メディケア　257
メディケイド　258
免許制度　139

目的税　281
モラル・ハザード　4, 84

や　行

薬価　154, 227
薬価基準制度　5, 85, 155, 269
薬価差益　155, 269

要介護度　54
要介護認定　53
予算制約　67
余剰分析　74
予防促進政策　95
予防的サービス　192

ら　行

ランダム化比較試験　242

リカード・モデル　117
離散選択モデル　182
リスク（危険）　15, 80
リスク構造調整　274
リスク・セレクション　89
リスク調整　251
リスク・プレミアム　83
リベート（割戻し）　166
良心の呵責　112
療養費（償還）払い　34, 36
療養病床　125
臨床研修医制度　214

類似薬効比較方式　156

レセプト情報・特定健診等情報データベース　235
レッドヘリング（red herring）仮説　18

労使折半　29
老人医療費無料化政策　46, 98
老人病院　51
老人保健制度　47
労働生産性　173
ローマー効果　101
ロジスティック回帰分析　242

欧　字

DPC　233
DPC/PDPS　107, 142, 234
DPC コード　234
DPC データ　145
DRG/PPS　143
EBM　146
GDP　19
HMO　256
ISO　138
JCI　86
MR　166
MS　166
NHS　254
OECD Health Statistics　229
OTC　154
PPO　256
QOL　19
R&D　164
TPP　261

著者紹介

細谷　圭（ほそや　けい）【第 4・6・10・11・15 講執筆】

1975 年生まれ　岩手県出身
2003 年　一橋大学大学院経済学研究科博士後期課程修了　博士（経済学，一橋大学，2003 年）
　　　　日本学術振興会特別研究員（PD），東北学院大学経済学部講師，助教授，准教授，一般財団法人統計研究会客員主任研究員，國學院大學経済学部准教授を経て
現　在　國學院大學経済学部教授
主要著書・論文
『日本経済論』（共著，中央経済社，2017 年）
"Importance of a Victim-Oriented Recovery Policy after Major Disasters," *Economic Modelling*, 2018, forthcoming.
"Accounting for Growth Disparity: Lucas's Framework Revisited," *Review of Development Economics*, Vol. 21(3), pp. 874–887, 2017.

増原　宏明（ますはら　ひろあき）【第 1・2・3・13・14 講執筆】

1976 年生まれ　東京都出身
2004 年　一橋大学大学院経済学研究科博士後期課程単位取得退学　博士（経済学，一橋大学，2014 年）
　　　　日本学術振興会特別研究員（PD），国立長寿医療センター研究所長寿政策科学研究部研究員，広島国際大学医療福祉学部講師，同大学医療経営学部講師，准教授を経て
現　在　信州大学経法学部教授
主要著書・論文
「医療用医薬品の流通分析—卸の機能と情報提供サービスに関する実証研究—」，『流通研究』，第 19 巻第 1 号，pp. 1-10, 2016 年．（共著）
Essays on Unobserved Heterogeneity and Endogeneity in Health Econometrics, 一橋大学大学院経済学研究科，博士学位請求論文，2014 年．

林　行成（はやし　ゆきなり）【第 5・7・8・9・12 講執筆】

1972 年生まれ　鹿児島県出身
2003 年　公益財団法人医療科学研究所研究員
2004 年　一橋大学大学院経済学研究科博士後期課程単位取得退学
　　　　広島国際大学医療福祉学部講師，准教授，同大学医療経営学部准教授，教授，同大学健康科学部教授を経て
現　在　國學院大學経済学部教授
主要著書・論文
「医療用医薬品流通における交渉力と薬価基準制度」，『**Studies in Applied Economics** 応用経済学研究』，第 8 巻，pp. 115-127, 2015 年．（共著）
「公共的活動におけるモラル・モチベーション」，『経済研究』，第 61 巻第 4 号，pp. 1-19, 2011 年．（共著）

ライブラリ 経済学15講[APPLIED編] 5
医療経済学15講

2018年11月10日 ⓒ	初版　発行
2025年2月10日	初版第4刷発行

著　者	細谷　　圭	発行者	御園生晴彦
	増原　宏明	印刷者	篠倉奈緒美
	林　　行成	製本者	小西惠介

【発行】　　　　株式会社 新世社
〒151-0051　東京都渋谷区千駄ヶ谷1丁目3番25号
編集 ☎(03)5474-8818(代)　　サイエンスビル

【発売】　　　　株式会社 サイエンス社
〒151-0051　東京都渋谷区千駄ヶ谷1丁目3番25号
営業 ☎(03)5474-8500(代)　　振替 00170-7-2387
FAX ☎(03)5474-8900

印刷　ディグ　　　　製本　ブックアート
《検印省略》

本書の内容を無断で複写複製することは、著作者および出版者
の権利を侵害することがありますので、その場合にはあらかじ
め小社あて許諾をお求め下さい。

ISBN 978-4-88384-284-1

PRINTED IN JAPAN

サイエンス社・新世社のホームページのご案内
http://www.saiensu.co.jp
ご意見・ご要望は
shin@saiensu.co.jp　まで。